武术

奚氏武术集粹

吴维叔 · 著

北京时代华文书局

图书在版编目（CIP）数据

奚氏武术集粹 / 吴维叔著 . -- 北京：北京时代华文书局，2020.1
ISBN 978-7-5699-3287-4

Ⅰ. ①奚… Ⅱ. ①吴… Ⅲ. ①武术－介绍－浙江 Ⅳ. ①G852

中国版本图书馆 CIP 数据核字（2019）第 257421 号

奚氏武术集粹
XISHI WUSHU JI CUI

著　　者｜吴维叔

出 版 人｜陈　涛
选题策划｜陈丽杰
责任编辑｜陈丽杰　汪亚云
封面设计｜程　慧
内文排版｜曼路文化
摄影摄像｜陈菊仙
电脑编辑｜吴青萍
视频剪辑｜龙为光
演示讲解｜吴维叔　徐有根
责任印制｜刘　银　范玉洁

出版发行｜北京时代华文书局　http://www.bjsdsj.com.cn
　　　　　北京市东城区安定门外大街 138 号皇城国际大厦 A 座 8 楼
　　　　　邮编：100011　电话：010-64267955　64267677

印　　刷｜固安县京平诚乾印刷有限公司　电话：0316-6170166
（如发现印装质量问题，请与印刷厂联系调换）

开　　本｜787mm×1092mm　1/16　印　张｜24　字　数｜295 千字
版　　次｜2020 年 3 月第 1 版　　印　次｜2020 年 3 月第 1 次印刷
书　　号｜ISBN 978-7-5699-3287-4
定　　价｜79.00 元

版权所有，侵权必究

本书照片摄影和摄像：陈菊仙

作者在公园带领学生晨练

作者在奚诚甫老师故居和其部分子孙合影。右一是作者；右二是奚诚甫老师的小儿子奚宝熙；中是奚宝熙的小儿子奚基理，左二是奚基理的儿子奚宇龙；左一是奚宝熙的二儿子奚基伟的儿子奚宇奔。

作者在奚诚甫老师故居的院子中和其部分后人合影。前排左二是奚诚甫老师的小儿子奚宝熙；左一是奚宝熙的夫人金金女；右二是作者；右一是作者夫人陈菊仙；后排右二是奚宝熙的小儿子奚基理；右一是奚基理的儿子奚宇龙；左二是奚宝熙的二儿子奚基伟的夫人周春娟；左一是奚宝熙的二儿子奚基伟的儿子奚宇奔。

作者在奚宝熙的小儿子奚基理家中的奖状、奖章和证书前合影。中间是奚诚甫老师的小儿子奚宝熙；右二是作者；右一是奚宝熙的二儿子奚基伟之子奚宇奔；左二是奚宝熙的小儿子奚基理，左一是奚基理的儿子奚宇龙。

奚诚甫老师的小儿子奚宝熙在练习双刀

奚宝熙的小儿子奚基理在练习黑龙大罗汉拳

奚诚甫老师的小儿子奚宝熙带领与作者随行的一行人参观如今的灵溪村

自序

我幼年时由于身体不好，跟父亲学习杨式太极拳剑从而喜欢上武术。1958年我14岁，进入了杭州东风少体学校武术班跟杨澄甫的入室弟子奚诚甫老师学习杨式太极拳剑、罗汉拳、杨家选、形意、八卦、双刀、棍等拳术3年。之后，又跟著名拳师何长海、孙中宣和著名气功师、骨伤科医生毛延林学习少林、太极诸拳。2014年我写的书《零基础学习吴式方架太极拳》出版之际，在我的临海的学生潘昌东先生的提议下，我决定把我从奚诚甫老师那里所学的一些少林类拳术写成书，并把该书定名为《奚氏武术集粹》。书上的这些拳术是奚诚甫老师年轻时学自天台国清寺和宁波天童寺的。当然，这些只是奚氏武术的一部分而不是全部，但就其精华部分来说已经足够了。我认为奚氏武术少林类拳术如罗汉拳、杨家选等其风格为南拳北腿结合，即南方拳法作为北方打法，称"南拳北打"。俗话说"南拳重于防守，北拳重于进攻"，但奚氏武术这两者特点都有。拳架门户"重敞开"和"重闭合"结合。前者为引进落空，后者为防守严密，做到开中有合，合中有开，开而合之。奚氏武术动作舒展大方，刚柔相济，注意小动作，重视攻防。奚氏武术在奚诚甫老师的家乡也被称为"灵溪奚家拳"。如今，"灵溪奚家拳"已被评为浙江省非物质文化遗产。奚诚甫老师的小儿子奚宝熙也被指定为灵溪奚家拳的代表性传承人。而奚诚甫老师的功绩也于2008年被记录在由杭州市体育局和中国体育博物馆杭州分馆主编的《杭州体育百年图史》

第一卷中。

写这本书的目的是为了使奚氏武术不至于失传，使学者对奚氏武术的攻防、健身、娱乐的认识有所帮助，对祖国传统文化的传承发扬有所帮助，也对奚老师的家乡浙江天台的武术事业做些贡献、做点益事。书在写作和出版中得到潘昌东先生在资金上的大力支持，在摄影器材上得到了黄少卫先生的大力支持，在武术动作的攻防演示的录像拍摄中得到了徐有根先生的大力协助，在视频剪辑上得到了龙为光先生的大力帮助，特在此表示感谢！由于本人水平和能力有限，书中定有许多不足之处，望广大读者斧正。

吴维叔

2018年7月于杭州

目 录

自序 001

第一章 综合叙述 001
奚诚甫老师介绍 002
我的武术人生 008
论传统武术的技击功能 019
注意事项 029

第二章 基本功部分 033
一、手型 A 034
  1. 拳（A1） 034
  2. 掌（A2） 035
  3. 勾手（A3） 037
二、步型 B 039
  1. 弓步（照片 B1） 039
  2. 马步（照片 B2） 040
  3. 仆步（照片 B3） 040

4. 歇步（照片 B4） ... 040

5. 虚步（照片 B5） ... 040

6. 丁步（照片 B6） ... 041

7. 骑龙步（照片 B7-1，B7-2） ... 041

8. 交叉步（照片 B8） ... 041

9. 独立步（照片 B9） ... 042

10. 勾格步（照片 B10） ... 042

11. 并曲蹲步（照片 B11） ... 043

12. 并步站立（照片 B12） ... 043

13. 平行步站立（照片 B13） ... 043

14. 八字步（照片 B14） ... 043

三、手法 C（绞手 C1、穿花 C2、其他手法 C3） ... 045

1. 绞手 C1 ... 045

2. 穿花手 C2 ... 049

3. 其他手法 C3 ... 055

四、基本桩功 D ... 064

1. 马步桩 D1 ... 064

2. 独立桩 D2 ... 065

3. 侧面弯腰捡物桩（活动桩）D3 ... 066

五、基本步法手法练习 E ... 069

1. 绞手弓步冲拳 E1 ... 069

2. 挖手马步冲拳 E2 ... 072

3. 连环拳（三环套月）E3 ... 074

4. 骑龙步游刺掌 E4 ... 077

5. 马步架打 E5 079

6. 翻压掌弓步平切掌 E6 081

7. 上托掌弓步平切掌 E7 083

8. 插步贯拳转身弓步贯拳 E8 085

9. 独立劈掌弓步推掌 E9 087

六、基本腿法练习 F 092

1. 蹬腿冲拳练习 F1 092

2. 踢腿冲拳练习 F2 094

3. 侧蹬练习 F3 094

4. 侧腿平衡（穿心腿）F4 103

5. 勾踢 F5 105

6. 挂踢 F6 107

7. 进步挂趟 F7 109

8. 勾格腿 F8 111

第三章 套路部分 114

十字拳 115

一、十字拳简介 115

二、十字拳方位图 116

三、十字拳套路动作说明及拳照 116

（一）第一节（1. 预备势→8. 左笔马劈手）........ 116

（二）第二节（9. 左绞手右八字拳→13. 左绞手右退马平拳）...... 120

（三）第三节（14. 右绞手左八字拳→20. 收势）...... 125

练步拳 129

一、练步拳的历史源流 ... 129

二、练步拳歌谱 ... 129

三、练步拳套路动作说明及拳照 ... 130

（一）第一节（1. 预备势→10. 封门） ... 130

（二）第二节（11. 枪掌→20. 上步架封） ... 137

（三）第三节（21. 反擒迎封→30. 转身右马双下掌） ... 144

（四）第四节（31. 转身左马步撩阴掌→41. 收势） ... 151

杨家选 ... 158

一、方位图 ... 159

二、杨家选套路动作说明及拳照 ... 159

（一）第一节（1. 预备势→10. 海底捞月还桂宫） ... 159

（二）第二节（11. 岱马出拳钻血海→20. 双龙出海谁敢挡） ... 167

（三）第三节（21. 观音伸手倒樽瓶→30. 双龙出海谁敢挡） ... 174

（四）第四节［31. 金刀劈竹压肩井→44. 掀帘望月月上檐（弦）］ ... 182

（五）第五节（45. 外面抢腿提脚跟→57. 双掌撩须大团圆） ... 192

黑龙大罗汉拳一路 ... 204

一、方位图 ... 204

二、黑龙大罗汉拳一路套路动作说明及拳照 ... 204

（一）第一节（1. 预备势→7. 翻身左弓步抢劈掌） ... 204

（二）第二节（8. 右踢腿刺掌→14. 翻身右弓步抢劈掌） ... 209

（三）第三节（15. 上步马枪掌→20. 左穿花右弓步勾切掌） ... 213

（四）第四节（21. 双风贯耳右踢脚→27. 遁步左虚步冲拳） ... 217

（五）第五节（28. 右踢脚击拍→33. 左插步贯拳，转身左拗弓步横勾拳） ... 222

（六）第六节（34. 转身右虚步勾手劈切掌→40. 收势） ... 227

黑龙大罗汉拳二路 234

一、方位图 234

二、黑龙大罗汉拳二路套路动作说明及拳照 234

（一）第一节［1. 预备势→ 13. 马步下栽抱拳（天马抱月）］............ 234

（二）第二节（14. 转跳步马步架打→ 22. 马步枪掌）.................... 242

（三）第三节（23. 左插步平切掌→ 32. 退步马步冲拳）.................. 249

（四）第四节（33. 转身右脚高扣踢，左虚步亮掌→ 42. 右弓步压打）...... 255

（五）第五节（43. 左插步贯拳，翻身左弓步抡劈掌→ 52. 收势）.......... 262

黑龙大罗汉拳三路 269

一、方位图 269

二、黑龙大罗汉拳三路套路动作说明及拳照 269

（一）第一节（1. 预备势→ 11. 左插步贯拳，转身左弓步贯拳）............ 269

（二）第二节（12. 左箭步左勾手→ 22. 转身右拗弓步冲拳）.............. 274

（三）第三节（23. 转身右仆步勾扫→ 31. 左后挂腿击拍、转身左弓步平切掌）280

（四）第四节（32. 左穿花右虚步挂切掌→ 40. 右穿花转身左弓步靠）...... 284

（五）第五节（41. 左穿花右虚步挂切→ 48. 右独立压刺掌）.............. 289

（六）第六节（49. 上步左弓步靠→ 56. 左弓步连击拳）.................. 292

（七）第七节（57. 左穿花右蹬腿刺掌→ 66. 转身左弓步上勾拳）.......... 296

（八）第八节（67. 左独立上穿掌，右仆步穿掌下势→ 74. 收势）.......... 301

综合黑龙大罗汉拳 308

一、方位图 308

二、综合黑龙大罗汉拳套路动作说明及拳照 308

（一）第一节（1. 预备势→ 10. 转身大开门右勾格扫）.................... 308

（二）第二节（11. 转身右蹬脚→ 21. 左弓步冲拳）...................... 311

（三）第三节 [22. 右侧腿平衡（右穿心腿）→ 26. 右独立探海冲拳] 316

　（四）第四节（27. 连环三腿，转身左拗弓步劈拳→ 31. 双风贯耳）................ 317

　（五）第五节（32. 转身上下分挂右脚里合侧蹬→ 39. 左穿花右独立压打）........ 320

　（六）第六节 [（40. 左穿花转身右弓步靠→ 47. 右勾挞扫（横拳）] 324

　（七）第七节（48. 左插步贯拳，转身左拗弓步横勾拳→ 55. 收势）............ 327

双刀 331

　一、方位图 331

　二、双刀套路动作说明及演示 331

　　（一）第一节（1. 预备势→ 7. 右缠头跳劈）.................................... 331

　　（二）第二节（8. 劈花左虚步左侧八字刀→ 13. 左虚步右侧八字刀）........ 336

　　（三）第三节（14. 左弓步平推刀→ 17. 右盘头跳劈）.................... 340

　　（四）第四节（18. 转身连环劈刀花→ 25. 收势）............................ 343

盘龙棍 351

　一、方位图 351

　二、盘龙棍简介 351

　三、盘龙棍套路动作说明及演示 352

　　（一）第一节（1. 起势→ 8. 转身左弓步直劈）................................ 352

　　（二）第二节（9. 上步右弓步绞劈→ 14. 转身左弓步直劈）............ 357

　　（三）第三节（15. 上步右弓步绞劈→ 20. 转身左弓步直劈）........ 359

　　（四）第四节（21. 上步右弓步绞劈→ 30. 收势）............................ 361

后记 366

参考书籍 369

第一章 综合叙述

奚诚甫老师介绍

奚诚甫老师（1894年～1965年），浙江省天台县三合镇灵溪村人（过去称天台东区、苍南乡、灵溪村）。他一双大眼炯炯有神，长方形国字脸，宽阔的肩膀，1.85米的身材，好一副习武之身、武将之相。他7岁开始习武，跟随当时村内名拳师奚熙关、奚熙古、奚亭海学武；少年时跟从灵溪狮子班学武耍棒；由于他一心想练一身好武功，后来又跟黄务村名拳师王荣根学武。他虚心求教，尽得老师真传，所以人们以"小荣根"之称代名一世。

奚师从小父亡，1913年母亲又去世，他17岁那年到象山、宁波靠织布为生。后经人介绍，到宁波效实中学担任国术教师。后又经知名人物介绍拜宁波天童寺玉高法师学习武艺，并学习南北少林拳、杨家选拳、点穴、气功和十八般兵器。奚师敬聆师教，刻苦勤学3年，不仅功夫大增，还学会接骨，对粉碎性骨折治疗很在行，其他内科、妇科可谓药到病除，妙手回春。

奚师后来又到天台国清寺织了10年袈裟，同时跟方丈学习南北少林拳术、点穴和十八般兵器，黑龙大罗汉拳也是此时所学。奚师勤学苦练，功夫又一层长进,曾多次与人较艺,未逢敌手。其后担任天台葛钟山(国民革命军第六师团长后为少将旅长)和张翅(省参议厅议长)二人的警卫,多次显身出手,使来犯者束手就擒,有的失望而逃。

1924年奚师任天台中学国术教师,转年去杭州创办省国术馆兼医疗门诊,并在当时杭州的惠兰中学、宗文中学任武术教师。他以武会友,与当时许多著名拳师切磋,兼采众家之长;还到处拜师访友,后来还拜太极拳名师杨澄甫为师学习杨式太极拳并成为杨的入室弟子。还跟董太监学习八卦莲花掌。他后来又拜形意拳大师高振东为师学习形意拳。他还在杭州开设了"奚诚甫骨伤外科诊所",奚家至今还保留了一张1934年的杭州市国医公会证书。他东练三九,夏练三伏,所以在武术上奚师硬功、软功、点穴无所不长;在三丈内,飞刀、飞镖、袖箭等各种暗器百发百中。他还能口喷梅花针,虽然身材高大,还有一身童子功。月夜在操场上放18只脚箩,他纵身一跳一扫腿箩飞半天,等一只只箩落地,他身藏哪只脚箩你也不知道。奚师有千斤实力,在家乡碧岩庙中,原有800斤插蜡烛的"铁石墩山",在"铁石墩山"两头站立两人,奚师都能双手顶起。他还能把120斤重的春秋大刀耍成滚轮。奚师力能控制,在地上叠3块石板,他一脚踩下去要哪一块断就哪一块断。他还有3路猴拳,形神皆备,攻防严密。在东风少体校时,那年奚师已经60多岁,腿能和手一样举得老高,他特意做了一个黑龙大罗汉拳中的里合蹬给我看,说能把脚跟用力变为脚尖或脚前掌用力,说着他快速有力做了这个动作,只见右里合腿向上向左合去速成脚尖向前下方踢出,好像向前下方斜掘锄头一样成为"穿心腿"。我回杭州后,一次碰见一位市委宣传部的离休干部,他说见过奚师打擂,说他手臂像猿猴一样长,老远就能把别人撂倒。

杭州一位在六公园教查拳的武术前辈冯金泉老师说,曾经在南山路有

20多人在殴打路人，奚师经过上前劝阻而被这些人围殴，路人惊叫，以为这个年轻人要被他们打死了，结果奚师伸开"猿臂"撂倒好几个突出包围圈。冯老师说这些人用的都是勾拳打人心窝的。我还听奚师家乡一位练武者说起，一次奚师家乡演庙戏，他见台前一恶少调戏妇女，奚师一脚踩在恶少脚背上使其不能走动，直到演戏完人群散去才放开他，并对恶少好心教育。

1927年3月，为执行孙中山"提倡武术强国强种"的指示，南京中央国术馆在南京成立。选拔武林高手时，浙江省绍兴教练馆考试中，奚诚甫为浙江第一名。多少天下名师因在杭州办武术馆而不服，好几人前来挑战比武。特别是山东高式武，高个子，虎背熊腰，要在公园同奚诚甫比武。奚诚甫用灵活战术击败对方，将他打倒在地。奚师当时就将高式武双手扶起说：你是不小心自己摔倒的，还请他到茶馆吃茶。观众和学徒看得目瞪口呆。师父以武德为重，以武会友，奚诚甫在家乡常教我们武德：一让、二避、三退、四还击、五要手下留情（不能打死做绝）。当年高式武不死心，跑到上海请来师兄，又来奚诚甫武术馆前来挑战。那天在公园，人山人海，两边学徒守立，中间两名拳师如虎相争。对方比他师弟高式武还高大，身壮力大，却威风耍娇，好一副英雄气概，如古代张飞、李逵。但奚诚甫暗暗思忖，以硬功难以取胜，所以采取太极神功，柔中有刚，引进落空，四两拨千斤，两招将对方击倒在地。对方一拱手，带着师弟及几十名学徒逃离杭州，众人齐声喝彩，无不称赞。奚诚甫的名威一时在杭州倍增，全国各地武术爱好者纷纷报名参加武馆学武，连省长儿子也拜奚诚甫为义父。

1928年10月，南京中央国术馆在南京举办全国武术国考，来自全国各地的560名武士参赛，以抽签方式1同2比赛，2同4比赛，以此类推。经20天反复角逐，奚诚甫以第三名的优异成绩获得全国首届国术考试合格证书，还有奖金和锦旗及纪念章，并被授命为国家武术一级裁判。

1926年奚诚甫在杭州城隍山（就是吴山城隍庙旁）的常州会馆与赵公祠前后两所大房子里成立了浙江省国术馆筹备会。在一年多的筹备时期里，由奚诚甫、俞康侯、王佰容、张镜心、陈初舟、劳祖安、陈佰年7人，并聘请中央国术馆的形意拳名师高振东共8人参与筹备事宜。

1929年7月8日，浙江省国术馆在西湖边成立，浙江省主席张静江（字家杰）兼任馆长，并聘请奚诚甫任浙江省国术馆教练，同时还叫奚诚甫任中华基督教青年会国术团教练（教太极、少林、形意、八卦、太极推手、散打），并进一步深度推广太极拳。1946年中华基督教青年会少林国术团团长朱凤祥看到奚诚甫人缘好，省长儿子也拜奚师为义父，所以朱凤祥也拜奚诚甫为师学习太极拳和医术。奚诚甫也把自己保存的布满一排排抽屉的橱柜和里面的中草药都送给了朱凤详。奚诚甫还担任国民党军统武术教练，教营长、团长以上军官学习指挥刀术。他还有一手百发百中的枪法。

1929年11月9日，在杭州举办的浙江省国术游艺大会中，张静江担任会长，李景林担任大会执行部主任与评判委员长，奚诚甫担任主裁判（裁判委员），有24个省市的500多名代表参加。在会上奚诚甫表演了少林七星双刀和四路棍，得到全场喝彩。

抗战前，奚诚甫在杭州几所女子中学兼国术课，每天早晨在西湖六公园义务为国术爱好者授艺。同时他在杭州学士路开设骨伤科外科诊所，常用气功推拿、针灸和中药为患者治疗跌打损伤。

1937年抗战爆发，奚师在新昌、临海、三门、天台、嵊县（今嵊州市）教拳，之后在抗战时回老家，供职天台县政府，并兼天台中学、育青中学武术教师。早先跟宁波天童寺玉高法师学艺时，还学习了草药秘方，专制跌打损伤及内科、妇科病，可谓药到病除，妙手回春。特别是西医束手无策的粉碎性骨折，他让能让患者通过治疗康复。又著讲解点穴的书《脉蚕》，发表后曾一时震动中西医学界。而且他医德高尚，为贫病者送诊，减免药费，颂声四起。一患者病愈，感激万分，特请高手画家为奚诚甫画肖像相赠。

1945年抗战胜利后，奚诚甫在杭州上洋市街挂牌开骨伤科及妇科诊所，并先后在宗文中学、定安中学、惠兰中学和浙江大学兼教国术，又任杭州中华基督教青年会少林国术团教师。

新中国成立后，奚师在杭州武术界春节大联欢、民族形式体育活动和其他武术活动和赛事中任主裁判。他也和武术名师刘百川、巩成祥、何长海、冯斌、白振东、孙中宣等为知交。并在1958年任杭州东风少体学校唯一一位在册的武术教师，更随当时的杭州第一届武术协会武术表演队到浙大、杭大等大专院校和各厂矿企业及各灯光球场巡回表演武术。

1961年，奚诚甫返乡后任业余教练，在天台、新昌、三门、临海等地流动任教。后因年老有病，叫小儿子奚宝熙代他出外任教武术，在灵溪本村义务传授各种拳术和器械。奚师在1965年去世。

奚诚甫一生为推广中华武术做出重大贡献和创举，并为浙江台州争得荣誉，为天台成为武术之乡奠基。他一生真心尽教，学生、徒子、徒孙桃李满天下；德高望重，胸怀慷慨，品行兼优，以江湖上义气为重，热情好客，贫富不分，强弱无欺，与世赞颂。

如今奚诚甫的后人及其弟子们都在练习奚氏武术，并使其进校园发扬光大。奚师的小孙子奚基理（小儿子奚宝熙的儿子）表现突出。他是浙江省武术二级裁判。他积极参加各种武术活动和赛事，在2012年浙江省国际传统武术大赛中获全能第三名，目前自己还带了一批学生。在2015年香港国际武术大奖赛中，他所参赛的五个项目，全部夺得金牌第一，荣获全能冠军。

浙江省非物质文化遗产"灵溪奚家拳"的传承人奚诚甫的小儿子奚宝熙说：有无优秀品德是作为评价武林人物最重要的标准，让它指引武术沿着正确的轨道前进。以武德置于首要地位,让它成为武术的灵魂。用优秀品质作为有力武器,鞭挞武林中不良风气与败类。内外三合是使身心同时受益锻炼,动静兼练,内外兼修。高层次是内练更胜于外练,练心更强于练身。希望国粹武术老祖宗积累的精髓代代相传。最后用一句话来对奚师的人品和功绩进行总结:恩师功德并彰振中华,贤徒文武兼备满神州!

资料提供者:吴维叔　奚宝熙

我的武术人生

一、多病的童年

我1944年生于浙江临海,祖籍浙江东阳。父母于20世纪30年代开始就一直在杭州居住。5岁时我患了麻疹,因在医治过程中没有避风调养,得了肺门淋巴结肿胀。当时体力极差,经常在短途行走后就会发高烧。那时用效果较好、价格昂贵的针剂链霉素,打得屁股上密密麻麻的都是针孔。为此,母亲把家里值钱的东西都拿去卖掉给我治病,可疗效仍不显著,于是病就这么拖着。望着我骨瘦如柴的身体,父母都说这孩子养不大了,还给我拍了遗照。当时我念小学一年级,由于身体不好而休学一年。医生说要卧床休息,毕竟整天躺在床上是件耐不住兴致的事。我家住二楼,窗外是另一层瓦房的屋顶。我在床上躺得耐不住了就爬出窗外到瓦房屋顶上玩,数数瓦片。有一次我又这样偷着玩,刚进屋的父亲找不着我吓了一跳,大喊着我的名字。我在屋顶上回应他,他大吃一惊,说上屋顶好危险。

父亲看我仅靠吃药治病效果不好,就让我跟他学杨式太极拳试试看。父亲年轻时在山东济南的财经学院就读,当时杨澄甫在学院里教太极拳,所以他有幸从杨师处学得杨式太极拳、剑。我先跟父亲在家里学,因没有武术基础和特殊爱好,所以觉得很难。那时目的仅为治病,我就静着心一遍遍做动作,渐渐有了较好的模仿性。几个月后我的体力、胃口渐渐好起来了,父亲就带我到六公园去练。以前我从家跑到六公园虽然只有3分钟路程,但被风一吹就要发烧。自从练了一段时间太极拳之后一天要去好几个来回,再加练拳,也不感到累,而且也不发烧了。记得当时我学"玉女穿梭"这个动作觉得很难,走四个斜角,掌还要在头前绕转一下,好长时间学不好。后经我父亲反复耐心讲解和示范,我终于掌握了。有一次我在公园练拳,一辆军车从远处开来,上面站着的解放军战士见我动作利落熟练,都为我鼓掌,因此我深受鼓舞。随着身体好转,我还学了杨式太极剑,不久我重返校园。

二、初入武林

练习了杨式太极拳、剑后,随着身体、体力好转,我对武术更加有了兴趣。我经常到书店翻阅武术书籍,还买了《一路华拳》《四路查拳》等书边学边比画。父亲还特意买了一本吴图南著的《太极拳体用全书》叫我好好看看。我想光靠看书学拳是很吃力的,能有老师指教更好。于是在1958年,我进入杭州东风少体学校武术班学习,由该校武术班当时唯一一名在册的教师奚诚甫老师传教。奚师那年年近70岁,1.85米的个子,人很魁梧。奚师是浙江天台人,年轻时在浙江宁波天童寺跟玉高法师和天台国清寺的方丈学艺10年,1928年南京国考中打过擂台,在杨式太极拳上是杨澄甫的入室弟子,精太极、少林、形意、八卦。他是1929年浙江省国术馆的筹建人之一,同时也是教师。在抗日战争时,他著书《脉蚕》,书中内容讲诊脉治病和点穴解穴,轰动中外医学界。奚师实力千斤,能把120斤重的春秋大刀舞得像车轮一样;善使飞镖,能口吐梅花针。奚师两眼炯炯有神,手臂特长,指粗掌大,见他练八卦掌美极了,真像一只凤凰。可惜当时那个年代没有摄像机,连拍张照片也是不容易的事,所以无法记录下这动人的一幕幕。

东风少体武术班开班时间是每天晚上,刚开班时操场上有500余名学生,学的是属于基础拳的练步拳。后来我知道练步拳有两种，一种是中央国术馆的，另一种是精武门的。奚师教的是精武门的。两种练步拳整套动作大同小异。比如第一个起势动作，中央国术馆称作"怀抱双掌"：两掌心相对，左掌在上对华盖穴，右掌在下对丹田，两掌抱于胸前上下平行；精武门则称为"太极势"：左掌在上立掌置胸前，右掌在下（掌尖向下）搁于裆前。因为练拳辛苦，再加当时大炼钢铁的运动又在进行，到了第二年许多学生放弃学武，只剩下二十余人坚持着。当时由于我们初中学生可以较少参加大炼钢铁运动，我很幸运的可以有更多的时间苦练武术。在东风少体校3年间我还学了十路弹腿、杨式太极拳剑、罗汉拳、杨家选、双刀、盘龙棍、形意、八卦等。

由于周六下午和周日都放假，我又可以利用这些时间到奚师家去把所学的拳术再请奚师点拨一下。奚师住上仓桥（当时叫江城路，城站火车站和南星桥之间），房子是沿街两层砖木结构瓦房，外墙为木板，上写"奚诚甫推拿诊所""精传国术——太极、少林"。房屋为上下两层，下层主要为诊所，内置一方桌、两椅子，旁边靠墙放着一排排由低到高的储存着各种中草药的抽屉架。抽屉架下放着切中草药的器具。诊所内有一又窄又陡的小木梯连通二楼卧室。卧室内的床边上竖着一把刻有"绍兴国术馆"字样的柄尾有环的短柄大砍刀。此刀刀背很厚很重，像是练功用的。床边还立着一支很重的长枪，还有一对像是练习、表演用的有弹性的双刀。总体感觉房子不大，较挤。

练拳要穿过马路到对面经小巷到一拐角处的空地，奚师在那里帮我点拨动作。有一次我学了一套盘龙棍，该棍只有6个简单、朴实无华的动作，分别在东、南、西、北四个方位重复练习，形成全套24式，是实用棍法。它展示了劈、绞、挂、拨、压等几个基本棍法。奚师讲了该棍民间流传的出处——为北宋开国皇帝赵匡胤当年征战沙场时用的。传说赵用的是一铜棍，把一大蛇的皮内灌漆盘在棍子上，故称盘龙棍。然后他将棍横搁于庙内香桌的架子上。当香客们来朝拜时，其精神和念力都集中到棍中，于是该棍作战威力巨大，碰擦到敌方时不死即伤。盘龙棍学会易，练好难。其动作形式简单，内容（攻防应变）复杂。尽管当时物质条件艰苦，奚师还经常在我学习完毕后花一角钱在路边买6颗枇杷奖励我。

我家到奚师家有10余里路，要换两班公交车。为节省一点如今看来极不起眼的公交车费，同时又可以看到火车（我从小就喜欢火车），所以每逢周末，我都从家步行到铁路边再顺铁路朝奚师家的方向走，一路欣赏着来来往往的列车。这样既锻炼了身体，又看到了火车解了眼馋，还省了车钱。奚师经常和我谈起天台国清寺和宁波天童寺内僧人刻苦练武的情况；还有我所学的罗汉拳、杨家选、形意、八卦等有关的历史、故事、传说。他还从太极拳之粘，太极枪、剑之粘，又谈到棍之粘；谈到棍和剑同属平直形兵器，攻防上有相同之处，我听得津津有味。

奚师医术高，来他处就诊的伤病患者很多，所以经常要外出采各种草药。我和奚师一起在六和塔后山上采过几次。我还学会了几种草药的土名称和功效，如"七星草"吃眼红，有消炎清火的作用；"白企娥"治妇女病；"白接骨"接断骨用，把"白接骨"碾烂，敷断骨处包扎好，断骨就黏结好了。一次我不小心大拇指扭伤，奚师用两手掌夹住我大拇指，来回搓动，感觉其掌像铁板一样，我的手指扭伤处很快得到缓解。那时我年纪小，学什么只凭感觉，听说书的人说《金台奇侠传》中金台是练罗汉拳的，该拳如何厉害，于是我向奚师提出要学罗汉拳。听我父亲说形意、八卦很好，又见奚师走八卦像凤凰一样美而有气势，于是又向奚师学了形意、八卦。奚师总是孜孜不倦地指导我动作并且教导我说，精湛的功夫是要用心苦练的。

1961年，奚师回了天台老家。1962年我向杭州著名拳师何长海老师学艺。何师年纪比奚师小 20 岁，那年何师 50 岁，但也是一位名家。何师师承刘百川、韩庆堂。我当时看中了他那套气势大度有 100 余个动作的大洪拳。该拳不轻易教于人，一般都要在他处学习好几年，他看中你才教。何师看中我曾在奚师处学过，并且有扎实的基础，才教了我。大洪拳 100 式运动量很大，当时我虽年轻体力好，但一套练下来也感到够吃力。后来我发现其套路组合中能分成动作数量相当的 3 节，成为 3 套拳，每套 30 多式，可以分别练习。100 式大洪拳学好后，何师要对学员进行考核。拳中有一个腾空侧飞腿接落地仆步按掌，落地时我用了很大气力用掌击地，何师说："维叔，你这样一击的力气，能有好几个动作好做了！"由于当时我年轻体力好，尽管这拳 100 式练起来累，而这飞腿落地用掌一击是在套路快结尾了，我还有足够的力气来用力击掌。后来我还跟何师练了 12 路弹腿和一些技击上的东西。12 路弹腿是低弹腿；以前奚师处学的 10 路弹腿是高弹腿。练拳可以活络筋骨、调节血脉、促进思维，所以对学习也有帮助。我初中高中时成绩都很好，读高中时当过数、理、化课代表，经常帮成绩落后的同学补课。

三、上山下乡

1964 年各大高校招生，成绩优异的我因为家庭背景的原因没能踏入大学校门。于是在 1966 年 8 月 31 日，我随着知识青年上山下乡运动的开展到浙江临安农村插队落户。

我插队的村庄是个生产大队，由数个生产小队组成，它属于半山区。村庄坐落在高台上，高台下有数千亩水稻田，背后是蜿蜒起伏的群山，山上林木葱郁。离村庄两三里处是一条原先清澈见底的近百米宽的大溪，叫天目溪。原本此处风景应该很秀美，但由于 100 多天没下雨，大溪旱成了小涧。我先入住搭伙在大队监察主任、共产党员章同志家。这个大队是个很大的自然村，像一个大镇，有数千人，民风淳朴。从水库上流下来的水一部分直接流入水田，另一部分经过村中大路边的水沟再流入田中，以方便各家各户清洗。这里属浙江西部山区，夏天白天热（由于四面有山，热气散不出去），但早晚还算凉快。我一到这里就干起了挑水抗旱、造水库、上山砍柴等农活。干旱使得池塘里只剩下一点快见底的泥水，大家把它一瓢瓢舀到水桶里，再挑到稻田里浇快干死的稻。为了以后干旱时百日无雨保丰收，生产大队决定在两个山间最陕处筑坝再造一个水库。下乡知青和农民各自用二角钢刺把山边泥土掘开，再用土箕装上泥挑到坝上。坝上专门有数个人负责按每个人挑上泥土的数量发竹签，每天完工后各人按所得竹签数交由自己所属的生产小队记工分。上山砍柴要走10余里山路（因为近处封山），由于山高总是感觉太阳没下山以为还早，但等把柴捆好搬到山下早已天黑。这时东家已在路口等着我，手上拿着饭团叫我吃，帮我把柴挑回去。记得有一次砍柴口干极了，见矮草丛中有一淙近1米宽小溪流出，我就扑倒"咕咚、咕咚"大口喝水。等我喝饱站起，忽见小溪上游离我数米近处有一条2米长的大蛇被人打死后横在水上腐烂着。由于是夏天，令人作呕的恶臭飘来，我不由一阵恶心和寒战。

这里劳动强度大，一早出工，晚上各家还要切、煮猪草喂猪和打制草鞋，等等，有做不完的忙活，所以这里的农民基本没有习武的习惯。由于爬山、挑担需要两腿用劲，我的腿部韧带收缩得很快。每次春节回杭休假时练拳压腿舒展开的腿部韧带，在这里劳动两三天会发现又收缩了，所以踢腿没原先利索了。我不断提醒自己，在这艰苦的劳动环境里，绝不能把武术给荒废了。夏天双抢（抢收抢种）这一个月劳动强度大，时间长。早上5点出工，晚上9点完工，根本没有时间和体力练拳。双抢之外的其他时间我通常晚上做压腿之类的基本功，然后把整套拳拆成一节节练习，用脑子背拳，回忆默记一套套拳的内容。同时我趁冬天农闲和回杭休假期，抓紧练习并加大运动量。由于我在农村7年，咬定武术不放松，武术基本功没退步，套路动作也熟记于心。

一次，生产小队分配大家去割茅草盖棚。这些茅草一丛一丛长在石壁上，我用草刀一把一把地割着。这天我忘了带笠帽，太阳晒得头发昏，自己也开了个小差，忽发现山头倒过来了，这时惊觉自己摔下去了。此时头脑还算清楚，警示自己千万不要头着地，用手做着各种保护头的动作，同时感觉身上头上已多处被石壁尖棱处擦击。石壁有70°陡坡，我半摔半滚下去50余米直到山脚下，刚好一个马步使我站着。我用手一摸头上身上都是血，腰后面撞击出两个馒头大的肿块。我想自己走回去，但从远处急忙赶来的农民背着我跑了5里山路送我到了家。东家章同志煮了10只鸡蛋叫我带汤一下子吃掉，说是"发一发"。我想这一定是村民们为防止破伤风，增加抵抗力的土药方。生产小队还派人拿了乡村老中医给我开的中药方到10里路外小镇上抓药给我煎服。第二天早晨我在床上起不来了，全身疼痛。这时我想了个办法，像练武术基本功时向上踢腿一样，把向着床外边的那条腿向自己头上踢去，然后再向床边下用力一甩，利用惯性力使自己身体从床上竖起来。

农村7年，我学会了耘田、种收番薯、做秧田、拔秧、插秧、砍柴、割茅草、背毛竹、种菜等许多农活，培养了自己吃苦耐劳的精神，武术不但没丢弃，而且还有进展，可谓双丰收。

四、再接再厉　因武喜结良缘

1971年我回城到建筑单位工作，当过汽车装卸工，之后当了管理人员直到退休。由于干惯了农村的累活苦活，所以汽车装卸工这工作对我来讲还算轻松。由于装卸工实行包干制，下午很早就下班了。下班后我还经常到公园练习。回城这一年我就到孙中宣老师处学习武术。1958年我在东风少体校时，因孙师经常来我武术班和奚师交谈，所以我早就认识孙师。奚师还和孙师说："中宣，我兵器练过很多，就是双钩没练过，希望你的双钩以后能传传人。"孙中宣老师师承刘百川、白振东，任过第一届杭州武协技术指导，省体委武术总教练。1957年他一人代表浙江省到北京参加了全国大中专院校武术教材组编工作。在二十四式太极拳、初级拳、剑、刀、枪、棍的组编中，受到工作组长李天冀的表彰。1959年国家出版的《四十八式太极拳》中采用了左右式均衡套路结构，这是孙中宣老师提出的"改造太极拳，采用左右式来均衡结构"的建议，得到了组长李天冀的赞同和采纳。该书出版后好评如潮，国家体总毛佰浩特来信向孙师祝贺。我家到孙师处很近，步行10分钟即到。晚上到他家时他正在吃晚饭，他极慢地斟着一小杯约60克的酒，我坐在一旁和孙师谈武术上的人与事，我俩谈得很投入。一个多小时晚饭结束后，孙师休息片刻，便教我动作约10分钟。几个动作要领我会了，便立刻回家"趁热打铁"把所学的动作用文字记下来，必要时还画草图，然后自己再比画一下，记住了就赶紧睡觉，因为第二天一早还要上公园练习。学习中孙师还教了我10个腿法、10个手法的基本功。这种单式虽然是少林长拳类的，但也是学习太极、形意、八卦的基础动作。它除了能加快学习和理解其他拳术，还可以较快用于实战。每当晚上我到孙师处去学时便进入了状态，把孙师处学的动作一路比画着，以便向他汇报时能通过。他家邻居和我说看到老远一个比画着的人就知道是你了。在跟随孙师几十年中，我学了单刀、双钩、八仙剑、青萍剑、三合剑、双剑、蛇拳、八极、螳螂、查拳、炮拳、杨式太极拳、春秋大刀、棍等20多项，还有技击方面的知识。

也就是在1971年，我还碰到了另一位好老师毛延林，我相信这是缘分。每当我早晨在公园练拳时，经常能看到一位身体壮实的晨练者，在练习"矮步子"。后来知道这步法出于心意六合拳（又叫十大形）。他有时赤膊练功，身上气块会移来移去；还能看到他在练一套太极拳很松，好像在练气功（我当时的感觉），后来得知这套拳叫吴式方架太极拳。那时我干汽车装卸工，身体仆着装卸砖头和抬重物经常闪腰，疼痛难忍。毛师知情后就会用指给我点穴。点穴过程根本不需要我把衣服撩起，他隔着衣服一点就准，然后再推拿一下，就一两分钟治愈，真的很神奇。我见毛师的吴式方架有特色，决意向他学。学之前他先叫我练一下我过去练过的太极拳动作后指出我"意识太浓"，毛师一再强调"无意识"。通过数年体会这个"无意识"使我感悟到原来是指暗意识指挥的自动调控。通过长期交往得知毛师是杭州出生，父母、姐妹都在杭州。他在上海工作，因加班调休多所以经常来杭。为了练好吴式方架太极拳，我在单位里争取多加班调休去上海。上海住房比杭州还紧张，到了晚上我们就把桌椅等搬到一边去，打地铺睡觉。我们两人脾气随和，相处得很愉快。我跟毛师还学了心意六合拳和混元杨式太极拳。在练习中如发现对拳上有不清楚的问题，我及时向毛师请教。毛师也争取能挤出更多的时间来杭州教我。1985年，毛师辞去在上海的工作，放弃35年的工龄，回杭州开了一家骨伤科诊所。毛师在杭州的骨伤科诊所到我家要换两班公交车，来回两个多小时。我有疑问的动作在电话上也说不清，所以我一发现有不懂的问题及时到他家问，他也一有空就到公园来指点我。孙师和我讲："毛延林的这套吴式方架是好东西，你要原汁原味地攻下来，不要有任何改动。"

　　练武术不但强健了我的身体，也丰富完美了我的人生，还因武喜结良缘。我从农村回城的第二年，1972年有一个16岁的女学生到我这儿学武术。她能吃苦，学武认真，基本功好。她经常买补品给我补身体，有时我单位值班，她还经常来陪我。她有时碰到不如意的事，也一定到我跟前诉说。我心想她待我那么好，以后会不会成为我的妻子。她在我这儿学了12年的时候，28岁的她和43岁的我准备结婚。12年中大家已十分了解，性格都直爽、厚道、以诚待人。晚上，我和她坐在六公园长凳上谈了一个多小时，她坐凳那头，我坐凳这头，彼此相距一米多距离。我告诉她，你和我在一起我可能给予不了你较高的生活水平，但她还是那么执着。我送给她的聘礼是一对雌雄双剑。剑的长短、重量均按她身高设计，我画了图纸托龙泉剑厂定做的。1986年，女儿出生了，我万分高兴。取什么名字我想了很久，但也想不出满意的。经再三斟酌，决定按我非常喜欢的那套"青萍剑术"取名"青萍"。青萍二字象征高雅、脱俗。女儿长大后也很有武术天赋，也练了几路拳，进大学后还办了个武术协会，教了几十号人参加表演、比赛。

我夫人生孩子后恢复身体时，因着凉落下了病根，使过去由于练拳好转了的气管炎又复发了。她冬天鼻子里鼻涕像水一样流出来，一天要好几块干毛巾去擦，而且毛巾湿得可以用手绞出水来，长期服药效果也不明显。在这种情况下，我让她练练吴式方架太极拳试试看。她学练了3个月后，病情有明显好转，20年来一直没复发过。还有一个例子是1980年初，一位30多岁的女同志，从小不会出汗，夏天跑步、打少林拳及其他太极都不会出汗，身体热火火的难受。我教她练吴式方架，练了2个月她感到会出汗了，无比高兴说这是她一生中最幸福的日子。后来她还说原先肝里有一个小瘤也渐渐小下去了。按中医理论来讲，不会出汗叫"闭"，得气使经络通了，自然出汗了。同时这也和正确的练拳方法有关。很想以后再能碰到一个不会出汗的再来验证一下。

退休后，我有更多的时间研究和教学武术，并在杭州武术协会当过办公人员、常委、办公室副主任、顾问，参加各种武术活动、比赛。改编过许多传统武术套路，使其适合现在的表演、比赛在观感上和时间上的特殊要求。

吴式方架我原本想拆编成一套不超过 4 分钟的套路去参加表演比赛用，但由于方架结构太严密，动作之间像砌成砖墙的砖头一样，互相之间交叉咬结，如果将其拆开重新组合，练起来感到不舒服，对气路和自动调控有影响，所以没能组编成功。这仿佛验证了孙中宣老师和我讲的话："要原汁原味地攻下，不要有任何改动。"但我又想，如果为了通过表演、比赛，向世人展示吴式方架太极拳的风貌，组编成一个短套路，以适合现代在表演比赛上对时间上的要求（不超过 4 分钟），哪怕对自动调控有影响，也未尝不可。因为真正练习时，还得练原传统的 100 式。也希望以后我和读者中有人能组编出一个不超过 4 分钟的短套路。另外：如查、炮、翻子、罗汉、蛇拳、八卦、双钩、八仙剑、双手剑、双匕首、太极刀、八卦子午鸳鸯钺、混元杨式太极拳、传统武式太极拳等 20 余个套路，经过我重新改造组编后教给我的学生参加表演和比赛。有 10 位学生以我处学的 19 个项目参赛，在 2006 年浙江国际传统武术大会上获 15 金 4 银。还有另一位成绩最突出的女弟子刘春晓在 2003 年至 2007 年的浙江省国际传统武术大会和 2006 年、2008 年香港国际武术大奖赛中获 22 金、2 银。数年中，我所获得的荣誉有杭州武协优秀教练员、优秀武术伉俪、优秀教练站等。

练功习武 60 年，共学得 60 套不同风格的套路，我感悟到"丰富多彩是中华武术的文化特征，万法归宗是中华武术的技击本源。静以养性。练武要讲科学。世上无难事，只怕有心人"。我感到每天练武不能停，离开了武术，会感到生活没意义，因为武术是我的第一生命。

论传统武术的技击功能

中华传统武术是中国传统文化的一部分，几千年的发展，使它具有健身、防身、养身、修身、娱乐、审美等多种社会功能，它属于体育但又高于体育。在世界历史上各个国家的搏击术通过几千年的发展，也只有中国传统武术发展成为一种综合性文化。技击功能是传统武术多种社会功能中重要的一种。武术的定义是以技击动作（踢、打、摔、拿、击、刺）为主要内容，以基本功、套路和格斗为主要运动形式的并注重内外兼修的中国传统体育项目。而技击是指以制死或战胜对方为目的的攻防搏击技能，它不受体育竞赛规则的限制。下面我从五个方面来讲述传统武术的技击功能。

一、传统武术的技击功能在长期的历史发展中形成并不断完善

武术产生于原始人群的狩猎活动。那时人们依靠拳打、脚踢、躲闪等徒手动作，或利用木棍、石斧等做出劈、刺、砍的简单动作和野兽斗，保护自己并获得生活来源。

进入氏族社会，部落之间经常为掠夺财富而发生战争。武器随作战需要而不断改进，而战场上的搏斗经验也不断得到总结。人们把战争中比较成功的动作如一击一刺、一拳一脚进行回忆或表演一番，频繁的战争使经验越积越多，人们有意识的攻防格斗技能开始形成。

后来人们把攻防格斗动作串起来进行表演，庆贺胜利，这样套路也就产生了。人们认识到武术不仅能满足生存的需要，还能满足享受的需要。武术开始成为人类文化的一部分，这也是中国进入文明时代的标志之一。

在中国历史上出现了许多著名的武术家及武术理论。《吴越春秋》里的"越女"是春秋时期的一位女子剑术家，她的剑术理论是："内实精神，外示安仪，见之似好妇，夺（突）之似惧虎，布形候气，与神俱往……"理法极为深奥。越女论剑中用形、气、神来造就武术攻防中一个人的动作"态势"，并使这种"态势"有利于自己而不利于对方。庄元臣在《叔苴子》里论剑："教剑者有法，及其能剑，忘其法并忘其剑矣。……未忘法而用剑者，临战斗而死于剑。"在这里告诉我们，如果在临场决斗时去考虑用什么招数，必死于对方剑下。它是靠平时训练形成临场实战应变时的动作条件反射的。三国时魏国曹丕"好击剑，善以短乘长"，和将军邓展比剑，三中其臂。蜀国的刘备，善使双剑，其剑术"顾应法"有名。

汉武帝为抵抗匈奴入侵，发展骑兵，使马上刀术得到发展提高。

北宋和南宋时要抗辽抗金，出现了"锦标社""英略社""角抵社"等练武组织，促使了武术的发展。

明朝抗倭名将戚继光总结了抗倭经验并写出《纪效新书》，总结明代各家六合枪法为二十四势及其他兵器要说，吸取民间许多拳术之粹，编成长拳三十二势，指出套路动作的死招活用，指出不招不架，只是一下，犯了招架，就有十下。后来的陈式太极拳和翻子拳中的许多动作多由三十二势长拳演化而成。《纪效新书》对后世影响很大。

明朝抗倭名将俞大猷在《剑经》中载："顺人之势，借人之力。""旧力略过，新力未生为最好进攻时机。""刚在他力前，柔在他力后；彼忙我静待，知柏任君斗。"

明代武术家程宗猷从浙江人刘云峰中学得双手刀法编成套路，写入《单刀法选》并和他的其他专著《蹶张心法》《长枪法选》《少林棍法禅宗》等合并发行，名《耕余剩技》。

明清时已把套路作为存放武术技击的载体，并出现了许多拳种：如少林拳、形意拳、太极拳、查拳、华拳、炮拳、洪拳、翻子拳、劈挂拳、通臂拳、戳脚拳、罗汉拳、五祖拳、佛汉拳等许多拳种。任何拳种里面都包含着踢、打、摔、拿。每个拳种都有与其相配套的兵器，如赵堡架太极拳中有刀、剑、棍、春秋大刀等器械，查拳中有钩、刀、剑、枪等。

近代还出现了许多著名的武术家，如形意门的韩慕侠、查拳门的王子平、灵令门的刘百川，他们都以精湛的武技击败外国力士，为国争光。

由于近代热兵器的出现，武术技击由军事范围退出，除在军、警、特和民间自卫防身中还保留部分外，其活动天地进入了体育范围，在散打、摔跤，推手中保留部分。近来在各地开展的各种形式的武术对抗赛，随着其不断地成熟完善，倒不失为一个保留发掘传统武术技击功能的好办法。

二、传统武术的技击功能以武学理论为指导

传统武术各流派拳种都有其完整的武学理论，为其拳架正确、增强健身效果、增强技击功能服务。其实，使拳架正确，增强健身效果，也是为技击服务的。

如太极拳中的张三丰拳经："凸凹之处，易为人所制，断续之时，易为人所乘，皆致败之由。"李亦畬的"撒放秘诀"之擎、引、松、放：擎起彼劲借彼力，引到身前劲始蓄，松开我劲勿使屈，放时腰脚认端的。王宗岳的太极拳论："人不知我，我独知人，四两拨千斤，舍己从人。"武禹襄的四字秘诀"敷、盖、对、吞"，将自己之气敷于彼劲之上，包之、裹之使不得逃脱。盖住来劲，使之随我而动。以我之气对彼之来劲，对准、吃牢、

落实后，则万无一失。当对方发劲，我即以气全吞而化解之。例子举不胜举。

长拳中的查拳看似花拳，也讲技击。它在技击中讲："出手疾，回手快，触发寸劲。明拳暗腿，手脚并用，虚打实上，避实就虚，多法巧用，组合连击。出手点睛，抢扑面门。""不怕对方招，就怕不出招；引手抢面门，闪身向上靠；抢占背侧位，出手是奇招；倘若敌我变。顺转最为妙。""出似离弦箭，回似火烧手；抢在他力前，跟在他力后；打上发寸劲，切忌乱出手。"

少林翻子拳在技击中讲"要扣足、扣膝、掩裆、掩肘、掩手、拧腰、含胸拔背等。他要求快而不散、密而不乱，指右奔左，引上打下，以闪为进，以活为本，远拳近肘、贴身挤靠。顺其势，借其力，走着打，打着走，拳不空挥，手不空归，上打鼻梁下打裆，左右两肋中胸膛，脚踢一阴反一阳，后腿蹶子把人伤，出手打印堂、回手挂鼻梁，双拳密如雨，脆快一挂鞭，八闪翻子六合手，彼是神仙也难走"。

长拳中的通臂拳要求含胸探背，八极、翻子要求含胸拔背，这是由它们特有的攻防招式和发力机制决定的。通臂要求力从背臂成鞭劲打出，八极撞靠劲，翻子双拳密如雨，如不按以上要求，则力和速度都达不到，拳架也不正确，影响发力通顺。

形意拳中内三合的劲通过外三合的拳架打出去。打人如走路，看人如蒿草，操练时面前如有人，交手时有人似无人，收放快速以我为主，起如风，落如箭，先发制人，进即闪，闪即进，不必远求，脚踩中门夺地位。

八卦掌有48个技击秘诀：如在《接拳诀》中写道"五花八门乱如麻，长拳短打混相加，你越快疾我越慢，我若发时鬼神泣"；在《脱身化影诀》中写道"他不来时我引来，他若来时我化开，不须手避凭身段，步步不离两肘间"。其他还有《迈步诀》《身法诀》《手法诀》《封闭诀》等共48秘诀。

三、传统武术的技击功能表现在构成各拳种的动作基本要素和功法上

传统武术的各拳种套路动作编排有不同的风格：有的以单式左右对称编排，如形意五行拳以"劈、崩、钻、炮、横"五个基本拳法正反练习。通臂拳也有以单式正反练习的套路。长拳如"查、华、炮，洪"是以非对称动作组合的复杂套路。太极长拳以非对称动作组合为多。八卦掌是对称与非对称结合的，每一掌分互相对称的正反面，而每一面又是非对称的。不管套路如何编排，它里面都包含着最基本、最直观、最简单的带有攻防搏击性的成分，这些成分（即基本要素）都是能为技击服务的。

如太极拳的"掤、捋、挤、按、采、挒、肘、靠"这八个劲路和"进、退、左、右、中"这五个步法是构成太极拳的基本技击要素十三势；"砍、撩、抹、刺、抽、提、横、倒"这八个剑法和"进、退、左、右、中"这五个步法是构成太极剑的基本技击要素十三势。用以上这些技击要素经过训练，灵活运用可用于实战。太极拳在八个劲路和五个步法的配合运动中形成太极拳的武术攻防态势。通过调整和对方的距离、角度、力点及力的作用方向和自己的重心，形成太极拳的武术攻防态势，并使得这种态势有利于自己而不利于对方。

如查拳、华拳、炮拳、洪拳等长拳套路虽然很多很长，但它们是由"冲、挑、格、架、挂、劈、抓、砍、夹、钩"等手法，"踢、弹、扫、摆、钩、蹬、踩、踹"等腿法，还有擒拿中的"缠腕、切腕、卷腕、拧手、扭臂、别肩、扼喉、跪腿、按揿"等技击要素所组成。所以以上这些套路中也可以拆出这些基本技击要素。蔡龙云就是用了华拳的迎面三腿击败外国拳击家的。

中国民间有句俗语叫拆拳，就是把套路中这些带有攻防搏击成分的技击要素拆出来用于实战。搏斗时没有明显的弓马等步形，只有重心虚实的变化，并在搏击理念的指导下去运用这些基本技击要素。

基本攻防技击要素可以组合成套路，并使其在套路中形成连环运动形式的一种顺序训练，而套路也可以拆散成许多基本攻防技击要素。这就好像许多零部件可以组装成一台机器，而一台机器也可以拆散成许多零部件。如今好像人们习惯于把套路练得滚瓜烂熟，而对套路中的基本攻防技击要素的拆解很生疏。

八卦掌的前辈王永昌说过："教一姿势不过使你练得此种身法、步法、手法，若即以此应敌，必难于用上，用时要完全拆散。"

套路中致伤、致残、致死的招数有："二龙抢珠、双风贯耳、飞镖刺心、海底捞月、犀牛劈角太阳穴、指裆锤、雪花盖顶、金鸡啼头啄气口、金鸡劈腿取会阴、金刀斩腰伤肾俞"等。这些动作名称很形象直观地说明该动作的用法。

各流派拳种都有其完整的一套功法练习体系，如查拳看看很优美，但它也有一套功法。

1. 站桩活气：立体桩、马步桩。

2. 打桩增力：用胯、腿、膝、肩、臂、肘、臀、拳、掌配合简单技击动作和方法打击和撞击沙包、木桩、树桩等，用掌插豆缸和沙缸；全身倒立，练手掌、指、臂力。

3. 行手练功，打散手。

螳螂拳、猴拳要练掌插沙、手抓沙袋、石锁，用来增强搏斗时手掌的穿透力和抓力。鹰爪拳练抓缸，增强指力用于搏击。

太极拳的螺旋劲，长拳的直发劲，形意拳的蓄发劲，八卦掌的弹簧劲，白鹤拳的弹抖劲，大通臂的摔劲和鞭劲，都能在技击中发挥极重要的作用。

基本动作用于技击时，形式虽简单，内容却很复杂，它包含着用动作时的计谋、攻防角度和敌方距离估计等。西门庆在狮子楼上踢掉武松的刀，用的是外摆腿。这个平时晨练时大家经常练的腿，因为踢刀不能正面向上踢。

外摆腿踢刀需力量、速度、与对方的距离、角度和发力时机。奚诚甫的高腿，里合腿接穿心腿（用里合腿打掉对方兵器紧接穿心腿）；刘百川的低腿，踢对方膝盖下的迎面骨走的玉环步，使对方不知他用哪一脚踢来，哪个方向来，哪腿虚，哪腿实，防不胜防，无法破解。他们都练得出神入化。由此可见，练好武术基本功极其重要。

吴式太极拳宗师吴鉴泉的儿子吴公仪指裆锤这招用得好。1952年在澳门举行世界拳王比赛，个子矮小的吴公仪边退边闪来避计个子1.9米的欧洲拳王的连发拳，后来吴看准拳王一个空隙来了个转身指裆锤直冲拳王裆腹，这时拳王一个急收腹想避开吴公仪的冲裆拳，却把上半身胸部暴露向前扑出，吴公仪趁势把指裆锤变成了向上的勾拳，拳王胸腹受伤倒地，裁判数到10还起不来。吴公仪把指裆锤向上一勾这动作编在了他的太极拳里，点明这动作还可以这样用。当然这次获胜和吴公仪的时机把握得好、功力强也有关。

技击就在我们每天练的简单的一招一式上，在基本功上。

四、传统武术的技击功能由于仿生武术的出现，而更加丰富完善充实提高

人类在原始社会时为了生存和野兽斗，发现人类走不如兽，飞不如禽，于是模仿飞禽走兽搏斗的动作来打斗。如模仿蛇的缠绕，猴子的步捷轻灵，螳螂的奋勇格斗之猛，鹰的左右翻腾刚暴凶狠，虎扑食的凶猛，鸡啄米的准确。于是仿生象形拳就产生了。

在技法上螳螂拳用了刁、拿、锁、扣、长手短手结合，刚柔相济。"五快"——手快、腿快、步快、身快、式快，变化莫测。

猴拳在手法上用了"刁、拿、锁、扣、抓、顶、勾"，腿法上用屈伸性强的"踹、点、蹬、弹，身法松肩、缩颈、圆臂、束身、弯肘、曲膝"等形态，

步法轻灵用脚尖小跳步，攻防严密，连续进攻，躲闪灵活。

醉拳用跌跌撞撞的踉跄步，用"点、盖、插、刁、拿、采、扣"等手法，用"勾、挂、盘、剪、提、蹬、弹、缠"等腿法，用"挨、撞、挤、靠"等身法，各法协调配合。似醉非醉，形醉意清，步醉心不醉，迷惑对方，以醉进招随机就势，避实击虚，闪摆进身，跌撞发招。象形拳象形取意，如象形成分太多，影响攻防，于是有取意拳。

取意拳粗看并不像某一动物，它是取某一动物搏击特长的特点，来作为拳术的技击手段，攻防技击性强。如形意十二形，心意六合拳的十大形，还有通臂拳。通臂拳又叫通臂猿猴，取了猿猴的长手臂收放自如的特点，利用腰胯侧身拧转，含胸探背、肩背松顺、腰背发力，用鞭劲打出去，来造成放长击远和长一寸强一寸的技击效果。

仿生武术不但培养了人们的审美情趣和形象思维能力，也丰富、完善、充实、提高了传统武术的技击功能。

五、传统武术的技击功能受武德的制约和引导

传统武术的技击是要伤人的，所以随着传统武术的发展，武德也相继产生。武德是调节擅长技击技能的人和其他人之间的关系的道德规范，是把传统武术的技击功能引导到对社会有利的方向去。武德要求反对侵略、爱国爱民、尊师重道、遵守社会公德。武术锻炼者应把德放在第一位，练武术是一种人格的修炼，德为艺先。

数千年以来，许多习武之人成为国家和民族的英雄和栋梁，远的如岳飞、戚继光等；还有如明朝中期，少林武僧月空带领30多名僧人组成僧兵队伍，奔赴江苏松江一带与倭寇血战，屡立战功，最后血染沙场。

抗日战争时，少林寺德禅法师组织众武僧，在皮定均司令员的领导下，

成立"少林抗日政府"，在少室山一带打击日寇和汉奸。

人民解放军南下时，少林寺德禅法师亲自送弟子行方、素祥、素龙等参军入伍，英勇作战，屡立战功，受到部队嘉奖。

八卦掌功夫不低的周恩来总理，藏而不露，为了国家日理万机。还有原南京军区司令许世友上将、浙江军区司令员钱均中将均出自少林寺，他们都为中国革命做出了重大贡献。

在我国革命和建设中，在各条战线上又有无数武林人士投入其中，做出了非凡业绩，例子举不胜举。在社会刑事犯罪中，习过武却触犯刑法的人可谓寥寥无几。一般来说，习过武的人其武德和道德水准都较高。

少林功夫有"八打八不打"，"八打"是打不至于造成严重伤害，而又能控制对方的部位；而"八不打"处都是致命部位，如太阳穴、锁口、硬软肋间、两腋、下阴、腰眼、尾闾、耳窝等。

武当内家拳要求习武者"为天地立心""为生民立命""止戈禁暴"。明代内家拳有五不传：心险者、好斗者、狂酒者、轻露者、骨柔质钝者。

少林秘典《汇象罗汉行功》记载了点穴之术，并指出这种极厉害的武艺的出发点是仁爱而非残忍。兵刃之举，是圣人不得已而为之，点穴就是为了使对手心神昏迷，容易救醒而不至于伤人，体现了少林功夫的仁爱武德。

现代武德已成为社会主义职业道德的一部分，也是社会主义精神文明建设的一部分。现代武德必将继续推动武术运动向健康的方向发展，从而造福于社会，造福于人民。

六、尾声

传统武术是开发提炼搏击要素的丰富的知识宝库，它需要人们去开发、去提炼。它又是一个信息密码库，需要人们去破译它，解出它的攻防内涵。

有些传统武术套路动作是"会意的",一招有多种用法,如太极拳中的"搂膝拗步"起码也有八种用法;日本空手道鼻祖直言不讳地说空手道来源于中国嵩山少林寺的十八罗汉手。其他如跆拳道、泰拳等都从中华武术中提取攻防技击素材,如今成为风靡世界的项目。

我们既不要夜郎自大,也不要妄自菲薄。不要夜郎自大就是不要认为外国不行,中国功夫最好,这是错误的。因为世界各国都有自己的技击术,他们也都经过冷兵器的战争。有的国家的习武者还吸收了中国武术之精华,也出过不少能者。人类在对技击问题的思考上有共同点,有时大家会想到一块去。不要妄自菲薄就是不要认为中华武术都是花拳绣腿。传统武术的技击功能受武学理论指导,受古代兵学、医学、阴阳五行、易经等学说影响,是一门博大精深的学问,是一个文化总体。传统武术中的螺旋劲、蓄发劲、弹簧劲、铁砂掌、红砂手、缠枪及各种功法和武学理论,体现了中华民族的智慧和聪明才智,是中华民族对世界搏击术的重大贡献。刘百川的玉环步鸳鸯腿、韩慕侠的马形掌、王子平的左右横开掌,这些击败外国力士的招数都能在传统套路及功法中找到影子,只是现在的人大多数以健身为主,没有人花这样大的精力去钻研苦练,不知道、不去了解、不去练不等于传统武术中没有攻防技击。

套路是武术发展的最高形式,攻防技击是武术的核心和灵魂。我们要把在传统武术攻防搏击的开展上做得不够的地方,努力去加强它,努力去做好。我们不但要把传统武术的攻防搏击深入研究、发扬光大,也要把传统武术的整个文化体系传承下去、发扬光大。在攻防搏击上努力学习国外搏击功夫之精髓,但也不要拿着中华武术这样好的"金饭碗"去"讨饭"。中国人绝不能废弃中国武术,对本国的武术绝对尊重,努力传承中华武术。路就在你的脚下!

注意事项

1. 套路中的每个动作都是单侧的，练习者可以将它们的另一侧的动作形式及攻防用法推理出来，进行动作左右侧的周而复始的单式及攻防练习。而且也可以酌情不断改变套路动作中的步型进行练习，可以按出手出脚都是同一侧的顺式练，也可以按出手出脚都是身为异侧的拗式练，还可以把套路动作变化成左右单式后配合进步、退步、左转步、右转步来练习，做到套路动作的死招活练活用，为攻防的临场应变打基础。这样练有利于动作的熟悉和理解，也有利于攻防，也能增加练习的兴趣。

2. 上步的目的是为了缩短和对方的距离，增加进攻冲击力，使自己以进为闪，同时也可以封住对方的脚或插裆。

3. 对方向我进攻的腿或者手简称为对方的"攻腿"或"腿攻"，或者"攻手"或"手攻"，即对方进攻来的腿，或腿的进攻；对方进攻来的手，或手的进攻。

4. 每个动作出手须对准人体攻防中心线（从头顶向下到尾闾的连线），并和鼻尖及前面的腿的膝盖这三者向前的延长线"三尖相对"以守住自己的中心线，以利于攻防。三尖相对也有和前面脚尖相对的，那是那些前面脚尖朝前的拳。但奚氏武术中前面脚尖是内扣45°的以保护自己小腿迎面骨不太暴露，所以三尖相对中应对前面腿的膝盖向前的延长线。出手的侧立掌掌尖应对鼻尖。拳或掌向前出击时手臂不能伸得太直，以防被敌所制。

手臂应稍弯曲成"似直非直,似曲非曲"。

5. 在练习套路时应该步型清楚,但在把动作运用到实战中去时,一般没有明显的弓、马、仆、歇、虚等步型,只有重心虚实的变换,如重心或偏前、或偏后、或偏左、或偏右及进、退、左、右、中,即前进、后退、向左、向右、中定。也就是说没有那样到位的弓、马步等步型。实战中运用的是从套路中抽出来的最基本的手法、步法、腿法加身法。它不一定是套路中具体某一动作的重现,应根据实战临场变化来灵活运用套路中的基本攻防要素。实际上构成套路动作的基本攻防要素,早就存在于基本功当中。即基本功当中的基本攻防要素可以组合成单式或套路动作,而单式或套路动作也可以拆散成基本功当中的基本攻防要素。

6. 套路是由基本功部分中那些最简单的基本手法、腿法、步法所组成。这些最基本、最直观、最简单的带有攻防搏击性的成分是可以拿来搏击用的。这么多罗汉拳、杨家选等套路也只是由近十几个或 20 余个带有攻防搏击性的基本手法、腿法所组成,这样就简单多了。练习这些基本手法、腿法,就是练习攻防基本功。

7. 书中讲到的"转身""转腰""腰胯转动""侧身"和转身是同一意思。转身是为了便于闪避、防守和进攻,并顺动作的势,增加进攻的冲击力。腰胯转动和步法、手法、腿法合理配合形成身法。

8. 凡是以脚跟或脚前掌为轴拧转,手掌手臂画弧及手掌、臂、拳自身的拧转,如果是按时针方向走的称为"顺转"、"顺时针拧转"或"顺时针画弧";如果是逆时针方向走的则称为"逆转"、"逆时针拧转"或"逆时针画弧"。

9. 套路动作方位表达有东、南、西、北,A、C、B、D,东 A、南 C、西 B、北 D 三种方法,练习者可各取所需。

10. 为了教学的方便,套路中的大多数动作都由数张照片组成,即由数个分动作（小动作）组成，当动作学会后应该把它们连贯起来做。

11.套路中每张照片都有编号，当把某个动作按套路方位看不到的一面表现出来，用小写英文字母a来表现。如《杨家选》动作42"武松打虎凭两拳"，按套路动作方位我们只能看到马步伏虎势的动作背面，即照片43-2，那另一面看不到的胸腹面为照片43-2a。当某个动作有两种方法可做时，可在照片编号上用英文大写字母A和B来表示。如《基本手法步法练习》中的E3连环拳左式中分动作②马步上下分挂或者骑龙步上下分挂。我们用马步上下分挂时照片可用1-2A来表示，当我们用骑龙步上下分挂时照片可用1-2B来表示。

12.由于本书的光盘中视频占用容量太大并受时间限制，所以视频中对套路用简述的方法来讲解动作。如十字拳、练步拳、杨家选套路动作讲解得相对详细点。其他如黑龙大罗汉拳一路、双刀、盘龙棍用每一节做分节演示一遍。黑龙大罗汉拳二路、综合黑龙大罗汉拳用每一节做分节演示两遍。而黑龙大罗汉拳三路的每一节中每个动作分开来做两次。在分节演示和每个动作做两次的表达中，读者们可以通过把每一个小节从头到尾重复放映来熟悉它，再结合书上针对这一小节的每个动作的照片和文字部分的描述来加深理解并学会它。

13.两人在练动作的攻防用法时要注意适度，注意安全，特别是要害部位，只能点到为止，防止伤害，切记！

14.幼儿和儿童蹲马步的时间不要太长，因为身体还没发育好，如要体验一下可蹲10余秒钟。如果是练套路中出现的马步动作则不要紧，因为这时出现的时间很短。

15.做仆步下势时应把呼吸调为呼吐出气，以减少腹内压力。

16.凡是拳心朝上，拳的掌沿部分自然贴合在腰侧，并且肘自然后顶的，称为"拳抱腰"。凡是掌心朝上，掌沿自然贴合在腰侧，并且肘自然后顶的，称为"掌抱腰"。

17. 练习场地应空气应较好。有弄堂风、屋檐风，地方狭小、空气流速快的地方不要练，如乱箭穿身。

18. 饭后 1 小时才能练习，练完后不要马上食生冷之物。

19. 不要锻炼过度，以防止疲劳伤身。

20. 练习前应做好准备活动，如膝关节操等，练完后也做一些收势活动和膝关节操，防止运动损伤。

21. 学者应当重视基本功、基本手法、腿法这些最基本、最直观、最简单的带有攻防搏击性的要素的练习。腰胯转动要灵活，并和手法、腿法、步法合理配合好就可形成好的身法。这样有利于武术攻防搏击，同时也有利于更加加深理解套路动作并练好套路。

第二章 基本功部分

一、手型 A

1. 拳（A1）

五指曲卷内收，大拇指压在食指和中指第二节上，拳面拳背须平整，这是捏拳的方法。拳的用法可以向前冲击，或由上向下，或由下向上勾打，还可以向左右两侧摆击，也可由上向下劈打，还可向侧上方甩击贯打。拳臂有上托下压和向左右两侧拦拨及向上或向下挂拦的防守功能。当对方用手向我攻来，我拳臂可以向上下或左右擦防开对方攻来之手臂并同时向前进攻，做到单手攻防皆备。

（1）立拳（照片 A1-1）：大拇指朝上，拳心朝向一侧的拳称为立拳。

（2）俯拳（照片 A1-2）：拳心朝下的拳称为俯拳。

（3）仰拳（照片 A1-3）：拳心朝上的拳称为仰拳。

（4）反冲拳（照片 A1-4）：大拇指朝下，

拳心朝向一侧的拳称为反冲拳。

2. 掌（A2）

奚氏武术的掌型是四指伸直并拢，大拇指曲向掌心方向勾拢，这是成掌的方法。手掌小指这一侧叫掌沿，并拢的四指前端叫掌尖，掌的两侧分别为掌心和掌背。力灌掌尖向前运动可做出刺的动作，掌沿向前挺出并力灌掌沿向前运动可做出平推切或立推切的动作，利用掌心或掌背可向左右拦拨或上托或下压可阻截对方攻势。掌沿挺出力灌掌沿使其水平朝向一侧，或斜向下，或垂直向下运动可做出平劈、斜劈、直劈等动作。掌还可抓捏住对方腕臂拧缠实施反关节。掌和小臂合用叫掌臂，它具有上托下压和向左右两侧拦拨及向上或向下挂拦的防守功能。掌臂和拳臂一样也具有攻防皆备（防中有攻，攻中有防）的功能。当对方用手向我攻来，我小臂掌能有向左右或向上下擦防开对方攻来之手臂并同时向前进攻，做到单手攻防皆备。

（1）侧掌（照片 A2-1）：大拇指这一边朝上，掌心朝向一侧的掌称为侧掌。

（2）侧立掌（照片 A2-2）：以坐腕使掌竖起并使掌心朝向一侧，掌沿朝前的掌称为侧立掌。

（3）俯掌（照片 A2-3）：掌心朝下的掌称为俯掌。

（4）平切掌（照片 A2-4）：以掌心朝下平横于胸前并掌沿向前挺出的掌称为平切掌。

（5）仰掌（照片A2-5）：掌心朝上的掌称为仰掌。

（6）竹叶掌（照片A2-6）：把五指在并拢伸直的基础上向里裹拢，大拇指尖约抵在中指第二节或者根节上，这样的掌型由于像竹叶故称之为竹叶掌。因其形状还像枪头，故又称之为竹叶枪，用这种枪头向对方刺击。竹叶掌比前面所讲的掌具有更强的刺击力，并且自己手指不易曲伤，而且当自己的手被对方抓住后易回拉挣脱，一般套路演练表演中这种掌型极少出现，只有实战中才用。

（7）平劈掌（照片A2-7）：用掌心朝上的仰掌并把朝向一侧的掌沿挺出可用作向侧面平劈的掌称为平劈掌。

（8）斜劈掌（照片A2-8）：用掌心斜向内侧并使掌沿向斜下挺出的可用作向斜下斜劈的掌称为斜劈掌。

（9）直劈掌（照片A2-9）：用掌心朝向内侧并使掌沿朝下挺出的可用作向下直劈的掌称为直劈掌。

（10）甩掌（照片A2-10，A2-11）：五指自然分开的掌称为散掌或巴掌，作为甩掌用。把掌心先朝里掌背朝向前的散掌。在手臂由弯曲到自然伸直的过程中产生的弹抖劲把手背五指向对方甩击。甩击过程中的手腕、手臂、肘、肩都要

松顺，把劲力顺利地甩抖出去。甩掌主要甩击对方眼脸部，但也有甩击胸、腹、裆、腋等部分，有伤害性，请注意不可乱用。

（11）虎爪手（照片A2-12）：五指向内扣抓但不相碰并且掌心内含的掌称为虎爪手。虎爪手可抓击对方软裆、穴位、下阴。

3. 勾手（A3）

勾手是利用腕力把5个或2、3个指尖抓捏在一起成钩形，它能攻能防。它利用手指间一瞬间抓捏时产生的爆发劲攻击人的眼、脸和身上各处要害如软裆、穴位；它还能刁勾开对方攻来之手，当我手腕被对方所抓时还可以利用勾手的勾劲和手腕的拧转劲来脱手，用时是灵活多变的。

（1）勾手（照片A3-1）：手腕自然弯曲，5个指尖抓捏在一起。

（2）勾手（照片A3-2）：手腕自然弯曲，大拇指和食指、中指指尖抓捏在一起，无名指和小指随势向掌心自然弯曲。

（3）勾手（照片A3-3）：手腕自然弯曲，大拇指和食指近指尖处抓捏在一起成为两指抓

捏，中指、无名指和小指随势向掌心自然弯曲。

（4）刁勾手（刁格手、挖手）（照片A3-4）：手腕自然弯曲，大拇指和食指两指指尖抓捏在一起，中指、无名指和小指与食指自然并拢并不向掌心弯曲。

提示：以上这些勾手形状，主要是以与五指尖抓捏的勾手为基础。其他钩形是在防格开对方进攻的手和腿的过程中自然形成的，不必去硬记。如后面的动作"挖手马步冲拳"中的勾手，"侧勾手亮掌侧蹬"中的勾手，"进步挂趟"中的勾手，"穿花勾切掌"中的勾手，"反撩勾手"中的勾手，都是在和对方的攻防过程中和其手和腿及身体接触中因不同情况自然形成的。在实际攻防运用时，我可用刁勾手将对方攻来之手或腿防开并同时用另一手或腿向其进攻。也可以用刁勾手将对方攻势防开后即刻将刁勾手变成拳或掌向其攻击，即单手攻防运用，并用转腰顺其势。

二、步型 B

传统武术中的各种步型常用马的各种步姿来形容。如弓步又称弓箭马，马步又称四平马，虚步又称虚马等。

1. 弓步（照片 B1）

两脚全脚着地，前腿曲膝成弓形，小腿垂直地面，大小腿交角约135°，前脚内扣约45°，前膝和脚尖朝向一致；后腿伸直，后脚脚尖外撇约45°，前后两脚脚跟在一条直线上。前腿弓、后腿箭，所以弓步又称为弓箭马。当脸和出手朝向弓形腿前面时称为弓步，当脸和出手朝向箭腿前面时称为箭步。竞赛套路中弓步的前弓腿的大小腿交角约90°，易造成起步困难，向前发力受阻，膝盖易损伤，带有体操化。当弓步的前弓腿和向前进攻的手是同一侧的，这时的弓步称为顺弓步（即向前同脚同手），简称弓步；如果前弓腿和向前进攻的手非同一侧而是各为异侧的，这时的弓步称为拗弓步（即向前反脚反手）。如果两手同时向前进攻，这时的弓步无顺拗之分。上步弓步可缩短和对方的距离并增加进攻冲击力，使自己以进为闪，同时上步可封住对方的脚或插裆。也可用上步的脚的脚底及外侧脚帮踩踏式踩

切对方脚背或脚脖子或者脚弯处,使其该处受伤,或脚不能收回,或使其向后跌倒。

2. 马步（照片B2）

两脚全脚着地,两腿曲膝半蹲,两脚之间间距约为自己的脚的三脚半空档并平分体重,两脚尖内扣使脚尖朝前,两膝盖和各自对应的脚的脚尖朝向一至。马步又称四平马,即两肩平,两大腿平行地面；或者头平正、肩平、大腿平、脚平。马步蹲的高低应按自身年龄、体质量力而行并保护好膝盖。

3. 仆步（照片B3）

两脚全脚着地,一腿曲膝全蹲,脚尖外撇约90°（膝盖和脚尖朝向一致）,大腿和臀部靠近小腿；另一腿自然伸直并微曲膝接近地面,脚尖向内扣。仆步又称仆马。

4. 歇步（照片B4）

两腿前后交叉曲膝全蹲,臀部坐后面大腿上,前脚全脚着地并脚尖外撇约45°,后脚脚跟离地并脚前掌踮地。歇步又称歇马。

5. 虚步（照片B5）

后支撑脚全脚着地并脚尖外撇不超45°,后支撑腿曲膝半蹲承重（膝盖和脚尖朝向一致）；另一腿向前伸出并膝盖微曲,前伸脚脚背崩平并脚尖内侧虚踮地。虚步又称虚马。

6. 丁步（照片 B6）

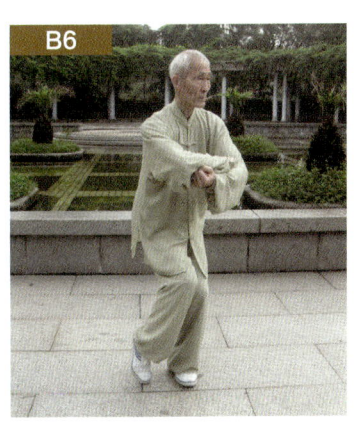

两腿曲膝半蹲稍并拢，一脚全脚着地做支撑脚，另一脚脚尖踮地并靠近支撑脚内侧。丁步又称丁字马。

7. 骑龙步（照片 B7-1，B7-2）

一腿曲膝成弓形并全脚着地，脚尖内扣并膝盖和脚尖朝向一致，小腿垂直地面，大小腿交角约 135°；另一腿弯曲，脚前掌踮地，两脚间距比弓步小一点。前脚弓形腿脚跟和后脚踮地的脚前掌在两条平行线上，如果在一条直线上则站不稳。如果身体朝向弓形腿方向，那么弓形腿的脚脚尖内扣约 45°，后脚踮地的脚尖朝前，使两脚尖延长线相交，底面成三角形。如果身体朝向踮脚的那一方，那么弓形腿的脚的脚尖内扣约 90°，踮地的脚尖内扣约 45°。

8. 交叉步（照片 B8）

两腿前后交叉，前腿曲膝成弓形，前脚全脚着地并脚尖外撇约 45°，前膝盖和前脚尖朝向一至；后腿伸直，后脚脚跟离地并脚前掌踮地，并且两大腿自然夹裆。交叉步又称叉马步。在武术运动中由于形成交叉步有两种方式和原因，所以针对交叉步有两种称呼：（1）一脚从另一脚后面倒插一步并伸直后腿使后脚脚前掌踮地，这样形成的交叉步称作"插步"，又称插马步。

它不是通过上步来接近对方，而是靠后插一步来接近对方，不是"走前门"，而是"走后门"，偷偷摸摸，所以又称偷步。（2）一脚从另一脚前横跨一步并使前腿曲膝成弓形，前脚脚尖外撇约 45°，后腿伸直并后脚前掌踮地，这样形成的交叉步称作"盖步"，又称"盖马步"。当对方向我猛烈进攻并向我接近，我用转身盖步使我后伸腿方向减少对方攻击力并适当拉开和其距离。而我向前盖步方向也可和前方之敌接近发招，盖步也可踩其膝、小腿部分。

9. 独立步（照片 B9）

支撑腿独立承重并自然伸直膝微曲，支撑脚前脚着地并脚尖外撇约 45°；另一腿膝盖上顶曲膝提起，大腿高于水平，脚底靠近独立腿，脚背崩平并脚尖朝下护裆前。提膝独立步，可以利用提膝护裆来防开对方的腿和手向我裆腹部攻来，也可以利用膝盖上顶并和手配合去撞击对方裆、腹、胸、头脸部或头顶，并在膝盖上顶时也可同时配合支撑脚脚跟离地脚前掌踮地使膝盖增强上顶之力。

10. 勾格步（照片 B10）

两脚全脚着地，一腿曲膝成弓形，脚

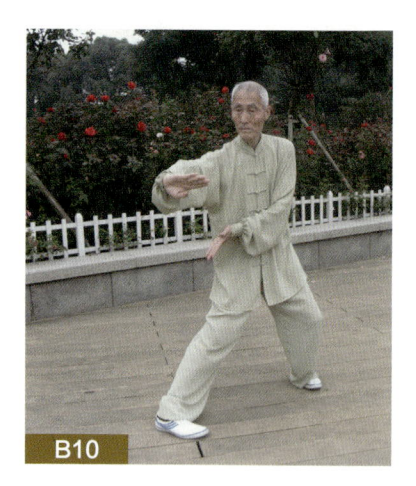

尖内扣约45°，膝盖和脚尖朝向一致；另一腿伸直微曲并脚尖内扣约45°，两脚脚尖延长线应相交并和两脚跟连线形成一个三角形。勾格步又称勾格马或三角马。

11. 并曲蹲步（照片B11）

两腿并拢向下曲膝半蹲，两脚着地，两膝和两脚尖朝向一致。并曲蹲步又称蹲马。

12. 并步站立（照片B12）

两腿并拢直立并膝微曲，两脚着地平分体重，两脚尖朝前。并步站立又称并步站马。

13. 平行步站立（照片B13）

两腿直立分开并膝微曲，两脚着地平分体重，两脚尖朝前，两脚外沿约同肩宽。平行步站立又称平行站马。

14. 八字步（照片B14）

前腿曲膝成弓形，前脚尖外撇约45°并全脚着地，前腿膝盖和脚尖朝向一致；后腿自然伸直，后脚全脚着地，脚尖外撇约45°，前后两脚距离约弓步的一半或再小点，并且两大腿自然夹裆。八字步又称八字马。八字步的形成不是单纯地把脚以脚尖外撇45°向前迈出半步，也不是单纯地把弓马步的脚回收半步成脚尖外撇45°；而是通过腰胯转动形成的侧身来帮助做八字步的脚向同侧前做约半个弧形环绕成外撇约45°。如做左八字步是腰胯左转，同时左脚以脚尖带路向左前做半个逆弧成左脚尖外撇约45°。做右八字步是腰胯右转，同时右脚以脚尖带路向右前做半个顺弧成右脚尖外撇约45°。所以迈成八字步是左八字步的脚以弧形"绕迈"而成。八字步是一个过渡性步型，为上步动作做准备，并和绞手、拦格及转腰胯侧身等手法身法配合起来起到闪避防开对方攻势的作用并同时有利于进攻。所以走八字步既是一种步型，同时也是一种步法。所以在弧形"绕迈"成八字步时，必须要有手、眼、身、法、步的密切协调配合，同时这一过程中必须夹裆而不能开裆，这里的夹裆指两大腿近根处自然相贴封（闭）裆，必须注意"自然相贴"，因这时开裆不利于武术攻防。只有利用夹裆来绕迈成八字步，才能有利于走对方身外侧或者身内侧；才能有利于从对方身外侧转入其身内侧，才能有利于从对方身内侧转到其身外侧。实际运用时，当对方攻来并一脚踩在自己裆前时如距离过近感到绕某一脚的八字步不便，可酌情一脚后退一下用另一脚绕八字步。

三、手法 C（绞手 C1、穿花 C2、其他手法 C3）

1. 绞手 C1

绞手又称缠手，它是奚氏武术的精华和特点。它是以腕关节为轴使手掌先从裆前抄起，并先掌心朝内、掌尖朝上向上升穿后向外缠绕，同时小臂外旋使掌心朝外掌沿外挺成侧立掌，这样从下到上防开了对方对我不同高度的手或腿的进攻；当我防开对方攻我之手臂后，我还可以再用手掌抓捏住其腕臂并或逆或顺拧缠实施反关节。我也可以掌心朝里并用大拇指这一侧防开对方进攻的手臂后，即刻向外转掌使掌沿朝前向其发劲进攻。绞手动作从下往上走了一个科学合理的防卫路线，在武术攻防中作用很大，学练者不可小视。而左右两手绞手动作的配合就叫"云手"，能上下左右皆防，还能吊拿对方手臂实施反关节。

（1）绞手 C1A（转二次身练习）

①预备势

平行步站立（照片 C1A-1）：两脚外沿左右齐肩宽，身体正直，两臂自然下垂，两掌心向内分别虚贴两大腿外侧，两眼向前平视。

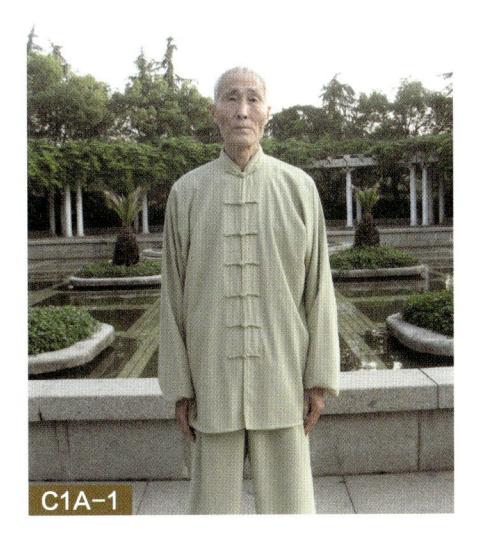

②左势（左绞手）

a. 左捞手（照片C1A-2）：原右掌变拳抱腰，身先向右转侧身，同时随转左掌以掌心朝上自左向右从裆前向上捞起，这时眼观身前；b. 左掌向上穿（照片C1A-3）：右拳仍抱腰，继而身再左转回正，同时随转左掌以掌心朝内掌尖朝上并顺人体攻防中心线（从头顶向下至尾闾连线）向上升穿至约掌尖对鼻尖高，眼观左掌前；c. 左转掌外绞手（照片C1A-4）：右拳仍抱腰，身继续左转同时左掌心转向外并小臂外旋使左掌外绞成侧立掌，左侧立掌掌尖对鼻尖，眼观左侧立掌前；d. 左掌抓拳逆拧缠回收抱腰（照片C1A-5）：右拳仍抱腰，身继续左转侧身，同时原左侧立掌抓握成俯拳并逆拧缠约180°成仰拳同时回收抱腰，眼观身前。

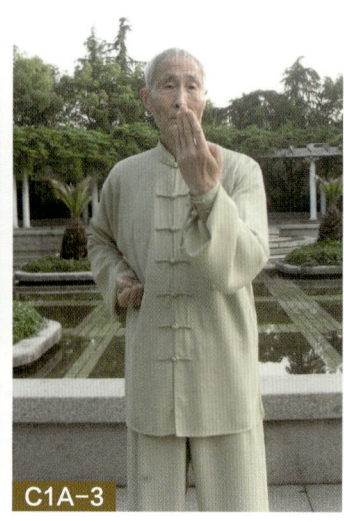

③左势转右势的过渡势

两拳仍抱腰，身体右转回正成

向前正身的平行步站立势，两眼向前平视（照片C1A-6）。

④右势（右绞手）

a.右捞手（照片C1A-7）：左拳仍抱腰，身先向左转侧身，同时随转原抱腰的右拳变掌并以掌心朝上自右向左从裆前向上捞起，这时眼观身前；
b.右掌向上穿（照片C1A-8）：左拳仍抱腰，继而身再右转回正，同时随转右掌以掌心朝内掌尖朝上并顺人体攻防中心线向上升穿至约掌尖对鼻尖高，眼观右掌前；c.右转掌外绞手（照片C1A-9）：左拳仍抱腰，身继续右转同时右掌心转向外并小臂外旋使右掌外绞成侧立掌，右侧立掌掌尖对鼻尖，眼观右侧立掌前；d.右掌抓拳顺拧缠回收抱腰（照片C1A-10）：左拳仍抱腰，身继续右转侧身，同时原右侧立掌抓握成俯拳并顺拧缠约180°成仰拳同时回收抱腰，眼观身前。

⑤右势转左势的过渡势

两拳仍抱腰，身体左转回正成向前正身的平行步站立势，两眼向前平视（照片C1A-11）。然后可以重新做左绞手和右绞手的动作并循环往复地练下去。

（2）绞手C1B（转一次身练习）

转一次身的绞手动作是直接向一侧转身并做绞手。如做转一次身的"左绞手"是直接向左转身时，同时做"左捞手""左掌向上穿"，"左转掌外绞手""左掌抓拳逆拧缠回收抱腰"的动作，不需要先向右转身。如做转一次身的"右绞手"是直接向右转身时，同时做"右捞手""右掌向上穿""右转掌外绞手"，"右掌抓拳顺拧缠回收抱腰"的动作，不需要先向左转身。

提示：左右两绞手同时配合可做"云手"练习，即一手上来另一手下去，另一手上来这一手下去，周而复始练习。如我左手向上穿绞，同时右手做下捞抄；当右手向上穿绞，同时左手在下做下捞抄；而且上来的掌是从下去的掌里面经过，两掌一上一下向里向外做弧形运动。"云手"动作上下都可防，也可做反关节用。用法和太极拳的云手一样。

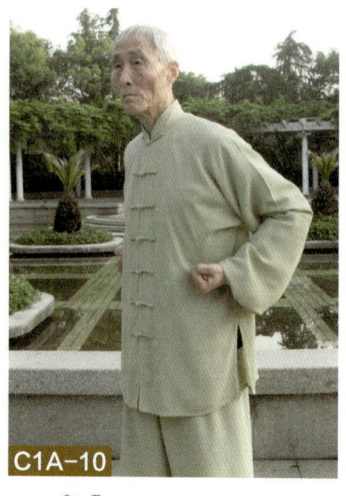

注意：①做绞手动作无论是转两次身或转一次身，转身和手的动作大家要同时开始并同时结束，并在整个过程中手不偏离攻防中心线，手向上升上来时始终对鼻尖。②做绞手动作一般转身幅度不大，以能侧身闪防开对方攻势为度，因为人体正面宽度不大。如果练习中想转身幅度再大一点，那么身体要跟着绞手转过去，绞手的掌仍不应偏离中心线和鼻尖。③练习绞手动作一定要保持其动作的完整性，一定要从裆前向上捞抄起来做绞手，不要直接从脸前绞出去。因为一个完整的绞手动作有其特定的内涵，它从下面裆前捞抄开始向上顺人体攻防中心线升穿至最后向侧前绞出这一过程，走了一个非常科学合理的空间防守路线，它能防开对方对我裆、腹、胸、头各种不同高度的进攻，并从下往上一路带过防开。它和单纯的拦截格挡不同，因为单纯的拦截格挡只能防开对方特定的某一高度的进攻。④凡是绞手中转一次身的，那一定是直接进攻对方的身外侧或身内侧。绞手中转两次身的，那一定是从对方身外侧进入其身内侧进攻；或者从对方身内侧转到其身外侧进攻。具体绞手动作"转一次身"和"转二次身"的不同攻防用法会在后面基本功五."基本步法手法练习E"之1."绞手弓步冲拳E1"的攻防用法中详细说明。

提示（绞手动作配合出拳出掌练习）：①练习绞手动作可先以平行步站立势作左右两手的绞手练习。②待手法熟练了，可一手做绞手动作同时另一手做进攻动作。如另一手可同时做拳打，如作立拳或俯拳向前冲击，作拳横打或拳臂横击。或者另一手同时做出掌攻击，如做侧掌、俯掌或仰掌向前刺击；或用侧立掌、平切掌向前推切；或用掌沿做平劈、斜劈、直劈。③两手一防一攻配熟了，可上步成顺弓步、拗弓步或者马步做出拳、出掌攻击。已上步的脚可回到原位，再换另一脚上步。这样只需很小的一块地方就可以练习。

2. 穿花手 C2

穿花手也是奚氏武术的精华和特点，它可攻可防，可缠绕对方手臂实施反关节。它是先一手在内向这只手异侧的胸脓前向下穿，同时另一手在外向异侧的胸前往上穿，然后两掌同时走顺弧或者逆弧穿绞。凡是先以左手在内向右胸腋前下方穿，同时右手在外向左胸前上方穿的称为"左穿花"。凡是先以右手在内向左胸腋前下方穿，同时左手在外向右胸前上方穿的称为"右穿花"。穿花手动作虽简单，却有多种攻防用法，因为传统武术中有许多动作是"会意"的，使得动作形式虽简单，但它所包含的攻防内容丰富。

（1）左穿花 C2A

①左手穿腋前（照片 C2A-1）：左俯掌在内以掌尖向下从右胸腋前往下穿，同时右侧掌以掌心向内在外置左胸前往上穿，眼观右侧掌前。②上下分穿（照片 C2A-2）：然后左掌继续下穿并以掌心向左从裆腹右侧穿向裆腹左侧；同时原右侧掌从左向上稍向右升掌到脸前，掌心仍向内并使掌尖朝上对鼻尖，眼观右掌前。③上下掌转腕（照片 C2A-3）：继而左掌在下逆拧转约270°成掌心朝外掌尖朝下，同时右掌在上顺拧转约180°成掌心朝外掌尖朝上，两掌成上下分挂形，右掌尖对鼻尖，眼观右掌前。④两掌绞顺弧（照片 C2A-4）：在上面的右掌以掌心朝外先稍向右、再向下、继而稍向左走顺弧并以掌心朝外掌尖朝下置裆腹前，右掌掌沿向左侧挺出；同时在下面的左掌稍向左、向上，再稍向右走顺弧置脸前成侧立掌，左掌心朝右并掌尖对鼻尖，两掌成上下分挂形，眼观左掌前。⑤下压上穿（照片 C2A-5）：

继而左掌向下压，以俯掌横于胃脘前，使掌尖向右，同时右掌从裆腹前先以掌心朝上捞起，继而以掌心朝内掌尖朝上并顺人体攻防中心线向上穿，并从左横俯掌内侧穿过向上置脸前，右掌尖对鼻尖，眼观右掌前。

提示：在后面的套路动作中，如"左穿花"用了4个小动作的一般会接动作如"右弓步靠"（照片C2A-4M）。如果用了5个小动作的一般会接动作如"右弓步或马步勾手推切掌"（照片C2A-5N）。

（2）右穿花 C2B

①右手穿腋前（照片C2B-1）：右俯掌在内以掌尖向下从左胸腋前往下穿，同时左侧掌以掌心向内在外置右胸前往上穿，眼观左

侧掌前。②上下分穿（照片C2B-2）：然后右掌继续下穿并以掌心向右从裆腹左侧穿向裆腹右侧；同时原左侧掌从右向上稍向左升掌到脸前，掌心仍向内并使掌尖朝上对鼻尖，眼观左掌前。③上下转掌（照片C2B-3）：继而右掌在下顺拧转约270°成掌心朝外掌尖朝下，同时左掌在上逆拧转约180°成掌心朝外掌尖朝上，两掌成上下分挂形，左掌尖对鼻尖，眼观左掌前。④两掌绞逆弧（照片C2B-4）：在上面的左掌以掌心朝外先稍向左，再向下，继而稍向右走逆弧并以掌心朝外掌尖朝下置裆腹前，左掌掌沿向右侧挺出；同时在下面的右掌先稍向右、再向上、继而稍向左走逆弧置脸前成侧立掌，右掌心朝左并掌尖对鼻尖，两掌成上下分挂形，眼观右掌前。⑤下压上穿（照片C2B-5）：继而右掌向下压，以俯掌横于胃脘前，使掌尖向右，同时左掌从裆腹前先以掌心朝上捞起，继而以掌心朝内掌尖朝上并顺人体攻防中心线向上穿，并从右横俯掌内侧穿过向上置脸前，左掌尖对鼻尖，眼观左掌前。

提示：在后面的套路中，如"右穿花"

用了4个小动作的一般会接动作如"左弓步靠"（照片C2B-4E）。如果用了5个小动作的一般会接动作如"左弓步或马步勾手推切掌"（照片C2B-5F）。

穿花动作攻防用法

A. 左穿花攻防用法

（1）做缠臂反关节用：

①当对方用右手攻我胸，我左掌向下封粘其右腕，同时右掌向上封粘其右肘弯，并我左掌向下→向左→向上→向右，同时我右掌向上→向右→向下→向左，两掌同时走顺时针绞花向对方实施缠臂反关节使其向我右侧跌地或者上步将其向前掷出。②当对方用左手攻我胸，我左掌向下封粘住其左腕，同时右掌向上封粘住其左肘弯，我两掌同前用法①顺时针绞花向对方实施缠臂反关节使其向我右侧跌地或者上步将其向前掷出。顺拧缠对方左臂反关节伤害大，两人练习时要注意适度、幅度小，点到为止，防止伤害。③当对方用右手攻我胸，我左掌向下封粘其右臂；如其复用左手攻我，我右掌向上封粘住左腕臂，然后我两掌粘住其两臂不离开并做顺时针拧缠后上步将其向前掷出。

（2）作牵引反关节用：

①当对方用右手攻我胸，我在其身右外侧用右绞手防开并抓住其右腕

臂顺拧缠同时向我身左侧牵引，同时我上右步使我从其身右外侧进入其身内侧；同时我左掌心封粘其右肘部使我两小臂紧紧粘压住其右臂，随着我再向前俯身并左转腰继续将其右臂向我左侧下牵引而使其向后跌倒。

注意：两人练习时最好在地上放个小垫子防止对方头着地，或者点到为止，或在对方将后跌之前将其向上拉一把。切记！当对方用左手攻我胸，我在其身内侧用右绞手防开并抓住其左腕臂顺拧缠同时向我身左侧牵引，同时我上右步使我从其身内侧转到其身左外侧；同时我左掌粘封其左肘部使我两小臂紧紧粘压住其左臂，随着我再向前俯身并左转腰继续将其左臂向我左侧下牵引而使其向我左侧前跌扑。

（3）做撞靠或刺喉眼用：

①当对方用右手攻我胸，我在其身右外侧用右绞手防开并粘住其右腕臂向我身左下侧引带，同时我上右步使我从其身右外侧进入其身内侧；同时我用左俯掌近刺其喉或眼，或者我左掌成侧立掌置右肩前，同时我身右侧、右胯、左肩等向其撞靠。②当对方用左手攻我胸，我在其身内侧用右绞手防开并粘住其左腕臂向我身左下侧引带，同时我上右步使我从其身内侧转到其身左外侧；同时我用左俯掌近刺其喉或眼，或者同用法①向其撞靠。

注意：两人练习做刺喉眼及撞靠动作时应注意安全。

（4）做单手牵引刺太阳穴或按压头部用：

当对方用右手或左手攻我，我在其身右外侧或内侧用右绞手防开并抓住其右腕臂或左腕臂顺拧缠同时向我身右侧牵引，同时我在其身右外侧或内侧用左俯掌刺其太阳穴、脸面，或用左掌按压其头使其向我身右前侧跌扑。

（5）做化开打击用：

当对方用左手或右手攻我胸，我左掌向下粘压住其腕臂，同时我右掌用掌背这一面击打其胸脯、下颌，或头脸部。也可我右掌以掌心朝外将其攻手托起，同时我左掌用掌背这一面击打其胸腋或裆腹部。

（6）防上防下反击

穿花中两手上下分挂时可防上防下，可用防下的手以横拳或横掌向对方攻击比较顺。

（7）抱腿摔（掐喉或刺喉眼用）

当对方用左腿或者右腿踢我，我向左侧身让开，同时我在其身左外侧或者身内侧用右掌向下挂拦开其腿并抱住，同时左掌挂右肩边前推或掐其喉或刺其眼喉，同时用身右侧向其压撞靠使其向后倒地。

B. 右穿花攻防用法

其用法可参照前面"A. 左穿花攻防用法"做动作的同形异侧推理。左穿花是顺缠对方手臂，而右穿花是逆缠对方手臂。

注意：逆缠对方右臂反关节伤害大，两人练习时要注意适度，应幅度小，点到为止，防止伤害。

3. 其他手法 C3

在这里讲解用拳臂或掌臂拦截对方进攻并反击的其他基本手法。我可以用拦截的手向前进攻，也可用一手拦截同时另一手进攻。做动作时应顺势转腰，具体转幅多少因动作而异，应到练习实践中去感悟。

（1）左右拦拨

左右拦拨是指用拳臂或掌臂向左右两侧拦拨开对方攻势的一种方法。拦拨的手可即刻向前进攻，也可同时用另一手进攻。①以拐臂使小臂在身前竖起约45°，并以手心朝向内侧向身前内外（左右）两侧拦拨开对方攻势。如果是拳臂，

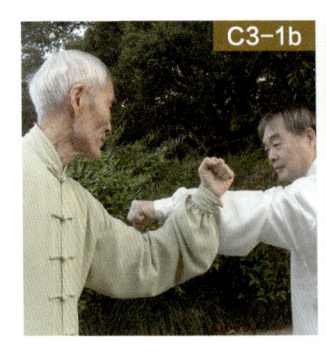

向左右两侧拦拨要用到小臂前部（照片内拨 C3-1a，外拨 C3-1b）；如果是掌臂，向左右两侧拦拨主要用掌背和掌心部分（照片内拨 C3-1c，外拨 C3-1d）。

（2）格（格挡）

用掌沿部分向左右两侧转拦对方攻势，如果是拳臂那就要用到掌沿这一边的小臂前部向左右两侧转拦对方攻势，这种方法称为格或者格挡。用拳臂格（照片内格 C3-2a，外格 C3-2b）；用掌臂格（照片内格 C3-2c，外格

C3-2d）。可一手向内外格挡，同时另一手向对方进攻；也可一手内外格挡后即刻转腕向对方进攻。

（3）滚格和滚压

滚格和滚压是用拳臂或掌臂粘住对方攻来之手臂或腿进行滚转拦截。这种方法不但能增强拦截力，还能将对方的进攻向我侧后或侧下方引带。①拳臂或掌臂在胸前竖起并先以手心朝外粘住对方攻手，然后向一侧后滚转引带成手心朝里称为滚格（照片C3-3a-1，C3-3a-2）。②如果先以拳臂或掌臂于胸前先以手心朝下粘住对方攻手，然后向侧下方滚转引带成手心朝上称为滚压（照片C3-3b-1，C3-3b-2）。③如果我在对方外侧配合一手抓拧其腕臂，另一手粘封住其肘臂向我侧后或侧下方滚带牵引使其向我侧后方或侧下方跌扑（照片C3-3C-1，C3-3C-2）和（照片C3-3d-1，C3-3d-2，C3-3d-3）。做滚格或滚压拦截后的拳臂或掌臂可即刻转腕向

侧前方做横摆击（切击）对方胸、脖、头。

（4）上托架

用拳臂或掌臂向上托起以防开对方攻势称为上托架。①用拳臂或掌臂以手心朝外向额前上托起来防开对方攻势。向上托架中，如果是拳臂，那小臂前部要用到（照片C3-4a）；如果是掌臂，那掌沿部分要用到（照片C3-4b）。②以掌心朝上掌尖朝前，在身前把对方攻手向我身内侧上方斜上托起以防开，这是用仰掌上托架（照片C3-4c）。用上托架防守，一般用另一手同时进攻为多。如果仍用托架的手进攻，那前面①的托架手通过向身内侧转腰并同时转腕向下劈击，前面②的托架手需向前上顺步同时向前仰掌滑刺，或者同时转腕向前成俯掌刺或平切掌。

（5）下压

向下压拦对方攻势称为下压，下压分里压和外压两种。①用拳臂或掌臂以手心朝下横于胸前向下压拦对方攻势称为里压（照片C3-5a，C3-5b）。

用曲臂在身前以拳面或掌尖朝前，先以手心朝下并使拳或掌向胸前外侧稍下方转腕拧转翻压成手心朝上；在这一过程中我的拳背及腕部，或者掌背及腕部粘住对方攻手向我外侧稍下方转腕拧转翻压以防开称为外压（照片C3-5c，C3-5d）。

一般来说，内压、外压后均用另一手向前进攻，但也可用下压防守的手向前击刺。

（6）搂手

以掌心朝下力灌掌沿（掌沿外挺）向我身前下方或外侧弧形搂去称为搂手。搂手可防开对方向我攻击的腿或手（照片C3-6a，C3-6c），或者我防开对方攻势后同时用搂掌向其攻击（照片C3-6b），或者我一手搂开对方攻手，同时另一手向其进攻（照片C3-6c）。搂手可做防守用，也可做进攻用，他常和其他手法配合使其攻防兼备。搂手又称搂掌、搂削掌和搂切掌。

（7）挂

把拳臂或掌臂拐臂垂肘使小臂竖起接近垂直，或置身前，或置耳前侧，或回收置肩前向两侧拦拨开对方的攻势称为上挂。把拳臂或掌臂下垂护裆腹前用以拦截对方对我裆腹部的手或腿的进攻称为下挂。把上挂和下挂合用称为上下分挂。①以拳臂或掌臂拐起并手心朝身后置耳前侧用来向外侧拦截对方攻手（照片C3-7a，C3-7b）。②以双拐臂在胸前竖起，使两拳心朝里，两拳面约齐眉高，两拐臂之间外沿距离不超胸宽，两肘下垂，可利用转身将对方攻手向侧面防开，也可拦截对方高腿向我的进攻（照片C3-7c）。③以拳臂或掌臂做上下分挂，拳心或掌心都可朝里（照片C3-7d）；如果置裆前的掌臂掌心朝外，那掌沿应外挺（照片C3-7e）。单臂上挂防开一般用另一手进攻为多，但也可上挂手转而向前进攻。双臂向上挂起防开对方手或腿的进攻后一般用双拳同时向对方胸部攻击。以上下分挂防开对方的手或腿的进攻后，一般速上步并用下挂裆前的手臂向对方作横向摆击，或作分手肩靠的动作向对方用我身、肩、臂向其靠撞。也可用两手上下分挂防守，

同时用各种腿法向对方攻击。

（8）刁勾手

刁勾手又称刁格手和挖手，它是勾手的一种。它是手腕由伸到曲，使手指向内或向外捋抓成钩形。它能把对方攻我之手向我侧面引带化开。手指向身内侧捋抓称为内刁勾，向身外侧捋抓称外刁勾。①内刁勾是先掌心朝里掌尖朝上，利用朝向内侧的掌沿粘封住对方攻手，然后掌指向内下刁勾开其攻手向我外侧引带化开（照片C3-8a-1，C3-8a-2）。②外刁勾是先掌心朝前掌尖朝上，利用朝向外侧的掌沿粘封住对方攻手，然后掌指向外下刁勾开其攻手向我外侧引带化开（照片C3-8b-1，C3-8b-2）。③当对方用腿踢我，我身稍下蹲同时用反勾手使勾尖朝上利用我勾腕臂向外侧上方托拦开其攻腿（照片C3-8c），同时用同一侧的脚侧蹬其支撑腿或裆腹。刁勾手利用向内或者向外刁勾，并和步法身法配合可直接走对方身外侧或身内侧防开其攻手并进攻。而利用内刁勾手并和步法身法配合还可以从对方身外侧转入其身内侧防开其攻手并进

攻，也可以从对方身内侧转到其身外侧防开其攻手并进攻。刁勾手可将对方攻手防开同时另一手进攻，如后面"基本手法步法练习"中的"挖手马步冲拳"；也可用刁勾手防开对方攻手后，刁勾手即刻变成拳或掌向前进攻，这叫单手攻防。

（9）单手擦防进攻

我的拳臂或掌臂从对方攻我的手臂上向左右或上下顺势擦过防开并同时顺其臂向其进攻称为单手擦防进攻。"擦"也指拦截幅度很小。当我手臂防开对方攻势后顺势粘擦着其臂而不离开同时向其进攻。①左右拦擦进攻：前面所讲手法（1）"左右拦拨"中，当我拳臂或掌臂向左右拦拨开对方攻手后可顺势粘擦其臂向前进攻对方。②压擦和托擦进攻：我也可用拳臂或掌臂从对方攻手上方向下压擦防开同时向前进攻（照片C3-9a），也可从对方攻手下方向上托擦防开同时向前进攻（照片C3-9b）。擦防后也可用拳打或用掌刺、切向前进攻。武术动作中任何一只向前进攻的手中都存在着单手擦防进攻的含义，即攻中寓防，防中寓攻。如后面套路二练步拳之动作7"反擒子午（上步左拐肘右弓步冲拳）"，当我进入对方身内侧（中门）用左拐臂防开对方右手攻我后，其如复用左手攻我，我可用向前进攻的右俯拳臂将其攻来之左手压擦或托擦或者向左右拨擦防开，同时我右俯拳向前击其胸或头。

（10）挖格手

刁勾手和内格掌的配合称为挖格手。内刁勾或外刁勾并同时配合格掌和转身向身体同一侧运动产生攻防作用。左挖手配右掌向左侧格同时身左转称为左挖格手（照片C3-10a）；右挖手配左掌向右侧格同时身右转称为右挖格手（照片C3-10b）。我用挖格手中的挖手防开并封住对方攻手之腕，同时用另一手格封住对方攻手之肘，同时我顺势转身将对方向我身侧后引带使其失势（照片C3-10c）；如果我用挖手防开其攻手后，其又复用另一手攻我，我即刻用另一手格防开其另一攻手，同时我顺势转身将对方向我身侧后引带使其失势（照片C3-10d）；我将其单手或双手挖格防开后速把格手转腕变成横摆拳或切掌横击其胸、脖、头（照片C3-10e）。我用挖手防开对方攻势后，也可同时用格手向内格击对方头侧脸部（照片C3-10f）。也可用挖手向下防开对方腿攻，同时用格手防开其手攻。后面套路四黑龙大罗汉拳一路的动作32"右勾格扫"中就是用挖格手防开对方进攻后即刻用横摆拳和后搁腿向其进攻。

四、基本桩功 D

基本桩功是为练习武术筑基，是为稳固下盘、增强下盘力量打基础，同时也增强了上肢的力量。下面介绍的这些桩功强度大，年老体弱、有心脏病，或者高血压的人不要去练，可以去练练太极拳的桩和其他一些养生桩，就是身体好的练习者也应量力而行，时间不要太长，应呼吸自然，不要憋气；身体从上到下肌肉应相对放松，即用最小的力量来支撑姿势，动作不要僵滞，应舒松自然。只有松才能帮助在站桩过程中自动灌劲，并用来达到适当相对紧。这些桩功动作可按自身体力情况全练，或者选练。

1. 马步桩 D1

（1）两脚全脚着地的马步桩（照片D1-1A）：和前面"步型"中所讲的马步一样两腿曲膝半蹲。按自身体力强弱、年龄大小，可使大腿平行地面，即使大小腿成90°交角，也可稍高点使大小腿成135°交角，体弱的还可再蹲得高点。身体正直，两肩平，两侧立掌在身前成靠掌势，左掌在前，右掌在后，两掌放松并以掌背相虚贴，两掌尖约对

鼻尖，大拇指自然分开不勾向掌心，眼观两靠掌前。也可以两拳松捏拳并抱腰的马步桩（照片D1-2）和两俯掌以掌尖朝前并放松置两膝侧的马步桩（照片D1-3）。蹲马步桩前后应按摩两大小腿和膝关节，蹲的时间不要太长，要保护好膝盖。儿童由于还未发育好，所以不适合蹲马步桩，如要体验一下可蹲10余秒钟。但是儿童在练习武术套路时出现的马步步型是绝对可以练的，因为这时出现的马步步型时间极短。

（2）两脚踮地的马步桩（照片D1-1B）：这种马步桩要求两脚跟离地，两脚前掌踮地，身前两侧立掌和前面马步桩（1）中所述成靠掌型。全身各部分从上到下相对放松，呼吸自然。蹲了一会儿后全身会自动抖起来，这时两靠掌不能分开，一定要合住，这样一个架式可向手臂上自动灌力。初练时不要多蹲，约1分钟即可，以后可酌情增加时间。不要练过分，练后应给大小腿和膝关节按摩一下。

2. 独立桩 D2

（1）右独立桩（照片D2-1，

065

D2-3)：右腿独立，左腿提膝，身体向右侧斜倒以不影响自己能站稳为度。两手的小指、无名指、中指曲圈内收成松握拳时这三指的状态，而大拇指和食指稍曲圈成圆形并两指尖相离开约3厘米左右（约大拇指中连着指尖这一节长度）的松掐喉状（照片D2-4）。两手臂弯曲抱圆伸向身体右侧斜倒方向，使左手在上约齐额高，右手在下约齐胸高，两手间距约33厘米左右，两手心向外，眼观在下面的右手前。如果站了一会儿站不稳了，可在上半身姿势不变的情况下随势独立跳几步使其站稳为止。

（2）左独立桩（照片D2-2）：文字说明可参照前面（1）"右独立桩"的方法做动作的同形异侧推理。

提示：当我们用绞手防开对方手的进攻时，可以用五指抓捏对方腕臂并拧缠，也可以如同这里独立桩中所述的用大拇指和食指两指"咬"住对方腕臂或者脉门处，也可使对方难以脱手。因为独立桩不但练腿劲也同时练手臂和指劲。

3. 侧面弯腰捡物桩（活动桩）D3

（1）向左侧捡物

①并步站立（照片D3-1）：两臂自然下垂，两掌心向内分别虚贴两大腿外侧，两眼向前平视。②身体渐向左侧斜（照片D3-2）：身体缓缓向左侧斜，同时随动左掌臂以掌尖朝下缓缓向身左侧下方自然向下垂挂，同时随动右掌以掌尖朝下虚贴右大腿外侧缓缓上升并使右臂成曲臂，眼观左掌下方。③两脚跐地左侧下捡物（照片D3-3，D3-3a）：身体向左侧继续缓缓侧斜，同时两脚脚跟渐离地使两脚脚前掌跐地，同时左掌下垂到接近地面时用手指做个捡物捏物动作，或者也可不做捡物动作使左掌尖触地或者接近而不触地，量力而行，同时随动右掌继续以掌尖朝下虚贴身右侧缓缓上升并使右臂更曲，眼观左掌，同时呼吸配合，把气吐出不要憋气，以减少腹部压力。④身体渐向右竖起成并步站立（照片D3-4）：原两跐脚的脚跟落地两脚踩实，身体缓缓向右竖起回正成并步站立，同时随动左掌心虚贴左小腿外侧

顺势向上升移至虚贴左大腿外侧，同时随动右掌心虚贴右腰腋顺势向下经右胯侧移至虚贴右大腿外侧，两臂自然下垂，两眼向前平视。

（2）向右侧捡物

⑤身体渐向右侧斜（照片D3-5）。⑥两脚蹍地右侧下捡物（照片D3-6，D3-6a）。⑦身体渐向左竖起成并步站立（照片D3-7）。文字说明可参照（1）："向左侧捡物"的文字说明做动作的同形异侧推理。然后可以继续向左向右侧捡物并周而复始往复进行。

五、基本步法手法练习 E

基本步法手法练习和后面的基本腿法练习，可以开始做个预备势，也可以不做。可以根据场地情况或自己站的位置，可以向前、向后，或向左、向右，或在原地进行左右势周而复始地往返连续练习。动作中讲到"绕迈"成八字步，必须在夹裆中进行，如这过程中开裆则不利于武术攻防。

如果是走八字步的脚刚要迈出，那须向前约半步或再小点并绕迈成八字步。如果原先动作的步型较大，前面的脚要变成八字步时，这时须把前面的脚收回约半步或者稍收回并同时绕迈成八字步。具体收回多少要看原步型大小，一般来说，如果原先是弓步，则需收回约半步绕迈成八字步；如果原先是马步，则需稍收回并绕迈成八字步。一切灵活机动。

1. 绞手弓步冲拳 E1

（1）预备势（E1 照片 1-1，1-2）：并步站立，身体正直，两臂自然下垂，两掌心向内分别虚贴两大腿外侧，两眼向前平视，然后再成两拳抱腰。

（2）左绞手右弓步冲拳

（右式），左八字步左绞手（E1照片2-1）：右拳仍抱腰，左脚向前上半步并绕迈成八字步，同时左绞手成左侧立掌并使掌尖约对鼻尖，同时身左转，眼观左侧立掌前。上步右弓步冲拳（E1照片2-2）：原左侧立掌抓拳逆拧缠成仰拳并回收抱腰，同时上右步成右弓步，同时原抱腰的右拳向前约齐胸高处冲出成立拳，同时身继续左转助力，眼观右立拳前。

（3）右绞手左弓步冲拳（左式），右八字步右绞手（E1照片3-1）：左拳仍抱腰，原右弓步的右脚收回半步并同时绕迈成八字步，同时右绞手成右侧立掌并使掌尖约对鼻尖，同时身右转，眼观右侧立掌前。上步左弓步冲拳（E1照片3-2）：原右侧立掌抓拳顺拧缠成仰拳并回收抱腰，同时上左步成左弓步，同时原抱腰的左拳向前约齐胸高处冲出成立拳，同时身继续右转助力，眼观左立拳前。

注意：做弓步冲拳时在身后作箭步的脚不要拖地移动，要脚踏实地蹬劲。这个步形如后脚拖地则虚，则重心失控。

绞手弓步冲拳攻防用法

A1.左绞手右弓步冲拳（右式）（转一次身）攻防用法

（1）直接走对方外侧：当对方用左手攻我，我向左侧身同时左脚绕迈成八字步让开，同时我在其身左外侧用左绞手将其左攻手防开；或者防开后我左手再抓住其左腕臂逆拧缠并回收引直其左臂实施反关节，同时我上右弓步封其脚或插裆，同时用右拳击其左胸腋或头。（2）直接走对方内侧：当对方用右手攻我，我用（1）法在其身内侧用左手将其右攻手防开或者抓住逆拧缠，同时上右弓步封其脚或插裆并用右拳击其胸或头。

注意：在其身内侧用左手逆拧缠其右臂危险性大，两人练习时要注意适度，拧缠幅度要小，应点到为止，防止伤害。

B.右绞手左弓步冲拳（左式）（转一次身）攻防用法

可参照前面"A1.左绞手右弓步冲拳（右式）（转一次身）攻防用法"做动作的同形异侧推理。

A2.左绞手右弓步冲拳（右式）（转二次身）攻防用法

（1）从对方身内侧转到其身左外侧（转两次身）：①当对方用左手攻我，我在其身内侧身右转同时我重心移右脚并右脚向右后侧退移，并右拳抱腰左拳臂伸左腿内侧上方成左箭步右侧闪让开，同时我左拳臂左侧伸也可防格其腿攻来，这样我在其身左内侧右侧身让开；②我即刻左脚收回右脚前并绕迈成八字步同时左转身左绞手使我从对方身左内侧转到其身左外侧，我左绞手防开其左攻手后也可再抓住其左腕臂逆拧缠并回拉引直其左臂实施反关节；③同时我上右弓步封住其脚或插裆，同时用右立拳击其左胸腋，或者左腰，或者头。（2）从对方身右外侧转入其身内侧（转两次身）：①当对方用右手攻我，我在其身右外侧我身右转同时我重心移右脚并右脚向右后侧退移，并右拳抱腰左拳臂伸左腿内侧上方，成左箭步右侧闪让开，同时我左拳臂左侧伸也可防格其腿攻来，这样我在其身右外侧右侧身让开；②我即刻左脚收回右脚前并绕迈成八字步同时左转身左绞手使我从对方身右外侧转入其身右内侧，我左绞手防开其右攻手后也可再抓住其右腕臂逆拧缠并回拉引直其右臂实施反关节；③同时我上右弓步封住其脚或插裆，同时我右立拳击其胸，或者腰腹，或者头。（3）转两次身在对方身内侧闪防及进攻：当我用左箭步右侧闪在对方身内侧让开其左攻手后，其又复用右手攻我，我即刻左脚收回右脚前并绕迈成八字步同时左绞手左转身，这时我在对方身内侧用左绞手防开或再抓缠其右臂反关节，同时上右弓步封其脚或插裆，同时用右立拳击其胸，或者腰腹，或者头。（4）转两次身在对方身外侧闪防及进攻：当我用左箭步右侧闪在对方身右外侧让开其右攻手后，其又复用左手攻我，我即刻左脚收回右脚前绕迈成八字步同时左绞手左转身，这时我在对方身左外侧用左绞手防开或再抓缠其左臂反关节，同时上右弓步封其脚或插裆，同时用右立拳击其左胸腋，或者左腰，或者头。

B2. 右绞手左弓步冲拳（左式）（转二次身）攻防用法

可按照前面 A2."左绞手右弓步冲拳（右式）（转二次身）攻防用法"做动作的同形异侧推理。

2. 挖手马步冲拳 E2

（1）右挖手马步左冲拳（左式）

①右八字步右挖手（E2 照片 2-1）：左拳抱腰，右脚上前半步并绕迈成八字步，同时右手成刁勾手由身前约齐胸高处向身右侧后捋刁引带置右胸前，同时身右转，眼观右刁勾手前。②上步马步左冲拳（E2 照片 2-2）：左扣脚上步成马步，同时原抱腰的左拳向前约齐胸高处冲出成立拳，同时

右侧身，眼观左立拳前。

（2）左挖手马步右冲拳（右式）

①左八字步左挖手（E2照片4-1），②上步马步右冲拳（E2照片4-2）。做动作①"左八字步左挖手"时可依前一式"马步左冲拳"的左脚稍回收并绕迈成八字步同时左挖手。其他文字说明可参照（1）"右挖手马步左冲拳"的文字说明做动作的同形异侧推理。

挖手马步冲拳攻防用法

A. 右挖手马步左冲拳（左式）攻防用法

（1）直接走对方身内侧或身外侧：当对方用左手或者右手攻我，我向右侧身同时右脚绕迈成右八字步让开，我在其身内侧或者身右外侧用右内刁勾手将其攻手向我身右外侧捋刁引带，同时我左扣脚上步，同时用左立

073

拳击其胸、头，或者右胸肋、头。（2）从对方身外侧转入其身内侧：当对方用左手攻我，我先向左侧身让开并同时在其身左外侧用右掌以掌心朝里掌尖朝上，并利用右掌沿粘封住其左攻手腕臂外侧；然后我再向右侧身并同时右脚绕迈成右八字步，同时我右掌指向内下刁勾开其左攻手并向我身右外侧捋刁引带，这时我从其身左外侧转入其身内侧，同时我即刻上左步成马步，同时用左立拳击其胸或头。（3）从对方身内侧转到其身外侧：当对方用右手攻我，我先向左侧身让开并同时在其身右内侧用右掌以掌心朝里掌尖朝上，并利用右掌沿粘封住其右攻手腕臂内侧；然后我再向右侧身并同时右脚绕迈成八字步，同时我右掌指向内下刁勾开其右攻手并向我身右外侧捋刁引带，这时我从其身右内侧转到其身右外侧，同时我即刻上左步成马步，同时用左立拳击其右胸肋或头。

提示：上步马步也可封住对方脚或插裆，也可用上步的脚的脚底及外侧脚邦踩踏或踩切对方脚背或脚脖子或者脚弯处。

B. 左挖手马步右冲拳（右式）攻防用法

可参照"A. 右挖手马步左冲拳（左式）"的攻防用法做动作的同形异侧推理。

3. 连环拳（三环套月）E3

（1）连环拳左式

①右八字步右拐臂（E3 照片 1-1）：左拳抱腰，右脚向前上半步并绕迈成八字步，同时右拳臂由下向右上弧形拐格成右拐臂，右拳心向内（左），右拳面约齐眉高，右肘下垂，同时身右转，眼观右拳前。②马步上下分挂或者骑龙步上下分挂（E3 照片 1-2A，1-2B）：左脚上前扣步上步并右侧身成马步，同时随动原抱腰的左仰拳顺拧转约180°成俯拳并用其拳面向身右侧约齐太阳穴高处横击后向下拦截于裆前，左拳心向内，同时原右拐臂

拳回收置左肩前，右拳心向内，两拳臂成上下分挂形，眼观身左侧前。或者我左脚上步，以左脚前掌踮地并右侧身成骑龙步，两手动作和前面所讲相同。最后成两拳臂上下分挂形，眼观身左后侧前。③左弓步贯拳（二郎担山）（E3照片1-3）：身左转成左弓步，同时原左拳从裆侧向身左前上侧约齐头高处甩击（贯拳），左拳心朝里（右）；同时原置左肩前的右拳向身右后下方约齐胯高处甩击，右拳心朝里（右），两拳臂约成一条斜直线，眼观左拳前成二郎担山势。

（2）连环拳右式

①左八字步左拐臂（E3照片2-1）。②马步上下分挂或者骑龙步上下分挂（E3照片2-2A，2-2B）。③右弓步贯拳（二郎担山）（E3照片2-3）。

做动作①"左八字步左拐臂"时可依前一式"左弓步贯拳"的左脚回收半步并绕迈成八字步同时左拐臂。其他文字说明可参照（1）"连环拳左式"的其他文字说明做动作的同形异侧推理。

E3-2-1　　E3-2-2A

E3-2-2B　　E3-2-3

连环拳攻防用法

A. 连环拳左式攻防用法

（1）击打：①当对方用右手攻我，我用右拐臂右八字步并身右转将其右攻手向我右侧防开，然后我在其身右外侧上左步成马步并同时用左横拳击其右太阳穴或后脑，再用左甩拳击其头或左太阳穴。②或者我先发制人直接用右拳先向右前横甩击其头，然后用左横勾拳和左甩拳依次连击其头。这连环三击对方的头称为（三环套月）。③或者我用右上拐臂防开其高攻势，用左臂下挂防其手或腿对我的低攻势后，即刻用左甩拳击其头。（2）撞靠：我如用上下分挂防开了对方攻势后，我上左步封其脚或插裆，同时用前后分臂助力，同时用我身左侧、左胯、左肩、左臂等向其撞靠，如果其后退一步卸我力，我趁机用左臂拳击其胸或头。

B.连环拳右式攻防用法

可参照A."连环拳左式"的攻防用法做动作的同形异侧推理。

4.骑龙步游刺掌 E4

（1）骑龙步游刺掌右式（右刺掌）

①左脚上步拨掌（E4照片2-1）：左脚以内扣约45°上步，右后腿稍弯曲，右脚在身后踏实；同时我左侧掌以掌尖斜向前上向身前右侧约齐胸高处拦拨，左掌心向右侧，同时我右侧掌以掌尖斜向前上置左肘窝侧，右掌心向左，眼观左掌前。②上步跟步骑龙步右刺掌（E4照片2-2，2-2a）：右后脚上半步以右脚前掌踮地成骑龙步，同时右侧掌向前约齐胸高处直刺，同时原左掌稍收回护右小臂内侧，眼观右刺掌前。

（2）骑龙步游刺掌左式（左刺掌）

①右脚上步拨掌（E4照片3-1，3-1a），上步跟步骑龙步左刺掌（E4照片3-2）。文字说明可参照（1）"骑龙

步游刺掌右式（右刺掌）"的文字说明做动作的同形异侧推理。

骑龙步游刺掌攻防用法

A. 骑龙步游刺掌右式（右刺掌）攻防用法

（1）当对方用手攻我，我上左步并同时右侧身让开，同时用左掌向右侧将其攻手拦拨开，然后即刻我右后脚上半步以脚前掌蹠地成骑龙步，同时用右侧掌向前直刺其胸腹或胸腋。（2）当我左腕被对方左手所抓，我左手回收，同时我右掌向前刺其左胸腋，同时也使我左手挣脱。（3）当我左腕被对方左手抓住并其同时用右手向我攻来，我右掌从我左手下穿向外侧并用我右掌背粘住其右攻手外侧，同时我上左侧步跟右步成骑龙步，同时用右掌刺其喉眼。（4）当我左手被对方右手所抓，其在我身内侧用左手向我攻来，这时我一面左手回收，同时我右侧掌从其左攻手上方或下方压擦或托擦防开并顺势前刺。

B. 骑龙步游刺掌左式（左刺掌）攻防用法

可参照 A."骑龙步游刺掌右式（右刺掌）"的攻防用法做动作的同形异侧推理。

提示：骑龙步游刺掌可向前刺，也可向左右骑龙步的侧前方或侧面刺，如此左右左右运动称为游刺。防守的掌也用掌心向身内侧拦拨，也可用掌背向外侧拦拨。

5. 马步架打 E5

这个马步架打动作可以算作是基本手法步法练习 2 "挖手马步冲拳"的变种。它也具有直接走对方外侧或内侧,或者从对方身外侧转入对方身内侧,或者从对方身内侧转到对方身外侧的作用。它动作的上格下拦幅度比"挖手马步冲拳"大,能防上防下,再向上托架攻击。

(1) 马步左上托架右冲拳(右式)

①马步左上格掌(E5 照片 1-1):右拳抱腰,左脚扣脚上步成马步,同时在身前左掌臂向上拐起并左掌沿挺出自身左前向右侧滚格成左掌心朝里,同时身右转,眼观左掌前。②左脚八字步下拦拨(E5 照片 1-2):右拳仍抱腰,原马步的左脚稍收回并绕迈成八字步,同时左掌顺拧转并向下向身左外侧弧形拦拨,左掌心朝外并掌尖约朝下,同时身左转,眼观左掌前。③马步左上托架右冲拳(E5 照片 1-3):右脚扣脚上步成马步,同时向左侧身,同时原向下拦拨的左掌以掌沿朝上向上托架至额前上方,左掌心朝外,同时原抱腰的右拳向前约齐胸高处冲出成立拳,眼观右立拳前。

(2) 马步右上托架左冲拳(左式)

①马步右上格掌(E5 照片 2-1),②右八字步下拦拨(E5 照片 2-2),

③马步右上托架左冲拳（E5照片2-3）。由于前面（1）"马步架打（右式）"动作结尾已经是马步了，所以在这里做①"马步右上格掌"时可直接将右臂上拐起来做。其他文字说明可参照前面（1）"马步左上托架右冲拳（右式）"的其他文字说明做动作的同形异侧推理。

马步架打攻防用法

A. 马步架打右式攻防用法

我左掌臂上拐可防上，向下拦拨可防下，上托也可防上，同时上右步成马步同时用右立拳向其冲击。（1）直接走对方身外侧或者身内侧：当对方用左手或者右手攻我胸或头，或者用右横勾拳击我左太阳穴及后脑时，我左掌臂向我额前上托架同时向左侧身上右步成马步，这时我在其身左外侧或者身内侧同时用右立拳击其左胸腋、头，或者胸、头。（2）从对方身外侧转入其身内侧：当对方用右手攻我胸或头时我向右侧身让开，这时我在其身右外侧，同时用左上拐臂的左掌沿粘封住其右腕臂外侧后，我即刻左脚绕迈成八字步同时再向左侧身，同时我左掌仍粘住其右攻手向下走弧形顺圈将其右攻手拦向我身左外侧后，我从其身右外侧转入其身内侧；这时我左掌沿还可继续粘住其右攻手下侧向上托起，同时我速上右步成马步同时用右立拳击其胸或头。（3）从对方身内侧转到其身外侧：当对方用左手

攻我胸或头时，我向右侧身让开，这时我在其身左内侧同时用左上拐臂的左掌沿粘封住其左腕臂内侧后，我即刻左脚绕迈成八字步同时再向左侧身，同时我左掌仍粘住其左攻手向下走弧形顺圈将其左攻手拦向我身左外侧后，我从其身内侧转到其身左外侧；这时我左掌沿还可继续粘住其左攻手下侧向上托起，同时我速上右步成马步同时用右立拳击其左胸腋或头。

B. 马步架打左式攻防用法

可参照"A. 马步架打右式"的攻防用法做动作的同形异侧推理。

6. 翻压掌弓步平切掌 E6

（1）左翻压掌右弓步平切掌（右式）

①左八字步左翻压掌（E6 照片 1-1）：左脚向前半步并绕迈成八字步，同时左掌在胸前向左外侧翻压成仰掌，左肘下垂，同时右俯掌横胸前置左肘边，右掌尖朝左，同时身左转，眼观左翻压掌前。②右弓步右平切掌（E6 照片 1-2A，1-2Aa）：右脚上步成右弓步，同时原置左肘边的右俯掌以掌沿前挺向前平切，同时左仰掌回收抱腰，同时左侧身，眼观右平切掌前。或者原置胸前的左仰掌不回收，上右弓步同时右掌向前平切（E6 照片 1-2Ba）。

（2）右翻压掌左弓步平切掌（左式）

①右八字步右翻压掌（E6照片2-1）。②左弓步左平切掌（E6照片2-2A，2-2B）：由于在前面（1）"左翻压掌右弓步平切掌（右式）"动作结尾是右弓步，所以在这里做①"右八字步右翻压掌"时须把原右弓步的右脚收回半步并绕迈成八字步。其他文字说明可参照前面（1）"左翻压掌右弓步平切掌（右式）"的其他文字说明做动作的同形异侧推理。

翻压掌弓步平切掌攻防用法

A.左翻压掌右弓步平切掌（右式）攻防用法

（1）当对方用左手攻我，我向左侧身，同时左脚绕迈成八字步让开，同时我在其身左外侧用我左掌背粘住其左攻手腕臂逆转向我左外侧翻压防开，同时我右俯掌横藏胸前置左肘边，然后我即刻上右弓步同时用右平切掌切其左胸腋或左腰。我用左掌防开对方左攻手后可仍置胸前，也可回收抱腰。当我左手被对方左手抓住，我可左掌粘住对方左腕臂并向左外逆拧转同时回拉脱手抱腰，同时上右弓步用右平切掌切其左胸胁或左腰。（2）如果对方用右手攻我，我在其身内侧防开其右攻手后，上右弓步同时用右平切掌切其右胸胁或右腰腹部。

B. 右翻压掌左弓步平切掌（左式）攻防用法

可参照"A. 左翻压掌右弓步平切掌（右式）"的攻防用法做动作的同形异侧推理。

7. 上托掌弓步平切掌 E7

（1）右上托掌左弓步平切掌（左式）

①右八字步右上托掌（E7 照片 1-1，1-1a）：右脚向前半步并绕迈成八字步，同时右仰掌在胸前向身左后侧斜上右方托起，同时左俯掌横胸前置右肘边，同时身右转并身体稍向右外侧斜，眼观右上托掌前。②左弓步左平切掌（E7 照片 1-2）：左脚上步成左弓步，同时原上托的右掌不动，原置右肘边的左俯掌以掌沿前挺向前平切，同时右侧身，眼观左平切掌前。

（2）左上托掌右弓步平切掌（右式）

①左八字步左上托掌（E7 照片 2-1），②右弓步右平切掌（E7 照片 2-2）。由于在前面（1）"右上托掌左弓步平切掌（左式）"结尾是左弓步，所以在这里

做①"左八字步左上托掌"时须把原左弓步的左脚收回半步并绕迈成八字步。其他文字说明可参照前面（1）"右上托掌左弓步平切掌（左式）"做动作的同形异侧推理。

上托掌弓步平切掌攻防用法

A. 右上托掌左弓步平切掌（左式）攻防用法

（1）当对方用左手攻我胸，我向右侧身并身体稍向我右外侧斜（即向对方左臂外侧斜），同时我右脚绕迈成八字步，同时我右仰掌将其左攻手向我胸前左后侧斜上方斜托起而防开，同时我左俯掌横藏胸前置右肘边；然后我左脚即刻向前上左弓步，同时我原置右肘边的左俯掌向前平切其左胸腋或左腰。（2）当对方用右手攻我胸，我用右仰掌直接将其右攻手向我胸前左后侧斜上方斜托起而防开，同时上左弓步我原置右肘边的左俯掌向前平切其右胸腋或右腰腹。

提示：当我右仰掌向左后侧斜上方托开对方左攻手时，我身体可稍向我身体右外侧斜（即对方左臂外侧斜），这时我也较安全。但如果我右仰掌向左上斜托对方右攻手时，身体最好不要向右外侧斜（即对方右臂内侧斜），因为这样等于把我身体送给对方左手打了，所以这时最好直接向左后侧斜上方托开其右攻手，同时我上左弓步用左平切掌进攻，而我身体不必向右外侧斜。或者我用这个动作的"右式"，使左仰掌向右上斜托开其右攻手同时我身体稍向我左外侧斜（即对方右臂外侧斜）后即刻进攻，这样我就安全了。所以说我用这个动作"左式"防其左攻手时我身体可稍向我右外侧斜或者不斜两种方法，而防其右攻手时身体最好用不向我右外侧斜这一种方法。

B. 左上托掌右弓步平切掌（右式）攻防用法

可参照"A. 右上托掌左弓步平切掌（左式）"的攻防用法做动作的同形异侧推理。

8. 插步贯拳转身弓步贯拳 E8

贯拳是指拳由身体侧下方向斜上侧作弧形横打（甩打）。如果用两拳臂做拐格防守或上下分挂防守后再向侧上方做弧形横打也称贯拳。这个动作由于插步后有转身，所以血压高的人不要练，以免头晕摔倒。如果想了解一下这个动作，那么可做得慢一点、轻一点，或者只做插步贯拳而不转身，或者插步再小一点。

（1）左插步贯拳转身左弓步贯拳（左式）

①马步双拐臂（E8 照片 1-1）：两拳臂以拳心朝里在胸前向上竖起成双拐臂，并在身左转的带动下使双拐臂由身右前向左侧引带，同时上右扣步成马步，眼观双拐臂右前方。②左插步右贯拳（E8 照片 1-2）：左脚插右脚后成左插步，同时右拳向右侧上方弧形贯（甩）击于齐

头高处成立拳，同时左拳随跟至附右大臂内侧，左拳心朝里，同时身稍右转，眼观身右侧的右立拳前。③转身左弓步贯（甩）拳（E8照片1-3）：身左后转成左弓步，同时原附右大臂内侧的左拳向身左侧上方弧形贯（甩）击于齐头高处成立拳，同时右拳臂移落身后右下方约齐胯高处，右拳立拳，前后两拳臂约成一条斜直线成二郎担山势，眼观左贯（甩）拳前。

（2）右插步贯拳转身右弓步贯拳（右式）

①马步双拐臂（E8照片2-1）。②右插步左贯拳（E8照片2-2）。③转身右弓步贯（甩）拳（E8照片2-3）。由于前面（1）"左式"结尾是左弓步，所以在这里做①"马步双拐臂"时可把原先左弓步收小点成马步，同时做双拐臂。其他文字说明可参照（1）"左式"做动作的同形异侧推理。

插步贯拳转身弓步贯拳攻防用法

A.左插步贯拳转身左弓步贯拳（左式）攻防用法

（1）直接先发制人：当我和对方相对峙时，我突然左插步并同时右拳右身左下侧向右侧上方贯（甩）击其头，然后我即刻左后转身成左弓步同时再用左拳贯（甩）击其头。（2）我向左右侧闪开反击：①当对方用左手攻我，我向左侧身让开，我在其身左外侧用左插步右贯拳转身左弓步左贯拳击其头。②当对方用右手攻我，我向其右外侧跳步闪开后，即刻用左插步右贯拳转身左弓步左贯拳击其头。（3）防守反击：①当对方用左手攻我，我向左侧身让开，同时我在其身左外侧同时用左拳臂粘封其左腕臂，同时用右拳臂粘封其左肘臂，并随我身左转将其左臂向我左侧引带化开，然后我即刻左插步右贯拳再左转身左弓步左贯拳击其头。②当对方用左手攻我，我也可只用右拐臂将其左攻手向左侧滚格同时向左侧身引带化开，然后即刻用两次贯拳并同时左插步左转身击其头。③我也可用上下分挂防开其进攻后即刻反击。如用左拐臂将其左攻手向内或向外拨开，或者用下垂臂向外防开其攻来之腿或攻我裆腹部的拳后，即刻用两次贯拳并同时左插步左转身击其头。④当对方用右手攻我，我向其右外侧跳步闪开并同时用左拳臂将其右攻手向我身背方向拨去后，我即刻用两次贯拳并同时左插左转身击其头。⑤分动作（1）"马步双拐臂"，当对方用右高边腿向我攻来，我可速进入其身内侧并侧身，用双拐臂拦截并用适当动作向其攻击。这时按其边腿高度，不一定蹲马步，也可酌情用站式拦截。如果对方用左边腿攻来，我可以用这个动作的反式。

B. 右插步贯拳转身右弓步贯拳（右式）攻防用法

可参照"A. 左插步贯拳转身左弓步贯拳（左式）"的攻防用法做动作的同形异侧推理。

9. 独立劈掌弓步推掌 E9

（1）左独立劈掌右弓步推掌（右式）

①左八字步左绞手（E9照片1-1）：右拳抱腰，左脚向前上半步绕迈成八字步，同时左绞手成左侧立掌并使掌尖约对鼻尖，同时身左转，眼观

左侧立掌前。②左独立劈掌上下分挂（E9 照片 1-2，1-2a）：左腿独立，同时右膝向前上顶起成独立步，右脚脚背崩平并脚尖朝下护裆前；同时原抱腰的右拳变成掌并以掌沿朝下挺出向前向下直劈后收挂至裆前，同时原左侧立掌回收至右肩前成两掌上下分挂，同时身继续左转，眼观身前。③马步双叉掌（E9 照片 1-3）：右脚向前扣步落步并左侧身成马步，同时两掌十字交叉，掌心朝里置身前约齐胸高，使左掌在里右掌在外，使左掌尖斜向右上侧，右掌尖斜向左上侧，眼观两叉掌前。④右弓步推掌（E9 照片 1-4）：身右转成右弓步，同时右掌的掌心向外转成右侧立掌并同时向身前约齐胸高处立推切，同时左掌的掌心向外转成左侧立掌并同时向身后立推

切，眼观右侧立掌前。

（2）右独立劈掌左弓步推掌（左式）

①右八字步右绞手（E9照片2-1）。②右独立劈掌上下分挂（E9照片2-2）。③马步双叉掌（E9照片2-3）。④左弓步推掌（E9照片2-4）。由于在前面（1）"右式"动作结尾是右弓步，所以在这里做①"右八字步右绞手"时须把原右弓步的右脚收回半步并绕迈成八字步。其他文字说明可参照（1）"左独立劈掌右弓步推掌（右式）"做动作的同形异侧推理。

独立劈掌弓步推掌攻防用法

A. 左独立劈掌右弓步推掌（右式）攻防用法

（1）①走内侧劈头或肩颈，撞膝加推切：当对方用右手攻我胸，我身左转侧身让开，同时我在其身内侧左脚绕迈成八字步，同时左绞手防开其右攻手后，我左手再抓住其右腕臂逆拧缠；同时用右掌直劈其头或左肩颈穴；

或者我右掌心绕其脑后按压回拉,同时我提右膝撞击其胸腹或脸,然后我再上右弓步同时用右掌向前立推切其胸或头。②走内侧劈头或肩颈,踢裆加推切:当我在其身内侧防开或逆缠其右臂同时右掌直劈其头或左肩颈穴时,我右脚踢其裆腹部,然后上步成右弓步同时用右掌向前立推切其胸或头。(2)走外侧劈头踢左腰腋或尾闾加推切:当对方用左手攻我胸,我身左转侧身让开,同时我在其身左外侧我左脚绕迈成八字步,同时左绞手防开其左攻手后我左手再抓住其左腕臂逆拧缠;同时用右掌直劈其头,同时我右脚踢其左腰腋或向左弧形勾踢其尾闾,或者绕到其背后踢其尾闾,然后上步成右弓步同时用右掌向前立推切其左胸腋或头。(3)用上下分挂防守,再用踢脚和推切进攻:当对方用任何一手向我胸部攻来,我可用左绞手同时左脚绕迈成八字步将其攻手防开,或者我左掌向右侧拨开其攻手,而我右掌臂向下挂拦于裆前或再右提膝可防开其对我裆腹攻来之手或脚,同时我也可右脚向其踢出(如走内侧可踢其裆腹,如走其外侧可踢其左腰腋或向左弧形勾踢其尾闾),然后上步成右弓步同时用右掌向其立推切(如果走内侧可向前推切其胸或头,如果走外侧可向前推切其左胸腋或头)。(4)马步格防弓步推切:①当对方用右手攻我,我上右步成马步同时向左侧身让开,同时我在其身内侧用右掌臂向上拐其使掌心朝里并用右掌沿将其右攻手向我左外侧格开,然后我即刻成右弓步,同时右手成立切掌向前推切其胸或头。②当对方用左手攻我,我上右步成马步同时向左侧身让开,同时我在其身左外侧用右格手防开其左攻手,然后即刻成右弓步同时右手成立切掌向前推切其左胸腋或头。(5)前后一字型立推切向前后进攻:这个动作向前后同时进攻,如果后面没人也可当作后面有人,这样能增加前后拔劲和进攻力。

注意:中国武术的动作是会意的,一个简单的动作包含着许多攻防用法。独立提膝中,这提膝的脚就包含着能向前蹬踢的含义,踢脚可向前直踢,也可向侧方弧形勾（扫）踢。套路动作可根据实战情况临场而变，死招活用。尾闾这个地方不能随便踢的，受伤后易造成大便解不出，练习用法时应注意安全。

B. 右独立劈掌左弓步推掌（左式）攻防用法

可参照"A. 左独立劈掌右弓步推掌（右式）"的攻防用法做动作的同形异侧推理。

六、基本腿法练习 F

基本腿法可以直接先发制人去攻击,也可闪防开对方手或腿的进攻而反击。这一部分的基本腿法练习特意指定了一些手法和腿法配合练习(后面套路中也会出现)。但是前面所讲的许多手法也可酌情和这些腿法组合练习。比如用内滚格掌或内滚格拳臂防开对方手攻,同时用异侧腿的侧蹬向其攻击也不错。练习者可到实践中去摸索、体会、感悟。

1. 蹬腿冲拳练习 F1

①并步站立(F1 照片 1-1)。②两拳抱腰站立(F1 照片 1-2)。③两拳抱腰站立左转 90°(F1 照片 1-3)。④左蹬腿右冲拳(F1 照片 2):左拳抱腰,右支撑腿独立承重并膝微曲,右支撑脚脚尖外撇约 45°,左腿膝盖向上顶起高于腰后,再使左脚尖向上勾起并以脚跟为力点向前约齐胸腹高

处蹬出至左腿自然伸直并微曲膝，同时原抱腰的右拳向前约齐胸高处冲出成立拳（也可以转成俯拳），眼观左蹬脚和右冲拳前方。⑤右蹬腿左冲拳（F1照片3）：

原左蹬脚向前落步并脚尖外撇约45°，左腿独立承重，右脚向前蹬出，同时原前冲的右拳回收抱腰或向右外侧做翻压动作后再回收抱腰，同时原抱腰的左拳向前约齐胸高处冲出成立拳（也可以俯拳），眼观右蹬脚和左冲拳前方。如此左右左右蹬脚再配合冲拳周而复始练习。左右蹬腿冲拳也可原地练习。

蹬腿冲拳的攻防用法

蹬腿从对方正面进攻可蹬其小腿迎面骨、膝盖、裆腹部和胸，或者再用另一侧的拳同时击其胸或头。如用脚跟蹬其心窝称作"窝心腿"，用窝心腿进攻对方用右脚跟蹬较方便。蹬腿从对方侧面进攻可蹬其侧胯、腰侧或胸腋，或者再用另一侧的拳同时击其头。

A. 左蹬腿右冲拳攻防用法

（1）先发制人：我可以突然从对方正面或者侧面进攻。（2）防守反击：①当对方用左手攻我，我用左拳在身前先以拳心朝下向身左外侧逆转翻压成拳心朝上，在这一过程中我左拳背粘住对方左攻手腕臂将其向我左外侧翻压防开，同时我在其左外侧用左脚蹬其左侧胯、左腰侧或左胸腋，或者我再同时用右拳击其头。②当对方用右手攻我，我用左拳将其右攻手向我左外侧翻压防开，同时我在其身内侧用左脚蹬其裆腹部或胸，或者我再同时用右拳击其胸或头。③用其他手法防开同时进攻。

B. 右蹬腿左冲拳攻防用法

可参照"A.左蹬腿右冲拳"攻防用法做动作上的同形异侧推理。

提示：当两手中任何一手做拦拨、绞、格、刁格、搂手、上托、挂等防守动作时，可同时用任何一脚前蹬。

2. 踢腿冲拳练习 F2

踢腿是以脚尖或脚前掌为力点，脚面自然平展向前踢出。踢腿从对方正面进攻可踢其裆腹部或胸，如踢其心窝称作"穿心腿"，穿心腿用右脚较方便。踢腿从对方侧面进攻一般踢其腰侧或胸腋。从对方后面进攻踢其尾闾，但不可乱用，此处受伤会造成大便解不出。①左踢腿右冲拳（F3照片1）。②右踢腿左冲拳（F2照片2）。

提示：踢腿冲拳练习的动作文字说明和攻防用法，可参照蹬腿冲拳练习的文字说明和攻防用法，所不同的只是蹬腿变成了踢腿。

3. 侧蹬练习 F3

蹬腿是使脚从自己正面向前蹬并脚尖朝上，而侧蹬是使脚从自己身体侧面向前蹬，并且脚尖朝向内侧或稍斜向内侧下，脚外侧帮约平行地面，同时身体向内侧后斜倒，好像人向后侧斜躺着睡觉。而睡觉在天台和杭州一带叫"困觉"，所以奚老师教拳时把侧蹬腿叫作"困腿"。做侧蹬时一腿独立承重并自然伸直，膝微曲，要侧蹬的脚曲膝向上平提约齐腰胯高，并使膝盖朝向内侧，然后再以脚跟或脚底为力点向身侧前约齐胸腹高处蹬出。侧蹬在攻防用法上可先发制人突然向对方攻击。其攻击高度有低、中、高。向对方正面进攻可攻击其小腿迎面骨、膝盖、支撑腿、裆部、胸腹部或头。向对方侧面进攻可攻击对方膝关节内外侧、侧胯、腰或胸腋。侧蹬可防腿，当对方用腿踢我，我用腿曲膝向上平提并拦托对方攻来之腿后即刻向前侧蹬其支撑腿使其跌倒。左侧蹬时身体向右后侧斜倒，右侧蹬时身体向左后侧斜倒。侧蹬时一般收腹的多，但也有以挺腹来追求长一寸强一寸并用转脚增强发力。左侧蹬时如挺腹须同时右支撑脚以脚前掌为轴心顺拧转成右脚尖外撇约135°而指向身右后侧。右侧蹬时如挺腹需同时左支撑脚以脚前掌为轴心逆拧转成左脚尖外撇约135°而指向身左后侧。

（1）缠腕侧蹬（F3-1）

①缠腕左侧蹬（左式）

a. 右八字步双搭手（F3-1照片1-1）：右脚绕迈成八字步并向右侧身，同时两手在胸前以左俯掌按压并抓住右腕臂，同时右掌向外绞成侧立掌，眼观两掌前。b. 右手缠抓左侧蹬（F3-1照片1-2）：左掌继续压抓住右腕臂，原右侧立掌抓成拳并同时顺拧转成拳心朝上，回收抱腰，同时左脚向前约齐胸腹高处左

侧蹬，眼观左侧蹬脚前。

②缠腕右侧蹬（右式）

a.左八字步双搭手（F3-1 照片2-1）。b.左手缠抓右侧蹬（F3-1 照片2-2）。文字说明可参照①"缠腕左侧蹬（左式）"做动作的同形异侧推理。

缠腕侧蹬攻防用法

A.缠腕左侧蹬（左式）攻防用法

（1）在对方外侧向我右外侧缠腕左侧蹬：当我右手攻对方我右腕被其右手向外绞抓时，我右脚绕迈成八字并右侧身，同时我在其身右外侧用左俯掌按压住其右掌背使其右手不能脱离，同时我右掌向外绞抓住其右腕臂顺拧缠约180°，同时回收抱腰并引直其右臂，同时我左手压住其右手跟随，同时我左肘压封住其右肘臂并引直其右臂实施反关节，同时我用左侧蹬蹬击其右腰侧或右胸腋。（2）在对方内侧向我右外侧缠腕左侧蹬：当我右手攻对方我右腕被其左手向外绞抓时，我右脚绕迈成八字步并右侧身，同时我在其身内侧用左俯掌按压住其左掌背使其左手不能脱离，同时我右掌向外绞抓住其左腕臂顺拧缠约180°，同时回收抱腰，同时我左手压住其左手跟随，同时我左肘压封其左肘窝处，同时我用左侧蹬蹬击其左腰侧或左胸腋。（3）变招左侧蹬：当我右手攻对方被其右手绞抓同时用左手攻我时，或者我右手攻对方被其左手绞抓同时用右手攻我时。这时我除了右脚绕迈成八字步和右侧身外，同时变招成右拳顺拧缠并回收，同时左拐臂向右侧防开其向我攻来之左手或右手，同时用左侧蹬向其蹬击。（4）变招把左侧蹬变为右侧蹬：当我右手被其右手向外绞抓，这时我用前面手法按压住其右腕臂，同时用左八字步左侧身，这时我从其右外侧进入其内侧并用右侧蹬蹬击其右腰侧或右胸腋。

B 缠腕右侧蹬（右式）攻防用法

可参照"A.缠腕左侧蹬（左式）"攻防用法做动作的同形异侧推理。

（2）缠腕切按侧蹬（F3-2）

①缠腕切按左侧蹬（左式）

a. 右八字步双搭手（F3-2 照片 1-1）：右脚绕迈成八字步并向右侧身，同时两手在胸前以左俯掌按压并抓住右腕臂，同时右掌向外绞成侧立掌，眼观两掌前。b. 右手缠抓左手切按左侧蹬（F3-2 照片 1-2）：原右绞掌抓成拳并同时顺拧转回收抱腰，同时左掌向前平切约齐胸肩高，同时左脚向前约齐胸腹高处左侧蹬，眼观左平切掌和左侧蹬脚前。

②缠腕切按右侧蹬（右式）

a. 左八字步双搭手（F3-2照片2-1）。
b. 左手缠抓右手切按右侧蹬（F3-2照片2-2）。文字说明可参照①"缠腕切按左侧蹬（左式）"做动作的同形异侧推理。

缠腕切按侧蹬攻防用法

A. 缠腕切按左侧蹬（左式）攻防用法

（1）在对方外侧向我右外侧缠腕左切按左侧蹬：我向前右攻手被对方右手向外绞抓时，我右脚绕迈成八字步并右侧身，同时我在其身右外侧用左俯掌按压住其右掌背使其右手不能脱离，同时我右掌向外绞抓住其右腕臂顺拧缠约180°，同时回收抱腰并引直其右臂，同时我左俯掌向前按压其右肘，或者向前平切其脖子或右胸肋，同时用左侧蹬蹬击其右腰侧或右胸腋。

（2）在对方内侧向我右外侧缠腕左切按左侧蹬：我向前右攻手被对方左手向外绞抓时，我右脚绕迈成八字步并右侧身，同时我在其身内侧用左俯掌按压其左掌背使其左手不能脱离，同时我右掌向外绞抓住其左腕臂顺拧缠约180°，同时回收抱腰并引直其左臂，同时随缠我左掌向前顺势托压其左肘，或者我左掌向前平切其脖子或左胸肋，同时用左侧蹬蹬击其左腰侧或左胸腋。（3）直接绞抓对方攻手左切按左侧蹬：当对方用右手攻我，我左俯掌先向下压封其右腕，同时我右俯掌从其右腕内侧下方向外侧穿出并向上绞抓住其右腕臂顺拧缠回收抱腰，同时我右脚八字步并身右转，我在其身右外侧同时用左俯掌向前按压其右肘，或者向前平切其脖子或者右胸腋，同时用左侧蹬蹬击其右腰侧或右胸腋。这个方法（3）也可拿到前面①"缠腕左侧蹬（左式）"中去用。

B. 缠腕切按右侧蹬（右式）攻防用法

参照"A. 缠腕切按左侧蹬（左式）"攻防用法做动作的同形异侧推理。

（3）侧勾手亮掌侧蹬（F3-3）

①侧勾手亮掌左侧蹬（左式）

a. 右八字左格掌（F3-3 照片 1-1）：右掌抱腰，右脚绕迈成八字步，同时左掌掌心朝里掌沿向右格，左掌尖约对鼻尖，眼观左格掌前。b. 左侧勾手右亮掌左侧蹬（F3-3 照片 1-2）：原左格掌变成勾手向下→向左→向上置身左侧成勾尖朝上，同时原抱腰的右掌逆转约 270° 并同时向额前上托起成右掌心朝前右掌沿朝上，同时左脚向前约齐胸高处侧蹬，眼观左侧蹬脚前。

②侧勾手亮掌右侧蹬（右式）

a.左八字步右格掌（F3-3照片2-1）。b.右侧勾手左亮掌右侧蹬（F3-3照片2-2）。文字说明可参照前面①"侧勾手亮掌左侧蹬（左式）"做动作的同形异侧推理。

侧勾手亮掌侧蹬攻防用法

A.侧勾手亮掌左侧蹬（左式）攻防用法

（1）直接走对方内侧：①当对方用右手攻我，我左手用内刁勾手将其右攻手向我身左外侧刁格开，同时我在其身内侧用左侧蹬攻击其胸腹部等。②如我向左外侧刁格开其右攻手后，其复用左手攻我，我用右掌上托架防开，同时用左侧蹬向其攻击。（2）直接走对方外侧：当对方用左手攻我，我左手用内刁勾手将其左攻手向我身左外侧刁格开，同时我在其身左外侧用左侧蹬攻击其左腰侧及左胸腋等。（3）从对方身外侧进入其身内侧：当对方用右手攻我，我向右侧身让开，同时我在其身右外侧用左掌掌心朝里掌尖朝上，并利用左掌沿粘封住其右攻手腕臂外侧；然后我左掌指向内、向下刁勾住其右攻手腕臂内侧并向我身左外侧刁勾开，我从其身右外侧进入其身内侧同时用左侧蹬攻击其胸腹部等。（4）从对方身内侧转到其身外侧：当对方用左手攻我，我向右侧身让开，同时我在其身内侧用左掌沿粘封住其左攻手腕臂内侧；然后我左掌指向内、向下刁勾住其左攻手腕臂外侧并向我身左外侧刁勾开，我从其身内侧转到其身左外侧，同时用左侧蹬攻击其左腰侧及左胸腋等。（5）防腿反击：当对方用脚踢我，我用左反勾手向我左侧由下向上将其攻腿向我左外侧向上托防开，同时用左侧蹬蹬击其支撑腿，使其站立不住而跌倒。也可先左腿曲膝并向上平提以拦托住对方攻来之腿后，即刻左脚向前侧蹬其支撑腿使其跌倒。

B.侧勾手亮掌右侧蹬（右式）攻防用法

可参照"A.侧勾手亮掌左侧蹬（左式）"攻防用法做动作的同形异侧推理。

（4）上下分挂侧蹬（F3-4）

①上下分挂左侧蹬（左式）

a.右八字步右绞手（F3-4照片1-1）：左手以拳或掌抱腰，右脚绕迈成八字步并向右侧身，同时右绞手，右侧立掌掌尖约对鼻尖，眼观右侧立掌前。b.上下分挂左侧蹬（F3-4照片1-2）：原右绞手回收上挂拨于左肩前，同时原抱腰的左手向下挂拦于裆前，左掌心朝前并左掌沿挺出，上下两掌成上下分挂势，同时左脚向前约齐胸高处侧蹬，眼观左侧蹬脚前。

②上下分挂右侧蹬（右式）

a.左八字步左绞手（F3-4照片2-1）。b.上下分挂右侧蹬（F3-4照片2-2）。文字说明可参照前面①"上下分挂左侧蹬（左式）"做动作的同形异侧推理。

上下分挂侧蹬攻防用法

A.上下分挂左侧蹬（左式）攻防用法

101

（1）绞开对方攻手左侧蹬：当对方用左手或右手攻我，我向右侧身让开，同时我右脚绕迈成八字步并右绞手防开，我可从其身内侧或身右外侧用左侧蹬进攻。（2）防上防下左侧蹬：用上下分挂防开对方手或腿的进攻，同时用左侧蹬向其攻击。

B.上下分挂右侧蹬（右式）攻防用法

可参照"A.上下分挂左侧蹬（左式）"攻防用法做动作的同形异侧推理。

（5）托格侧蹬（F3-5）

①托格左侧蹬（左式）

a.右八字步托格（F3-5照片1-1）：右脚绕迈成右八字步并向右侧身，同时右掌向右外侧上绞托至约额前上，同时左拐臂使左掌向右前约齐胸、脸高处格击，左掌心朝里，左掌尖约对鼻尖，但这时左掌心也同时有向上托的含义，眼观左掌前。b.转腕切掌左侧蹬（F3-5照片1-2）：原右托掌向前并同时顺拧转成仰掌曲臂于胸前，同时原左格掌顺拧转成俯掌并掌沿前挺成左平切掌约置齐胸高，同时左脚向前左侧蹬，眼观左平切掌和左侧蹬脚前。

②托格右侧蹬（右式）

a.左八字步托格（F3-5照片2-1）。b.转腕切掌右侧蹬（F3-5照片2-2）。文字说明可参照前面①"托格左侧蹬（左式）"做动作的同形异侧推理。

托格侧蹬攻防用法

A.托格左侧蹬（左式）攻防用法

当对方用左手或者右手攻我，我右八字步右侧身闪开并同时用右掌粘其腕部向上托起，同时左掌滚格其肘弯部或者左掌心向上托其肘弯部使其重心上提失势；这时我在其身内侧或者右外侧即刻两手转腕向前用左掌切其胸脖或者胸腋，同时右仰掌也能托防对方手的进攻，同时我左侧蹬向其攻击。

B.托格右侧蹬（右式）攻防用法

可参照"A.托格左侧蹬（左式）"攻防用法做动作的同形异侧推理。

4.侧腿平衡（穿心腿）F4

（1）左侧腿平衡（左穿心腿）

①右八字步右翻压掌（F4照片1-1）：左掌抱腰，右脚向前绕迈成八字步并右侧身，同时右掌在胸前向右外侧翻压成仰掌，右曲臂肘下垂，眼观右仰掌前。②右八字步左穿掌（F4照片1-2）：原右八字步和右翻压掌不变，左仰掌及左臂下方贴住右仰掌掌心向前穿刺，同时右仰掌顺势稍回收贴至左大臂中段止，眼观左仰掌前。③分掌转脚挺腹左穿心腿（F4照片1-3A，1-3B）：原右八字步先不动，原左仰掌顺拧转成俯掌并使掌沿外

挺成左平切掌约置齐胸高处，同时原曲臂的右仰掌逆转向头上侧扬起使掌沿斜向上；同时右支撑脚从脚前掌为轴心顺拧转使右脚尖朝向身右侧后（即由原右八字步时外撇约45°的右脚尖随着以右脚前掌为轴顺拧转，使右脚尖指向身右后侧约135°处），同时挺腹，同时左脚以脚尖或脚前掌为力点向身前约齐胸高处踢出左侧穿心腿，眼观左侧穿心腿前。并要以右转脚和同时挺腹同时分掌来加强左侧穿心腿的力量，并追求长一寸强一寸。

（2）右侧腿平衡（右穿心腿）

①左八字步左翻压掌（F4照片2-1）。②左八字步右穿掌（F4照片2-2）。③分掌转脚挺腹右穿心腿（F4照片2-3）。文字说明可参照前面（1）"左侧腿平衡（左穿心腿）"做动作的同形异侧推理。

F4-2-1 　　F4-2-2 　　F4-2-3

侧腿平衡（穿心腿）攻防用法

A. 左侧腿平衡（左穿心腿）攻防用法

用右八字步右转身和右翻压掌向右侧闪防开对方手的进攻，并用左穿掌刺其胸、喉、眼，同时用左穿心腿向其攻击。

B. 右侧腿平衡（右穿心腿）攻防用法

参照"A.左侧腿平衡（左穿心腿）"攻防用法做动作的同形异侧推理。

5. 勾踢 F5

（1）右勾踢勾手亮掌

①左八字步左绞手（F5 照片 1-1）：右掌抱腰，左脚向前绕迈成八字步同时左绞手并向左侧身，眼观左侧立掌前。②左八字步上下分挂（F5 照片 1-2）：原左八字步先不变，原身前的左侧立掌以弧形向下向后运动至右胯侧成掌心朝上朝尖指向身后，同时原抱腰的右掌以弧形向上向前运动至右脸侧前成掌心斜向前下掌尖斜向前上，眼观右掌前。③右勾踢右勾手左亮掌（F5 照片 1-3）：以左腿为支撑腿，右脚向左前下方勾踢，同时原右胯侧的左掌向头前上扬起成亮掌，同时原右脸侧前的右掌以弧形向下

F5-1-1

F5-1-2

105

向身后运动成勾手并勾尖朝上，眼观右勾踢身前。

注意：做右勾踢时，右脚应向左前下方勾踢过去，这样左支撑脚尖向前的延长线和右勾踢向左前方运动的延长线才能相交。这样在攻防运用时才能生效。

（2）左勾踢勾手亮掌

①右八字步右绞手（F5照片2-1）。②右八字上下分挂（F5照片2-2）。③左勾踢左勾手右亮掌（F5照片2-3）。文字说明可参照前面（1）"右勾踢勾手亮掌"做动作的同形异侧推理。

勾踢攻防用法

A. 右勾踢勾手亮掌攻防用法

（1）对方如用左手攻我，我用左八字步左绞手并左侧身在其身左外侧闪防开后，用左手将其左腕臂向我身右侧下引带；我右手从上向前下进入其身内侧并用右勾手勾击其裆腹部，如果其左脚在前，我用右脚向左前勾踢其左小腿下部；如其右脚在前侧，可勾踢其右小腿下部,这样使其跌倒。(2）如果其右手攻我，那么我右勾手勾击其尾闾并右脚勾踢，这样使其向前跌扑。（3）手上变招：右勾踢时除了用右勾手勾击其裆腹，也可左手防开其攻手后，同时用右手抓住其肩向后拉使其后跌，也可用右俯掌向右劈击其胸。（4）进入对方内侧正面用：我在对方身内侧用左手防开其右攻手，同时用右手向前抓住其头发向前下拉，同时向前用右勾踢踩踢其小腿迎面骨或者裆部。

B. 左勾踢勾手亮掌攻防用法

参照"A.右勾踢勾手亮掌"攻防用法做动作的同形异侧推理。

6. 挂踢 F6

（1）右挂踢

①右脚上步右手拦截（F6照片1-1）：右脚以扣脚向前上步并向左侧身，同时右掌以掌心朝外的侧立掌向前约齐胸高处曲臂向外拦拨，同时左掌以掌心朝前置右肘内侧，眼观右侧立掌前。②左插步云摸掌（F6照片1-2）：原身前之右侧立掌以逆弧先稍向上向左（即向脸右侧前回收），再向下向右侧以俯掌置右胯外侧，右掌尖朝前（即右掌向脸右侧回收时身左转，向下向右置右胯外侧时身右转。）同时原置右肘内侧的左掌走小顺弧，在身左转时稍向左向上置脸左前侧，在身右转时稍向右向下置右肩前成拨挂掌。同时在以上运动身右转时，左脚插右脚后成交叉步中之插步，眼观身右侧前。③右括推掌右挂踢（F6照片2-3，2-3B）：原置肩前的左掌稍向下移并以俯掌护右胸前，左掌尖朝右；同时原置右胯侧的右俯掌由下向上向前括推约齐头高，同时右脚向后悬起挂踢，眼观右括推掌前。向后直腿挂踢如同照片2-3A，向后勾腿挂踢如同照片2-3B。右掌由下向上向前运动称为括推掌是因为它

既有向前推的含义，也有由下向上向前捋括（如括糨糊）的含义。

（2）左挂踢

①左脚上步左手拦截（F6照片2-1）。②右插步云摸掌（F6照片2-2）。③左括推掌左挂踢（F6照片2-3A，2-3B）。文字说明可参照前面（1）"右挂踢"做动作的同形异侧推理。

提示：用小腿向后挂踢对方膝下小腿部分，（1）可用直腿后挂。（2）可用勾腿后挂。（3）可先直腿后挂，当带动对方小腿后移时速转成勾腿后挂。（4）可先勾腿后挂，当带动对方小腿后移时速转成直腿向后弹挂。以上是挂踢在攻防运用时向对方发招的4种腿法。

挂踢攻防用法

A. 右挂踢攻防用法

（1）走对方外侧：①当对方用左手攻我，我左掌将其左攻手防开并左侧身，也可先右掌将其左攻手防开再左掌贴右腕前向上穿出粘封其左攻手而抽出右掌；我即刻左插步，如其左脚在前，我右腿向后挂其左小腿，同时我右掌向前推击其背或后脑，或者我右掌臂从其后背、脖子、后脑向上向前捋括，使其前跌。②如果对方左手攻我而右脚在前面，那我防开其左攻手时应以右扣脚为支撑，并以右脚跟为轴逆拧转带动右后转身180°，变成我左脚向后挂踢其右腿，同时左掌向其身后捋括。这叫玉环步鸳鸯腿。

（2）走对方内侧中门：当对方用左手或者右手攻我，我在其身内侧分别用两掌将其攻手向左或者向右防开，我右脚向前穿入其裆内，如其左脚在前，我右转身同时右脚向后挂踢其左小腿，同时右掌臂从其身后捋括；如其右脚在前，可用前面玉环步换成左脚左手挂踢括掌。

提示：向对方背或后脑击出的推掌或捋扩掌，也可变作用横勾拳击其头或后脑并同时和向后挂踢配合。

B. 左挂踢攻防用法

参照"A. 右挂踢"攻防用法做动作的同形异侧推理。

7. 进步挂趟 F7

（1）进步右挂趟

①左八字步左绞手（F7 照片 2-1）：右拳抱腰，左脚绕迈成八字步同时绞手成左侧立掌并以掌尖对鼻尖，同时身左转，眼观左侧立掌前。②马步右格掌（F7 照片 2-2）：右脚扣步上前成马步，同时原左侧立掌向下压成俯掌或仰掌横置右胸前，左掌尖朝右；同时原抱腰的右拳变掌，在身

前以右拐臂使右掌由右向左拐格，右掌心朝里，右肘置左掌背或左掌心上方，眼观右格掌前。③左插步左托掌（F7照片2-3）：身左转，同时原横在胸前的左掌以掌心朝里在外面按粘在右肘前的右小臂背侧向前上捋托，同时在里面的原右格掌小臂随着左掌向前上捋托而同时回抽至右掌抱腰，同时左脚抽右脚后成左插步，眼观左托掌前。④右腿挂趟（F7照片2-4）：右脚向身右后约30°处滑趟至大腿弹直（右膝窝后挺），同时原左托掌顺拧转约180°并同时向左外刁勾并向左外侧向后捋带牵引至身后成勾手（勾尖朝上），同时原抱腰的右掌向前约齐胸高处推出成侧立掌，眼观右侧立掌前。并注意右脚向后滑趟时原左插步这时在前面刚好变成左脚内扣45°的左弓形腿，同时右脚后趟时左脚不能转动，要落地生根，因为转动会影响稳定和后趟发力。

F7-2-3　　F7-2-4

（2）进步左挂趟

①右八字步右绞手（F7照片3-1）。②马步左格掌（F7照片3-2）。③右插步右托掌（F7照片3-3）。④左腿挂趟（F7照片3-4）。文字说明可参照前面（1）"进步右挂趟"做动作的同形异侧推理。

进步挂趟攻防用法

A. 进步右挂趟攻防用法

（1）当对方用左手攻我，我上右扣步并左侧身让开，同时用左掌向外

防开其左攻手腕臂后用左手抓住其左腕（或者用我左外刁勾手捏其左腕）后，向我身左侧后牵引，同时我左脚插右脚后，再我右脚向身后插入对方裆内并向后滑趟，同时我右掌向前推击其背或按压其后脑，这样用一前一后的剪刀力使其向前跌扑。不管其哪只脚在前面都可以这样用。（2）也可我上右扣步并左侧身同时先用右掌向左外拨去或者用右拐格掌向左外格去其左攻手后，我左掌再贴右腕前向上穿出粘封其左攻手并抽出右掌，同时左手抓捏或刁勾住其左攻手向我身左后牵引，同时左插步再右后滑趟腿，右掌向前推击其背或按压其后脑。

B. 进步左挂趟攻防用法

参照"A. 进步右挂趟"攻防用法做动作的同形异侧推理。

8. 勾格腿 F8

（1）右勾格腿

①左八字步左绞手（F8照片1-1）：右拳抱腰，左脚上前半步并绕迈成八字步，同时左绞手成左

111

侧立掌并使掌尖约对鼻尖，同时左转身，眼观左侧立掌前。②左八字步右格掌（F8 照片 1-2）：原左八字步不变，原左侧立掌变拳逆拧转并回收抱腰，同时原抱腰的右拳变掌并随右臂向上拐起用右掌沿在身前自右向左做滚格掌，右掌心朝里，同时身继续稍左转，眼观右掌前。③右勾格扫（F8 照片 1-3）：原左八字步后面的右脚向右前方做勾格绊扫成勾格步，同时原右滚格掌转成俯掌并使右掌沿右挺自左向右前侧约齐胸脖高处弧形平扫切，同时原抱腰的左拳变成仰掌并以掌沿右挺向右前约齐腹或者齐胸高处推切，同时身稍右转，眼观右俯掌前。

注意：拐臂滚格可以是掌臂，也可以是拳臂。勾格扫的扫腿幅度不大，主要是在对方身后起放了个绊子的作用。

（2）左勾格腿

①右八字步右绞手（F8 照片 2-1）。②右八字步左格掌（F8 照片 2-2）。③左勾格扫（F8 照片 2-3）。在做①"右八字步右绞手"时，由于其前面一式是"右勾格扫"，所以需把右脚稍收回并同时绕迈成八字步。其他文字说明可参照（1）"右勾格腿"做动作的同形异侧推理。

F8-2-1　　　　　F8-2-2　　　　　F8-2-3

勾格腿攻防用法

A. 右勾格腿攻防用法

对方如用左手攻我，我用左八字步左绞手并向左侧身在其身左外侧闪防开后，即刻我左手抓住其左腕臂逆拧缠并回收引直其臂，同时我右掌向上拐起并以右掌沿粘封滚格其左肘臂并向我身左后侧牵引使其失势，这时不管其哪只脚在前面即刻用右脚向其勾格扫，同时两手转腕并用右俯掌扫切其胸或脖子，同时左仰掌推切其胸或腹。（2）对方如用右手攻我，我在其身内侧用此法勾格扫，并用掌从其后面扫切其背或后颈部。

B. 左勾格腿攻防用法

参照"A. 右勾格腿"攻防用法做动作的同形异侧推理。

第三章 套路部分

十字拳

一、十字拳简介

十字拳是奚氏武术中的基础拳，又叫马步操。它和前面基本功的站桩部分所讲的马步桩和独立桩相比属于活步桩。它把马步、弓步、仆步之间的变化列入活步桩练习，并加强对绞手、穿花、冲拳这些基本手法动作的理解和熟练掌握。经常练习能加强下盘力量和稳度并增强手劲。这套拳动作虽简单，但也很吃功夫，很耗体力。有年老体弱或有高血压、心脏病患者如要练习，请把步型放高，冲拳不要太用力、太快，要轻松自然，缓缓练习。做仆步前先换气，到仆步仆下去时把气吐出来以减少腹内压力，有利心血管。身体好的也应该这样做。练习时间不要太长，适可而止，量力而行得长寿，所有体育项目不得过分超过自身负荷，否则反而影响健康，切记，切记！步型变化中的转角都以脚跟为轴心，一脚脚尖外展，另一脚脚尖内扣来实现，如：马步变成左弓步时，左脚以脚跟为轴、脚尖外展成45°，同时左腿曲膝成弓形，右脚以脚跟为轴、脚尖内扣成45°，同时右腿伸直成左弓步。十字拳的动作名称过去传下来的都是民间口语，能像歌谱一样朗朗上口。如动作12"右绞手左箭拳"和13"左绞手右退马平拳"。如今我在民间口语后面加上技术语，即这个动作是由哪些技术要素组成的。如与动作12和13相对应的技术语是"右绞手右拗弓步冲拳"和"左绞手右退步马步右冲拳"。

这样能更进一步加强对动作的理解。

二、十字拳方位图

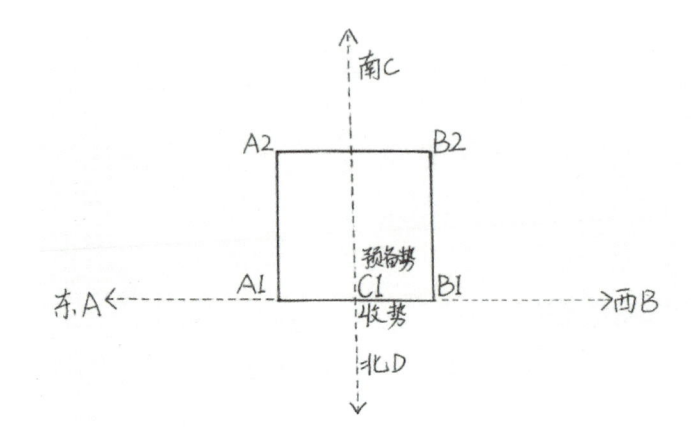

前面图中东A、西B、南C、北D为十字拳套路动作中每个动作的方位朝向，而A1、A2、B2、B1为正方形的4个点，它表示十字拳练习中两脚所踩的点位，点C1，表示预备势和收势时的点位。

三、十字拳套路动作说明及拳照

（一）第一节（1.预备势→8.左笔马劈手）

1. 预备势（向南C，踩C1点）

并步站立（照片1）：两脚并步站立于C1点，头正身直，两臂自然下垂并两掌心向内分别虚贴两大腿外侧，两眼向前南C方向平视。

2. 左右相差离开（两脚左右跳开）（向南C，踩A1、B1点）

（1）两脚左右跳开成马步宽（照片2-1）：原并步的两脚向左右跳开成马步宽，

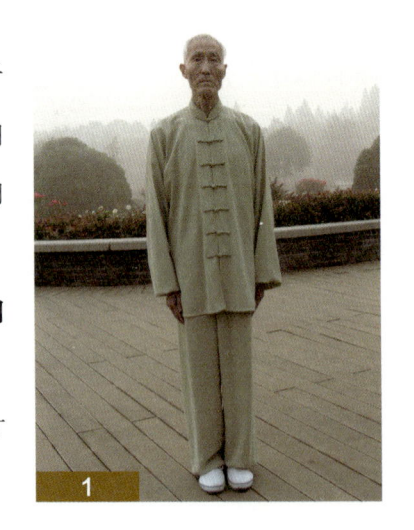

两脚分别踩于 A1 和 B1 两点并两脚尖朝前,两掌心仍向内分别虚贴两大腿外侧,头正身直,两眼向前南 C 方向平视。(2)两掌变拳抱腰(照片 2-2):前面原(1)势中原虚贴两大腿外侧的两掌变拳抱腰,其他要领仍照前面(1)势。

3. 两脚蹲蹲弯(下蹲成马步)(向南 C,踩 A1、B1 点)

下蹲成马步(照片 3):两腿下蹲成马步,两拳仍抱腰,头正身直,两眼向前南 C 方向平视。

4. 平马靠手(马步前靠掌)(向南 C,踩 A1、B1 点)

马步前靠掌(照片 4):原马步不变,原抱腰的两拳向前变成靠掌合劲向前约齐胸高处的南 C 方向前推。两掌都为侧立掌,两掌背相贴靠,左掌在前,右掌在后,两掌沿前挺,两合掌尖约齐鼻尖高,两眼观两靠掌前。

攻防用法：两靠掌掌沿合劲前推可推切对方胸部。

5. 左绞手右箭拳（左绞手左拗弓步冲拳）（向东 A，踩 A1、B1 点）

（1）马步左绞手（照片 5-1）：原马步不变，原胸前靠手的右侧立掌回收变拳抱腰，同时原左侧立掌随身左转向身左侧绞手成侧立掌，眼观左侧立掌前。

（2）左拗弓步冲拳（照片 5-2）：原左侧立掌抓成拳并逆拧转回收抱腰，同时随身继续左转原马步重心左移，同时左脚以脚跟为轴脚尖外展 45°，同时左腿曲膝成弓形，同时右脚以脚跟为轴脚尖内扣成外撇 45°，同时右腿伸直并右膝窝后挺成左弓步；同时原抱腰的右拳向前约齐胸高处的东 A 方向冲出成俯拳，眼观右俯拳前。

攻防用法：当对方用左手或者右手从我身左侧攻来，我用左绞手并身左转防开其左攻手或者右攻手。或者我再抓住其左腕臂或者右腕臂逆拧缠并回拉引直其臂实施反关节，同时用右俯拳在其身左外侧或者身内侧击其左胸腋和头，或者胸和头。

6. 右笔马劈手（右仆步横劈掌）（向西 B，踩 A1、B1 点）

右仆步横劈掌（照片 6）：原左拳仍抱腰，身右后转，同时随转原左弓步的左脚以脚跟为轴心内扣，同时左腿曲膝全蹲，同时右腿自然伸直成右仆步，同时随身右后转原前冲的右俯拳变成俯掌并以右掌沿前挺向身右后右仆步的右脚上方的西 B 方向横扫劈，眼观右横扫劈掌前。

攻防用法：当对方从我身后用手抱住了我右后腿时，我速身右后转，同时左脚以脚跟为轴心、脚尖内扣，同时左腿速下蹲重心下移，同时随身右后转我右俯掌以掌沿前挺扫劈其手臂或头。

7. 右绞手左箭拳（右绞手右拗弓步冲拳）（向西 B，踩 A1，B1 点）

（1）起身马步右绞手（照片 7-1）：左拳仍抱腰，起身使原右仆步变成马步，同时原右横扫劈掌回收身前向身右侧绞手成侧立掌，眼观右侧立掌前。

（2）右拗弓步冲拳（照片 7-2）：原右侧立掌随身继续右转抓成拳并顺拧转回收抱腰，同时随身继续右转原马步重心右移，同时右脚以脚跟为轴脚尖外展 45°。同时右腿曲膝成弓形，同时左脚以脚跟为轴脚尖内扣成外撇 45°，同时左腿伸直并左膝窝后挺成右弓步；同时原抱腰的左拳向前约齐胸高处的西 B 方向冲出成俯拳，眼观左俯拳前。

攻防用法：当对方用左手或者右手从我身右侧攻来，我用右绞手并身右转防开其左攻手或者右攻手，或者我再抓住其左腕臂或者右腕臂顺拧缠并回拉引直其臂实施反关节，同时用左拳在其身右外侧或者身内

侧击其右胸腋和头，或者胸和头。

8. 左笔马劈手（左仆步横劈掌）（向东A，踩A1、B1点）

左仆步横劈掌（照片8）：原右拳仍抱腰，身左后转，同时随转原右弓步的右脚以脚跟为轴心内扣，同时右腿曲膝全蹲，同时左腿自然伸直成左仆步，同时随身左后转原前冲的左俯拳成俯掌并以左掌沿前挺向身左后左仆步的左脚上方的东A方向横劈扫，眼观左横扫劈掌前。

攻防用法：当对方从我身后用手抱住我左后腿时，我速左后转身，同时右脚以脚跟为轴心脚尖内扣，同时右腿重心速下蹲，同时随身左后转我左俯掌以掌沿前挺扫劈其手臂或头。

（二）第二节（9.左绞手右八字拳→13.左绞手右退马平拳）

9. 左绞手右八字拳（左绞手左弓步身右侧右冲拳）（向南C，踩A1、B1点）

（1）起身马步左绞手（照片9-1）：右拳仍抱腰，起身使原左仆步变成马步，同时原左横扫劈掌回收身前向身左前侧即东A南C处绞手成侧立掌，眼观左侧立掌前。

（2）左拗弓步身右侧右冲拳（照片9-2）：原左侧立掌随身继续左转抓成拳并逆拧转回收抱腰，同时随左转原马步重心左移并两脚转脚成左弓步，同时原抱腰的右拳向身右侧偏前（即南C偏东A方向）约齐胸高处冲出成俯拳，眼观右俯拳前。

备注：两脚踩A1、B1点，右拳向身右侧冲出，如果这时头上挂只灯泡，那么两脚连线和右臂在地上投影为约垂直交叉。但由于根据武术攻防及三尖相对原理，当我面向南C时，如对方用手向我攻来，我左绞手将其攻手防开或再缠抓引直，同时我身左转，同时我右俯拳从身右侧击其胸和头，或者胸腋和头时必须偏向右前侧才能打着对方。

攻防用法：当对方用手向我身前正面攻来，而这时我是两脚并步或者左右开步站着并且身体是正面朝前，这时我可以用左绞手防开其攻手，或再缠抓逆拧缠引直其臂，同时身左转侧身，同时重心左移开步成左弓步，同时用右俯拳向我左侧身时的身右侧稍偏前处击其胸腋和头，或者胸和头。

10.左手穿梭右进马勾格（左穿花右进步勾格）（向南C，两脚由原踩A1、B1点变成踩A1、A2点）

（1）左穿花转脚松后腿（照片10-1，10-2）：原抱腰的左拳和身右侧冲拳变掌做左穿花的前面4个分动作至上下分挂（这时左掌在上、右掌在下），同时原左弓步的左脚以脚跟为轴心外展约45°。使左脚尖朝前向东A，同时右后

脚松掉使右脚前掌踮地，眼观身右前侧的东A南C处。

（2）上右步马步勾格（照片10-3，照片10-4）：紧接前面做左穿花的第五个分动作"下压上穿"（即左掌以俯掌下压横于胃脘前使掌尖向右，同时右掌从裆腹前先以掌心朝上捞起，继而以掌心朝内并顺人体攻防中心线向上穿并从左横俯掌内侧穿过向上置脸前，右掌尖对鼻尖，眼观右掌前），同时右后脚离开B1点向右前侧踩落到A2点成马步（这时马步踩在A1、A2两点上），同时原胃脘前的左横俯掌变成勾手由身前向下向左下侧刁勾引带至左膝外侧并左勾尖朝后，同时原胸前的右上穿掌向外向身右前侧转掌绞推切成侧立掌，眼观右侧立掌前。

攻防用法：（1）当对方用左手攻我，我用左穿花向其反击后，可再用马步右立切掌向其攻击。左穿花攻防用法可参照前面基本功部分的"2.穿花手C2"中的"A.左穿花攻防用法"。（2）当对方用左手攻我，我可用内刁勾手先做掌心朝里掌尖朝上，利用朝向内侧的左掌沿粘封住其左攻手腕臂内侧，然后随着我身左转使左掌指向内、向下刁勾住其左攻手腕臂外侧并向我左外侧后下方引带化开，这时我在其身左外侧同时上右扣步成马步封其脚或插裆，同时用右侧立掌击其左胸腋或头。或者我用外刁勾手，先左掌心朝前掌尖朝上，我左掌沿粘封住其左攻手腕臂外侧，然后随身左转左掌指向外、向下刁勾住其左攻手腕臂并向我左外侧后下方引带化开，这时我在其身左外侧同时上马步封其脚或插裆，同时用右侧立掌击其左胸腋或头。如果对方左脚在前面，我上右扣脚封住其左脚外侧，同时我左掌通过向外的绞滚劲击其胸，使其向后跌倒，这称为"右进马勾格"。如果对方用右手攻我，我用前面介绍的方法走其身内侧，同时用右侧立掌击其胸或头。

11. 右挖手蹬脚（马步右侧刁挖手右脚蹬地）（向南C，踩A1、A2点）

马步右侧刁挖手右脚蹬地（照片11）：原左勾手仍置左膝外侧。原右侧立掌变成刁勾手在身右侧从上向下→向后→向右膝外侧劈击刁挖，同时右脚稍提起并且右膝稍上顶后右脚向下轻蹬地。最后定势是马步，右勾手勾尖朝后和置左膝外侧并勾尖朝后的左勾手成对称状，眼观右勾手前的南C方向。

攻防用法：当对方用手从我正面或右侧抱住我右腿时，我用刁勾手向下劈挖其手臂或头，同时右脚底踩蹬其脚背或脚脖子。或者我右掌向下按压或劈压其头，同时右膝上顶撞击其胸、脸。

12. 右绞手左箭拳（右绞手右拗弓步冲拳）（向南C，踩A1、A2点）

（1）马步右绞手（照片12-1）：原马步不变，原左膝外侧的左勾手变拳抱腰，同时原右膝外侧的右勾手变掌做右绞手向右侧外绞成右侧立掌，眼观右侧立掌前。

（2）右拗弓步冲拳（照片12-2）：原右侧立掌随身继续右转抓成拳并顺拧转回收抱腰，同时随转原马步重心右移成右弓步，同时原抱腰的左拳

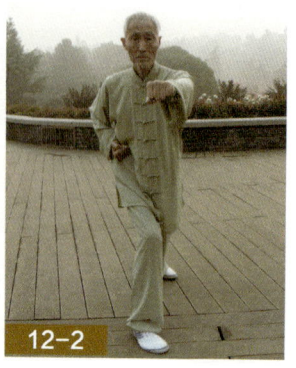

向前约齐胸高处的南C方向冲出成俯拳,眼观左俯拳前。

攻防用法:可参照前面动作7"右绞手左箭拳"的攻防用法。

13. 左绞手右退马平拳(左绞手右退步马步右冲拳)(向南C,两脚由原踩A1、A2点变成踩A1、B1点)

(1)左绞手身后下沉坐(照片13-1):原右拳仍抱腰,身体后下沉坐使左后腿由原伸直变成弯曲,左后脚着地;同时原前冲的左俯拳变掌回收身前向前南C方向做绞手成左侧立掌并身稍左转,眼观左侧立掌前。

(2)右退步马步右冲拳(照片13-2):右脚后退到B1点成横马步,同时原左侧立掌抓成拳并逆拧转回收抱腰并身继续稍左转,同时原抱腰的右拳向前约齐胸高处的南C方向冲出成俯拳,右俯拳对鼻尖中心线,眼观右俯拳前。

攻防用法:当对方用左手或者右手向我凶猛攻来时,我右脚后退一步成横马步卸其力,同时我左绞手防开其左攻手或者右攻手,或者我再抓住其左腕臂或者右腕臂逆拧缠并回拉引直其臂实施反关节,同时用右俯拳在其身左外侧或者身内侧击其左胸腋

和头，或者胸和头。

（三）第三节（14.右绞手左八字拳→20.收势）

14. 右绞手左八字拳（右绞手右弓步身左侧左冲拳）（向南C，踩A1、B1点）

（1）马步右绞手（照片14-1）。（2）右拗弓步身左侧左冲拳（照片14-2）。这里的"马步右绞手"是从前一势的"退步马步右冲拳"变化过来的；而前面动作9"左绞手右八字拳"的（1）"马步左绞手"是从前一势的"左仆步横劈掌"变化过来的，这是它们的不同。其他动作文字说明及其所有攻防用法可参照动作9"左绞手右八字拳"做动作的同形异侧推理。

15. 右手穿梭左进马勾格（右穿花左进步勾格）（向南C，两脚由原踩A1、B1点变成踩B1、B2点）

（1）右穿花转脚松后腿（照片15-1，15-2）。（2）上左步马步勾格（照片15-3，15-4）。动作文字说明及攻防用法可参照前面动作10"左手穿梭

125

右进马勾格"做动作的同形异侧推理。

16. 左刁手蹬脚（马步左侧刁挖手左脚蹬地）（向南C，踩B1、B2点）

马步左侧刁挖手左脚蹬地（照片16）。动作文字说明及攻防用法可参照前面动作11"右挖手蹬脚"做动作的同形异侧推理。

17. 左绞手右箭拳（左绞手左拗弓步冲拳）（向南C，踩B1、B2点）

（1）马步左绞手（照片17-1）。（2）左拗弓步冲拳（照片17-2）。动作文字说明及攻防用法可参照前面动作12"右绞手左箭拳"做动作的同形异侧推理。

18. 右绞手左退马平拳（右绞手左退步马步左冲拳）（向南C，两脚由原踩B1、B2点变成踩A1、B1点）

（1）右绞手身后下沉坐（照片18-1）。（2）左退步马步左冲拳（照片18-2）。动作文字说明及攻防用法可参照动作13"左绞手右退马平拳"做动作的同形异侧推理。

19. 平马靠手（马步前靠掌）（向南C，踩A1、B1点）

马步前靠掌（照片19）：原马步不变，原胸前向前冲的左俯拳变掌并稍回收成掌沿前挺的侧立掌，同时原抱腰的右拳变掌并向前推切成侧立掌和左掌相合成靠掌（同动作4"平马靠手"的靠掌），两掌背相贴靠，左掌在前右掌在后，两掌沿前挺，两合掌尖约齐鼻尖高，眼观两靠掌前。也可先把冲胸前的左俯拳回收抱腰成马步两拳抱腰，然后两抱腰的拳变成掌向前合推切成马步前靠掌。

攻防用法：同动作4"平马靠手"。

备注：到动作19平马靠手为十字拳套路结束。如果想周而复始地练习有两种方法：（1）由动作18的"右绞手左退马平拳"再回复到动作9"左绞手右八字拳"开始练，到动作18"右绞手左退马平拳"共10个动作周而复始循环。（2）由动作18"右绞手左退马平拳"一直回复到动作5"左绞手右箭拳"开始练，到动作18"右绞手左退马平拳"共14个动作周而复始循环。各人按自己身体状况选用。练完后做后面动作20"收势"。

20. 收势（向南C，两脚由原踩A1、B1点变成踩C1点）

（1）马步两拳抱腰（20-1）：原马步不变，原前推的两靠掌变拳回收抱腰，两眼向前平视。（2）开步起立（照片20-2）：两拳仍抱腰，身体以原马步距离起立，两眼向前平视。（3）两掌下放（照片20-3）：原开步不变，原抱腰的两拳变掌下放，两掌心朝里并虚贴两大腿外侧，两眼向前平视。（4）并步站立（照片20-4）：两脚向中间C1跳拢成并步站立，或者两脚向中间C1点先后移动成并步站立势，两眼向前平视。

练步拳

一、练步拳的历史源流

练步拳的历史比较古老，相传产生于距今 1500 多年的中国南北朝的北魏时期（公元 386 年～534 年）。又传印度和尚达摩"一苇渡江"来到河南嵩山少林寺创立了十八罗汉手。以后十八罗汉手又演变为一百七十三手，继而又演变为龙、虎、豹、蛇、鹤五拳。练步拳即为龙拳。如今由于时代的发展变化，龙拳已成为过去的名词，以后更名为练步拳。龙即为无穷之意，练步即为练神练骨由此起步之意。练步拳招式古朴简练，简而明，精而约，朴实无华。这套练步拳据奚诚甫老师讲是他从一位四川来的和尚处所学得的。这位和尚练练步拳中的"枪掌"是把掌用毒药炒过，打擂台时对方被带毒之掌刺擦的部位就会糜烂。和尚打擂时走骑龙步，两掌来回穿刺（来回穿刺时防中有攻，攻中有防），动作简单，出神入化。这套练步拳属于上海精武门。还有在 1929 年由国民党第二战区司令张之江将军创办的中央国术馆中把练步拳作为必修的基本拳。这两种练步拳在套路动作招式结构上大同小异。

二、练步拳歌谱

怀抱太极平心掌，断肘触拳连枪掌。

反擒子午盖肘还，挂肘子午加枪掌。

边锤断肘暗地藏，进步鸳鸯中门枪。

拦肘撩阴盖肘还，上步架封又抢掌。

拦肘封门又大闭，上步架封单边掌。

滚肘顶肘双披挂，双推转身又撩阴。

退步斗拳架封进，上步架封勾绊脚。

架封退步分左右，双推太极复归真。

三、练步拳套路动作说明及拳照

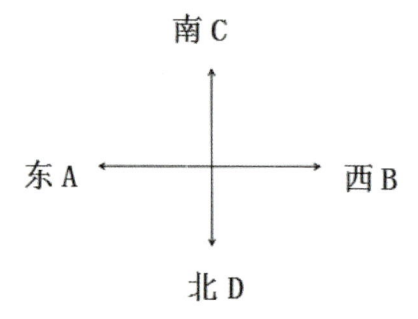

```
        南 C
         ↑
         |
东 A ←———+———→ 西 B
         |
         ↓
        北 D
```

（一）第一节（1. 预备势 → 10. 封门）

1. 预备势（南 C → 东 A）

（1）并步站立（照片 1-1）：并步站立，两眼向前南 C 处平视。

（2）左转并步站立（照片 1-2）：向左转 90°并步站立，使身体朝向东 A，两眼向前平视。

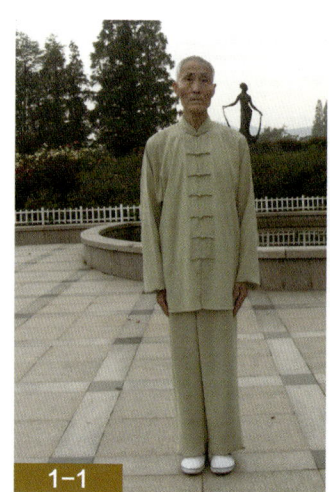

2. 太极势（平行步站立上下分挂拦刺）（东A）

（1）平行步站立右绞手（照片2-1）：左脚向左侧迈出半步使两脚外沿约齐肩宽成平行步站立，同时左掌向上收左腰侧抱腰，同时右掌向上向身前做绞手成右侧立掌，眼观右侧立掌前。

（2）两掌上下分挂拦刺（照片2-2）：原平行步站立不变，原右侧立掌以弧形向下向左运动并同时顺拧转至裆前，右掌心朝外，右掌尖朝下，右掌沿挺向左侧；同时原抱腰的左掌成侧掌向上向前斜刺于对鼻尖高，两掌成上下分挂形，眼观左侧掌前。

攻防用法：（1）我用右绞手防开并粘封住对方的左攻手或者右攻手，并将其腕臂向我左下牵引，同时我用左掌尖在其身左外侧刺其脖子左侧或左太阳穴，或者在其身内侧刺其喉、眼。或者将其攻手向左下引带后我上右步并左侧身利用我身右侧面向其撞靠使其向后跌出。（2）对方用手攻我胸时，我用左掌将其攻手向我右侧拦拨开，同时我右仰掌在下刺其腹。如果对方用拳或腿攻我裆腹部，我用右掌沿在下将其攻势向我左侧拦拨开并上右步，同时用左掌在上刺其喉、眼、脖侧及太阳穴，或者用身右侧面向其撞靠。

3. 平心掌（上步左弓步直刺、平切掌）（北D）

（1）上步马步压掌（照片3-1）：原平行步之左脚向左侧北D方向迈开半步成马步，同时原身前左侧掌向身左侧约齐胸高处翻压成仰掌，左掌尖朝北

D，原右掌可仍置于裆前，也可收右腰侧抱腰，眼观左仰掌前。

（2）左弓步压刺掌（照片3-2）：重心移左脚同时身左转成左弓步，同时原左仰掌向右下压成俯掌横胸前，同时右仰掌经过左横俯掌掌背上方向前约齐胸高处直刺，眼观右仰掌掌尖前。

（3）左弓步左平切掌（照片3-3）：原左弓步不变，原右仰掌回收变拳抱腰，同时原胸前左横俯掌以左掌沿前挺向前约齐胸高处平切，眼观左平切掌前。

攻防用法：（1）这个动作主要走对方内侧。当对方用右手攻我，我用左掌将其右攻手向我左外侧翻压，或者用左俯掌横压开其右攻手，同时上左弓步，同时用右仰掌直刺其心窝后再用左平切掌切打其心窝。（2）或者我用左掌或仰或俯防开对方右攻手后，对方复用左手攻我，我右仰掌臂从其左攻手臂外侧上方压擦而进防开并同时上左弓步，同时右仰掌向前直刺其心窝后再用左平切掌切其心窝。

4. 翻身断肘（翻身右虚步拐臂）（南C）

翻身右虚步拐臂（照片4）：身右后转并原弓步之右后脚收回半步成右虚步，同时以左脚为支撑脚并以左脚跟为轴脚尖尽量内扣来帮助右后转身向南C方向，同时随转原抱腰的右拳臂向上向右拐拨，同时原身前左平切掌回收成侧立掌并以掌心朝里护右拐臂的小臂近腕处，眼观右拳前。

攻防用法：（1）当对方从我身后用右手抓住我右肩，我用左手按住其右手背使其不能脱离，同时身右后转，同时用右拐臂之小臂封住其右肘，利用右转之别劲，伤断其臂。（2）利用右后转身之拐臂整体劲击伤其攻来之右臂并防开。

5. 触拳（右弓步拨掌冲拳）（南C）

上步右弓步冲拳（照片5，5a）：原右虚步上前成右弓步，同时原右拐臂拳向前约齐胸高处冲出成立拳，左侧立掌仍护右小臂近腕处，眼观右立拳前。

攻防用法：（1）和前一式连用，当我用前一式虚步拐臂别开或防开对

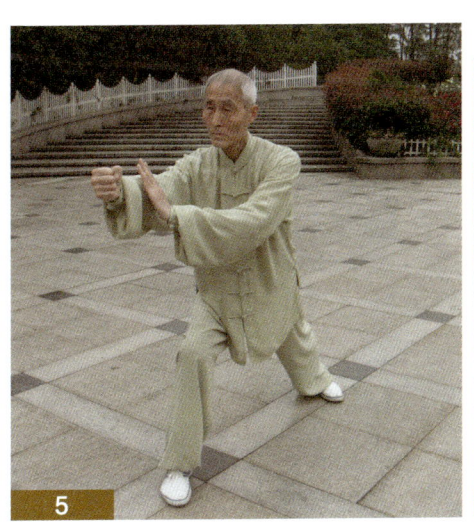

方攻手后即刻上右弓步并用右冲拳向其攻击。（2）我用左侧掌向左外侧或向右内侧拨开对方进攻的手，同时上右弓步并用右冲拳向其攻击。

6. 上步枪掌（上步左弓步直刺、平切掌）（东Ａ）

（1）上步左弓步压刺掌（照片6-1）：左脚向身左侧东Ａ方向迈出成左弓步，同时原左侧立掌向右下压成俯掌横胸前，同时原右立拳变成仰掌并收回胸前从左横掌掌背上方经过向前约齐胸高处直刺，眼观右仰掌掌尖前。

（2）左弓步左平切掌（照片6-2）：文字说明可参照前面动作3"平心掌"之（3）"左弓步左平切掌"的文字说明。

攻防用法：可参照前面动作3"平心掌"的攻防用法。

7. 反擒子午（上步左拐肘右弓步冲拳）（东Ａ）

左八字步左拐肘（照片7-1）：右拳仍抱腰，原左弓步的左脚回收半步并绕迈成八字步，同时身左转，同时原左平切掌变拳回收并同时向上左拐臂于左耳前侧，左拳心向后，左拳面约齐眉高，左肘朝下，

眼观左拐臂前。

（2）上步右弓步冲拳（照片7-2，7-2a）：右脚上步成右弓步，同时原抱腰的右拳向前约齐胸高处冲出成俯拳，眼观右俯拳前。

攻防作用：（1）我用左八字步、左转身、左拐臂防开对方攻来之左手或者右手，上右弓步同时用右俯拳在其身左外侧击其左胸腋或头，或者在其身内侧击其胸或头。（2）如果我在其身内侧用左拐臂防开其右手进攻，其复用左攻手攻我胸或头时，我右拳小臂从其左臂外侧或内侧擦防开，同时我右俯拳向前击其胸或头，这样使我右拳臂攻中有防。

8.退步盖肘（退步左虚步盖掌）（东A）

（1）搭腕（照片8-1）：原前冲的右拳稍回收，同时左俯掌按压并抓住右腕臂，同时右掌向外绞成侧立掌，同时重心稍后坐为退步做准备，眼观两手前。

（2）右手缠抓（照片8-2）：原右侧立掌抓成拳并同时顺拧转成拳心朝上，眼观两手前。

（3）退步左虚步盖掌（照片8-3）：

右脚退左脚后并使右脚承重成左虚步，同时原右仰掌回收抱腰，同时原左掌成切掌并掌沿前挺从身前要回收抱腰的右仰拳上粘擦而过向身前下切盖置左虚步的左膝前，眼观左切盖掌前。

攻防用法：（1）当我右手攻对方被其右手绞抓住时，我用左掌按住其右手背使其不能脱离，同时我右掌向外绞抓住其右腕臂顺拧缠并回收抱腰引直其右臂，同时我左掌按住其右肘下压，同时我右脚退左脚后成左虚步，将其牵引向前跌扑。（2）当对方用右手攻我，我也可用此法，用右手抓住其右腕臂，同时左掌按压其右肘，把对方向前牵引使其向前跌扑。（3）我也可左掌下切防对方攻腿和攻我裆腹部的攻手，并用向后退步来卸其进攻之力。

9. 挂肘子午（上步左拐肘右弓步冲拳）（东A）

（1）左八字步左拐肘（照片9-1）。（2）上步右弓步冲拳（照片9-2）。动作文字说明和攻防用法可

参照前面动作 7. "反擒子午"的文字说明和攻防用法。

10. 封门（上步马步压臂）（东A）

（1）右八字步右绞手（照片10-1）：原左拐臂拳回收抱腰，同时原右弓步之右脚回收半步并绕迈成八字步，同时原右冲拳变掌回收身前左绞手成右侧立掌，同时身右转，眼观右侧立掌前。（2）上步马步压臂（照片10-2）：左脚以扣步上前成马步，同时右侧立掌抓拳顺拧缠并回收抱腰，同时原抱腰的左拳臂以拳心朝下并以自左向右打横勾拳的形式向前上向右下压于左胸下方，眼观左俯拳外侧。

备注：做动作（1）的右绞手时，我原左拐臂也可不变，到分动作（2）时直接向前下压臂。

攻防用法：当对方用右手攻我时，我右侧身右八字步并用右绞手抓住其右腕臂回拉牵引，我在其身右外侧上左扣步成马步，同时我右横勾拳击其头后顺势下压其右肘臂使其下跌扑。

（二）第二节（11. 枪掌→20. 上步架封）

11. 枪掌（左拗弓步直刺掌）（东A）

左拗弓步直刺掌（照片11）：原左

压臂拳仍横胸前，原马步重心左移并身左转成左弓步，同时原抱腰的右拳变掌经过左压臂的腕臂背上方穿过向前直刺成侧掌，眼观右侧掌掌尖前。

攻防用法：（1）和前面动作10"封门"可连用，当我两手抓压住对方右臂后即刻用右掌刺其头脸部。（2）我用左横臂向下压拦开对方攻手，同时用右侧掌刺其胸、喉，或头脸部。

12. 边锤（左弓步横甩拳）（二郎担山）（东A）

左弓步贯拳（照片12）：原左弓步不变，原右刺掌变拳回收并向身后下方约齐胯高处横甩击，同时原左压臂的左拳向身前左上侧约齐头高处横甩击，两拳心朝右，两拳臂前高后低成一条斜直线成二郎担山势，眼观左甩拳前。

攻防用法：当我用前一式11"枪掌"用右掌刺其胸、喉，或头脸部后，即刻右掌回收，同时用左横甩拳击其头。或我右枪掌被对方手抓住，我右手回拉，同时左横甩拳击其头。两拳前后拉分甩击力大。

13. 进、发、上步断肘（左箭步侧闪、左八字步左绞手，上步右弓步劈拳）（东A北D）

（1）左箭步侧闪（照片13）：右脚向身右侧迈步成曲膝成弓形并身向右后侧稍倾斜并右侧身，同时原左弓形腿自然伸直成左箭步，同时原向身后

甩出的右拳回收抱腰，同时原向前上甩出的左拳臂向下伸落到左腿前上方成左箭步右侧闪，眼观左侧前的东A北D方向。左箭步侧闪民间称"仙人侧影"，它以闪为进，所以在这个动作中称其为"进"。

（2）左八字步左绞手（照片14）：右拳仍抱腰，左脚收回半步并绕迈成八字步，同时原左伸拳变掌并回收在身前做左绞手成侧立掌，眼观左侧立掌前的东A、北D方向。这个动作中左绞手称为"发"，不但可以防守，也可用绞出的侧立掌攻击对方。

（3）上步右弓步劈拳（照片15）：右脚向前面的东A、北D方向上步成右弓步，同时原抱腰的右拳离开腰并以右拳臂向前、向上、向左侧斜下方劈打，同时原左侧立掌变成仰掌并用掌心在下面接托右小臂前部，眼观右拳前。

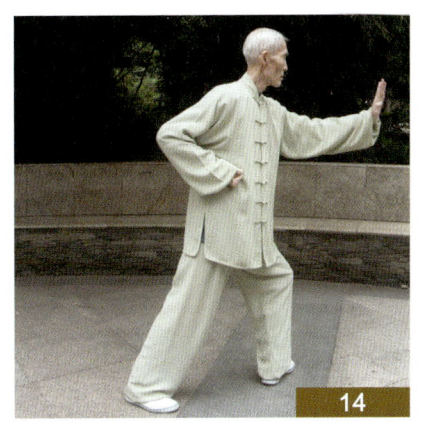

攻防用法：（1）当对方用左手攻我，我身右转并右脚向右后侧移成左侧闪步在其身内侧让开其攻势；然后我即刻左脚绕迈成八字步时左绞手，这时我从其身内侧转到其身左外侧防开其左攻手，我上右弓步，同时用右拳臂劈打其左肘臂、头，或者颈部。（2）当对方用右手攻我，我用左侧闪、左八字步、左绞手从其身右外侧转入其身内侧，并用右拳臂劈打其头、颈，或者肩井穴。

注意：在这里腰转了两次，从其身内侧转到外侧，或从其身外侧转到内侧。这种步法身法在武术攻防中很重要。

14.鸳鸯掌（上步马步鸳鸯推切掌）（东A）

（1）右八字步左右分切掌（照片16-1）：原右弓步的右脚稍收回并绕迈成八字步同时右转身，同时原劈拳中的两手变成俯掌并使掌沿外挺向左右两侧前切分，眼观两分切掌前。

（2）上左踮步交叉掌（照片16-2）：左脚上前成脚前掌踮地，同时原两分切掌回收交叉于胸前，使左掌在外右掌在内，两掌心朝里，眼观两交叉掌前。

（3）马步鸳鸯掌（照片16-3）：原左踮脚稍上前着地成马步，同时在左转身中两交叉掌向外转成侧立掌向前推切，左掌在前右掌在后，左侧立掌掌尖约对鼻尖高，在后面的右侧立掌置左臂内侧的左肘窝边，眼观左侧立掌前。利用左脚上步着地和身左转及两掌向外转推来帮助发力。

攻防用法：（1）当对方用左手或右手攻来，我右侧掌可利用掌心或掌背向左或向右拦拨其攻势，同时上左步成马步，同时用左侧立掌推切其胸或头及胸胁。（2）当对方用两手推击我胸，我两掌将其两攻手向外稍分开后抓住其两腕臂后，我左手逆拧缠，同时右手顺拧缠，对其实施反关节后我两手交叉（我左手在前右手在后）将其两臂向上提起，同时我上左步成马步将其向前掷出，也可同时用我身左侧向其靠击。

15. 中门手（上步右弓步压刺掌）（东A）

（1）左八字步左压掌（照片17-1）：原马步左脚稍收回并绕迈成八字步并身左转，同时原左侧立掌稍回收并向胸前下压成俯掌横于胸前，同时原右侧立掌回收抱腰，眼观左俯掌前。

（2）上步右弓步直刺掌（照片17-2）：右脚上步成右弓步，同时原抱腰的右仰掌向前经过左俯掌上方向前平直刺，眼观右仰掌掌尖前。

攻防用法：对方右手攻我，我左俯掌向下压拦其右攻手，同时上右弓步进入其身内侧（即中门），同时用右仰掌直刺其胸、喉、眼。如果其左手攻来，我用这个动作的反式攻其中门。

16. 击、枪掌（左独立上独掌，右弓步压刺掌）（东A）

（1）左独立上托掌（照片18）：以左腿为支撑腿，右膝提起成左独立步，同时原前刺的右侧掌变拳回收抱腰，同时原横于胸前的左俯掌随着右拳回收抱腰使左掌背顺着右臂下方向前上方捋擦而过成向前上架托置头前上方，左掌沿朝上，眼观前方。

（2）右弓步压刺掌（照片19）：原右提膝向前落步成右弓步，同时原上托掌向下沉压成俯掌横置胸前，同时原抱腰的右拳成仰掌并经过左俯掌上方向前约齐胸高处刺出，眼观右仰掌掌尖前。

攻防用法：（1）当我右手攻对方被其任何一手所抓，同时其用另一手攻我，我用右手回收同时左手从右臂下向前上捋托，使对方肘腕关节受到向上托制，如其不放手必将拔根失势而放手。我右提膝护裆可防其同时用腿攻我，同时我身体直立起可增加我左掌上托架的高度，增强对其关节向上托制强度。（2）将其托制后，我上右左步，同时左俯掌压防其攻手，同时右仰掌刺其胸、喉、眼。

17. 拦肘，击发（右拗弓步上托掌，马步架打）（东A）

（1）右拗弓步上托掌（照片20）：原右弓步不变，原右仰刺掌回收变拳抱腰，同时原横于胸前的左俯掌随着右仰掌变拳回收使左掌背顺着右臂下方向前上方捋擦而过成向前上架托置头前上方，左掌沿朝上，眼观前方。

（2）马步架打（照片21）：身左转，同时原右弓步成马步，同时原左上托掌仍扬头上，同时随左转原抱腰的右拳向前约齐胸高处冲出成俯拳，眼观右俯拳前。

攻防用法：（1）"右拗弓步上托掌"攻防用法可参照前面16"击、枪掌"的攻防动作（1），只是这里右膝不提起。（2）当我用右托掌防开其对方攻我较高攻势或者向对方实施托制使其拔根失势后，我即刻身左转成马步

并用时用右俯拳击其胸、头，或者胸胁。（3）当对方用直拳击我头，或者用右横勾拳击我太阳穴时，我左侧身并左掌上托防开，同时用右俯拳击其胸、头，或者胸胁。

18. 转身撩阴（转身左拗弓步撩掌）（西 B）

转身左拗弓步撩掌（照片22）：身体左转，原马步变成左弓步，同时原身前右俯拳变成虎爪手并随身左转向前下方撩击，同时原上托掌向前下方压落成俯掌横置右小臂上方，同时身体稍前探，眼观右虎爪手前。

攻防用法：用虎爪手撩击对方裆腹部，或抓捏对方下阴。注意不可乱用。

19. 退步盖肘（退步左虚步盖掌）（西 B）

退步左虚步盖掌（照片23）：原向前下方撩击的右虎爪手变拳回收抱腰，同时原置右小臂上方的左俯掌向前下切出，同时重心后移右脚承重并使原左弓步的左脚收回半步成左虚步，眼观置左膝前的左切掌前。

攻防用法：（1）用右虎爪手抓住其下阴回拉，并用重心后移左掌向前下

切来增加拉拆力。（2）用右虎爪手撩击对方裆部，再用左掌向前下切打其腹部。（3）用左掌下切防对方向我的攻腿和攻我裆腹部的攻手，并用向后退步来卸其进攻之力。

20. 上步架封（上步右弓步劈拳）（西B）

（1）左八字步左绞手（照片24-1）：右拳仍抱腰，原左虚步绕迈成八字步，同时左绞手，眼观左侧立掌前。

（2）上步右弓步劈拳（照片24-2）：右脚上步成右弓步，同时原抱腰的右拳离开腰并以右拳臂向前向上向左侧斜下劈打，同时原左侧立掌变成仰掌并用掌心在下面接托右小臂前部，眼观右拳前。

攻防用法：当对方用左手攻我，我用左八字步左绞手侧身让开并防开其左攻手后，即刻上右弓步，同时用右拳臂在其左外侧劈打其左肘臂，或者头，或者颈部。如果其右手攻我，我防开其右攻手后在其身内侧用右拳臂劈打其头、颈，或者肩井穴。

（三）第三节（21.反擒迎封→30.转身右马双下掌）

21. 反擒迎封（左独立上托掌）（西B）

左独立上托掌（照片25）。文字说明可

参照前面动作 16"击、枪掌"的文字说明（1）"左独立上托掌"，攻防用法仍参照动作 16"击、枪掌"的攻防用法（1）。

22. 封门枪掌（右弓步压刺掌）（西 B）

（1）右弓步压掌（照片 26-1）。（2）右弓步刺掌（照片 26-2）。文字说明可参照前面动作 16"击、枪掌"的文字说明（2）"右弓步压刺掌"。

（2）右弓步压刺掌，攻防用法仍参照动作 16"击、枪掌"的攻防用法（2）。

23. 拦肘、击发（右拗弓步上托掌，马步架打）（西 B）

（1）右拗弓步上托掌（照片 27-1）。（2）马步架打（照片 27-2）。文字说明和攻防用法可参照前面动作 17"拦肘、击发"的文字说明及攻防用法。

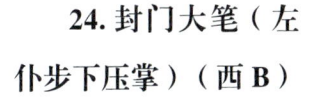

24. 封门大笔（左仆步下压掌）（西 B）

（1）右八字步右绞手（照片 28-1）：原左上托掌变拳抱腰，原马步右脚绕迈成八字步，同时原右俯拳变掌回收并做右绞手，眼观右侧立掌前。

（2）左仆步下压掌（照片28-2，28-2a）：左脚向前扣脚上步，同时右腿曲膝全蹲成左仆步，同时原右侧立掌抓成拳向下牵拉于右腹前下，右拳心朝里，同时原抱腰的左拳变成侧掌并以掌沿下挺出为力点向前、向下、稍回引下沉压切于左大腿近膝内侧，眼观左侧掌前。

攻防用法：当对方用右手攻我，我用右八字步、右绞手让开并在其右外侧绞抓住其右腕臂，同时我左掌封切压其右肘，同时我上左步下蹲成仆步，并将其向我右侧下牵引使其向前下跌扑。

25. 上步架封（上步右弓步劈拳）（西B）

（1）左八字步左绞手（照片29-1）。（2）上步右弓步劈拳（照片29-2）。起身先左脚收回半步并绕迈成八字步同时左绞手，其他文字说明

和攻防用法可参照前面动作20"上步架封"的文字说明（2）和攻防用法。

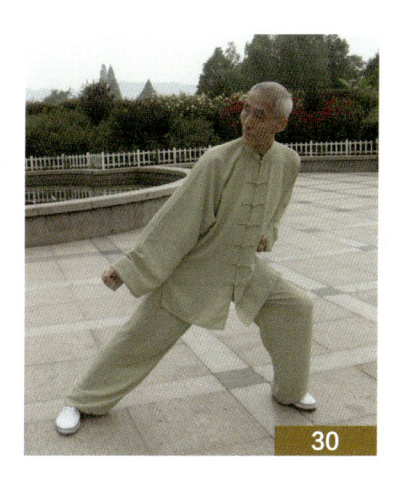

26.觉一避西（右箭步左侧闪）（西B）

右箭步侧闪（照片30）：原右弓步重心后移成左后腿曲膝成弓形，同时身左转，身体向左后侧稍斜倒，同时原弓步的右弓形腿随重心后移而自然伸直成右箭步并右脚内扣，同时原身前的左仰掌变拳回收抱腰，同时原身前右劈拳向下伸移到右腿前上方成右箭步左侧闪，眼观身右侧前方。

攻防用法：用右箭步侧闪来闪防开对方手的进攻，而向下伸移在右腿前上方的右伸臂也可对对方攻我的腿或裆腹部的手起闪格作用。

27.迎面掌（右拗弓步平劈掌）（西B）

（1）右绞手右侧移步（照片30-1）：左拳仍抱腰，原右伸臂拳变掌并回收身前做绞手，同时重心前移到右脚并右脚向右侧迈半步成右弓步，眼观右侧立掌前。

（2）右拗弓步平劈掌（照片30-2）：原右侧立掌抓拧成拳回收抱腰，同时原抱腰的左拳变成掌并向前向右约齐脖子高处平劈成仰掌，左仰掌掌

沿右挺，眼观左仰掌前。

备注：左掌向右前平劈时先掌心朝下然后快到目标时突然转成仰掌，利用滚劲增强劈击力。

攻防用法：当对方用手攻我，我右绞手防开其攻手后，或再抓住其腕臂顺拧缠并引直其臂，同时我右脚向右侧迈开半步成右弓步能帮助增加左掌劈击力。其右手攻我，我走了其右外侧；其左手攻我，我走了其内侧。

28. 滚肘、顶肘（左拗弓步滚肘，并步顶肘）（东A→西B）

左绞手（照片31-1）：右拳仍抱腰，右弓步先不动，左绞手成侧立掌，眼观左侧立掌前。

左拗弓步滚肘（照片31-2，31-2a）：原左绞手的侧立掌抓捏成拳并逆拧转成仰拳并向左胸前回拉，同时重心移左脚成左弓步并同时身左转，同时随动原抱腰的右拳仍以仰拳带动右小臂肘向胸前向左侧做弧形滚肘动作，使右仰拳置左仰拳边并两仰拳相对应，动作饱满，有外撑力，眼观两仰拳前。

并步顶肘（照片31-3）：原左弓步的左脚向右脚靠拢成并步，同时原右仰拳内旋成立拳或俯拳，同时原左仰拳变掌并以掌心按在右拳面上四指搭于右拳背上向前助推做右顶肘，不要耸肩，眼观右顶肘前。

攻防用法：（1）我用左绞手防开其左攻手并抓其左腕臂逆拧缠引直其左臂，同时我在其身左外侧用右拳臂封压其左肘并随身左转重心左移将其向我左侧牵引使其向前跌扑，如其为防前跌刻意回拉，我趁势用右肘顶击其左胸腋。我也可左手牵引其左臂，并在其身左外侧用右滚肘滚打其左腰侧及左胸腋。然后我右肘顶击其左胸腋。（2）如我左绞手防开其右攻手，我在其身内侧用右滚肘滚打其胸腹,然后用右肘顶击其胸或右胸腋。

29. 双挂掌（马步双挂掌）（西 B）

（1）右八字步右绞手（照片 32-1）：原助推右顶肘的左掌回收抱腰，同时原并步的右脚向前迈出半步并绕迈成八字步，同时右绞手并身右转，眼观右侧立掌前。

（2）交叉手（照片 32-2A，32-2B）：原右八字步先不动，原抱腰的左仰掌转掌向前上移护于左侧立掌下方或者上方，并以腕为接触点成交叉形，眼观交叉掌前方。

（3）马步双挂掌（照片 32-3，32-3a）：左脚扣脚上步成马步，同时原身前交叉手的左掌向左侧前下方搂切，两搂切掌分别置与其相对应的膝外侧，眼观左搂切掌。

攻防用法：（1）我用右绞手防开对方右攻手，并上左步成马步封其脚，我左掌原先无论是护左侧立掌上方还是下方，最后都是随上左步同时从左下侧搂切对方腰腹部。（2）当对方从正面用两手以双风贯耳势攻我头、胸，或者腰，我两手向上或者向下将其两攻手向左右稍分开后即刻向两下侧沉挂而解脱，然后可进攻。

30. 转身右马双下掌（转身右弓步双下刺推掌）（西B）

（1）转身右脚低扫踩（照片33-1）：原马步重心移左脚，随身右后转使左脚以脚跟为轴脚尖内扣顺拧转，同时右脚以扣脚并脚底约平行地面并离地约30厘米左右向身右后扫击180°后向下踩落，同时随右后转，原马步两挂掌先在身前稍回合后即刻随转向左右两侧前分开搂切，眼观身前。

（2）右弓步双下刺推掌（照片33-2，33-3）：重心前移右脚下踩成右弓步，同时原两左右分切掌成仰掌回收抱腰后即刻向前以齐腰高处向前刺推成侧掌，眼观两侧掌前方。

攻防用法：用右扣脚悬空低扫腿向身右后扫击对方小腿迎面骨、膝盖及小腿内外侧后，用右脚底及右外侧脚帮踩踏或踩切对方脚背及脚脖，使其脚背及脚脖受伤或脚不能收回，同时两搂切掌也可攻敌；再重心前移成右弓步，同时两侧掌掌尖向前刺击其两腰后，即刻两侧掌变曲并各自以四指向前侧

滑移到其腰两侧，顺势用掌心向前推击其腰。

（四）第四节（31.转身左马步撩阴掌→41.收势）

31.转身左马撩阴掌（转身左拗弓步撩掌）（东A）

（1）转身左弓步上托掌（照片34-1）：左后转身同时原右弓步重心移左脚成左弓步，同时左掌向上托架于头前上，左掌心朝前并掌沿上挺，同时原右掌置右胯侧并掌心朝前，眼观身前。

（2）左拗弓步撩掌（照片34-2）：左弓步不变，右掌变成虎爪手向前下方撩击，同时原上托掌向前下方压落成俯掌横置右小臂上方，同时身稍前探，眼观右虎爪手前。

攻防用法：我用左后转身左上托掌防开对方向我身后的攻手，同时用右

虎爪手撩击对方裆腹部，或抓捏对方下阴。

32. 退步斗拳（退步左虚步冲拳）（东A）

退步左虚步冲拳（照片35）：原左弓步重心移右后脚承重，同时左脚收回半步成左虚步，同时原右虎爪手变拳回收抱腰，同时原横右小臂上方的左俯掌变拳向前约齐胸高处冲出成俯拳，同时身右转，眼观左俯拳前。

攻防用法：（1）此式和前一式连用，当我右手撩击其裆后对方要做出反应，我即刻重心后移成左虚步同时左俯拳向其冲击，使自己退中寓攻。（2）当对方攻势很猛时，我用右拳在身前顺拧转并回收向右外侧翻压防开对方攻手，同时我重心后退成左虚步，同时用左俯拳击其胸、头或胸腋。

33. 上步架封（上步右弓步劈拳）（东A）

左八字步左绞手（照片36-1）。（2）上步右弓步劈拳（照片36-2）。动作文字说明和攻防用法可参照前面动作20"上步架封"的文字说明和攻防用法。

34. 上步架封（上步左弓步劈拳）（东A）

右八字步右绞手（照片37-1）。（2）上步左弓步劈拳（照片37-2）。原右弓步的右脚收回半步并绕迈成八字步，其他文字说明和攻防用法可参照前面动作20"上步架封"

的文字说明和攻防用法做动作的同形异侧推理。

35. 勾绊脚（勾手刺掌右踢脚）（东A）

左八字步交叉手（勾、掌）（照片38-1）：原左弓步的左脚稍回收并脚尖外撇45°成八字步，同时原在身前接托左小臂的右仰掌稍前移并逆转成掌尖朝下的勾手，同时原左臂拳变掌，两手以左掌在上右勾手在下并以手腕处相交成交叉手，眼观两交叉手前。（2）原两交叉手中左掌向前约齐胸高处直刺成侧掌，同时原右勾手向下向身后刁勾成勾尖朝上，同时右脚向前约齐裆腹或胸高处踢出，眼观左侧掌和右踢脚前（照片38-2）。

攻防用法：（1）用右刁勾手防开对方左攻手，我在其身内侧用右脚踢其裆、腹或胸。同时用左侧掌刺其胸、喉或脸、眼。如防开其右攻手，我在其身右外侧用右脚踢其腰腹或胸腋，同时用左侧掌刺其脖、脸、眼或太阳穴。（2）也可右脚稍低并扣脚向左前侧勾踢击绊其腿下部，并和两手配合。

36. 反擒行封（退步左拗弓步劈拳）（东A）

左绞手右退步（照片39-1）：原身后右勾手先不动，原右踢脚的右脚后退，同时原外撇的左脚以脚跟为轴脚尖内扣成左弓

步,同时原左刺掌回收身前做左绞手,眼观左侧立掌前。(2)左拗弓步劈拳(照片39-2):原身后右勾手变拳,以右拳臂向上向前向左侧斜下抡劈打,同时原左侧立掌变成仰掌并用掌心在下面接托右小臂前部,眼观右劈拳前。

攻防用法:当对方攻我的攻势很猛,我右脚退步卸其攻势,同时用左绞手防开其左攻手,那我在其左外侧用右拳臂劈打其左肘臂、头,或者颈部;如果防开其右攻手,我在其身内侧用右拳臂劈打其头、颈,或者肩井穴。

37. 反擒行封(退步右拗弓步劈拳)(东A)

右绞手左退步(照片40-1)。(2)右拗弓步劈拳(照片40-2)。文字说明和攻防用法可参照动作36"反擒行封"做动作的同形异侧推理。

38. 转身右马双下掌(转身右弓步双下刺推掌)(西B)

转身右脚低扫踩（照片41-1）。（2）右弓步双下刺推掌（照片41-2，41-3）。文字说明和攻防用法可参照前面动作30"转身右马双下掌"。

39. 转身左马双推掌（转身左弓步双推掌）（东A）

（1）转身左弓步双掌抱腰（照片42-1）：身左后转并重心移左脚成左弓步，同时原向前推刺的两侧掌回收抱腰，眼观身前。

（2）左弓步双推掌（照片42-2）：原抱腰的双掌向前约齐胸高处推切成侧立掌，眼观两侧立掌前。

攻防用法：（1）当对方从我身后用右手攻我，我左后转身用左掌防开其右攻手后即刻两掌向前推切其胸。如对方是用左手或两手从身后攻我，我左后转身用左掌粘住其左腕外侧右掌粘住其左肘部，或者我左掌粘住其左小臂外侧右掌粘住其左大臂肩背部，上左弓步两掌向前发劲将其推出。（2）当

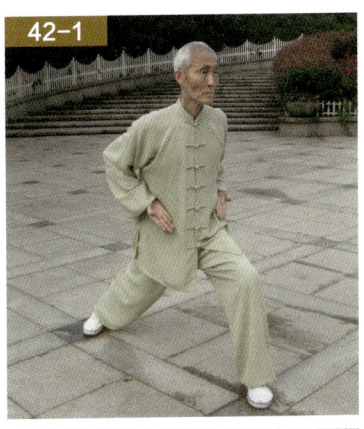

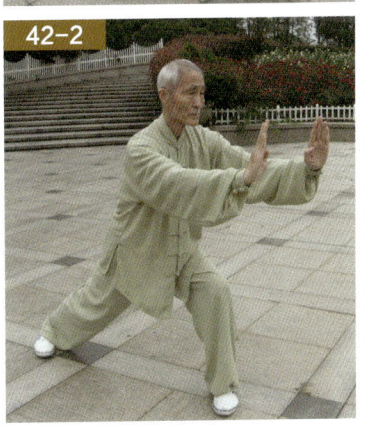

对方从正面用两手攻我胸，我用两臂内侧粘夹住其两手臂或者我两掌从其身内侧向外粘住其臂并稍向两侧分开，然后我沉肘两掌心稍向下按卸其力并上左弓步两掌向前推切其胸。当对方用单手攻我，我在其身内侧用一手防开其攻手后即刻上左弓步并用两掌向前推切其胸。

40. 太极势（平行步站立上下分挂拦刺）（东A）

（1）平行步站立右绞手（照片43-1）：原左弓步的左脚后退到右脚边成平行步站立，同时原前推的左侧立掌回收抱腰，同时原前推的右侧立掌回收身前做右绞手，眼观右侧立掌前。

（2）两掌上下分挂拦刺（照片43-2），文字说明可参照前面动作2"太极势"的分动作（2）"两掌上下分挂拦刺"。攻防用法可参照前面动作2"太极势"。

41. 收势（东A→南C）

（1）后退下分掌（照片44-1）：左脚退右脚后，同时两掌以掌心朝前并掌尖朝下向身后两侧下方摆移，眼观身前。

（2）并步上升掌（照片44-2）：右脚退左脚变成并步站立，同时两掌从两侧后下方向前向上弧形升起并向中间合拢至额前成两掌尖相对，并两掌心朝下。

（3）并步下对掌（照片44-3）：两掌以俯掌向下压于腹前并两掌尖相对。

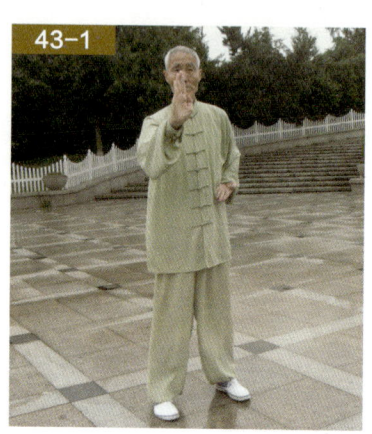

（4）并步站立（照片44-4）：两臂掌下垂挂，两掌心向内分别虚贴两大腿外侧。

（5）右转并步站立（照片44-5）：身右转90°并步站立，两眼向前南C方向平视。

杨家选

相传北京抗辽名将杨继业（杨老令公）做 60 大寿时，叫他的 7 个儿子把各自打擂台的动作选一些出来组编成一套拳供演练助兴，这套拳称为"杨家选"。杨家选共 57 式，每式有 7 个字一句的歌谱，每句歌谱皆说明该动作的攻防用法及攻击目标。歌谱编得非常流畅押韵、朗朗上口，稍花些精力背诵便能一气呵成脱口而出。有些词句还经过了后人的再创造，如动作 19 "武松脱铐右蹬脚"和动作 42 "武松打虎凭两拳"。从北宋前期抗辽到后期梁山好汉聚义之间相隔约 100 多年，可见杨家将抗辽时还没有梁山武松。歌谱经过了后人的再创造而不断完善。

杨家选系浙江宁波天童寺玉高法师于 1925 年传于奚诚甫老师的。1930 年奚诚甫老师在浙江省国术馆任教，将杨家选作为其主要的上课内容。在 20 世纪 80 年代，全国开展了一次大规模的传统武术的发掘抢救工作。当时国家委托李铁映抓这项工作。李铁映交给浙江的发掘任务中指出，杨家选和孙膑拳这两套拳不能漏掉，必须发掘出来。杨家选歌谱刊登在 1990 年 2 月的《杭州体育文史第三辑》上，后来又刊登在国家出版的《中国武术大全》上。那时在杭州市武术协会搞传统武术发掘的我的大师兄陈天申把杨家选歌谱改得面目全非了。当时他跟我说杨家选口诀他改了几句，我也没意识到问题的严重性，所以也没多过问。由于当时这种刊物出版量少，所以从别人手中辗转到我手里时已过了数年。当我看到原先整套拳的57句歌谱，他竟然改了50句，我只能仰天长叹。我相信他完全是出于一片好意，想把歌谱改得更好一些。但是他没有练过杨家选，所以对歌谱中词句的含义及攻防作用理解不深。如动作8和动作9原先是"青龙滚水海底月"和"海底捞月还桂宫"，但他改成了"青龙逐波入海底"和"顺势捞月还桂宫"；如动作12和动作13原先是"金鸡劈腿取会阴"和"金刀劈竹颈受伤"，但他改成了"独立提膝击会阴"和"金刀劈竹击头顶"；如动作24和动作25原先是"绞手撩阴齐门穴"和"勒马抽鞭立成王"，但被改成"梭手抓阴击气冲"和"扣缰抽鞭立为王"；如动作38和动作39原先是"魁星点月取会阴"和"魁星点月在阴前"，但被改成了"魁星笔斗扣长强"和"乘势冲击打气海"。被改的词句牛头不对马嘴，原先流畅押韵的词句改得很拗口，脱离了原先正确完整的意思表达，并且还出现在市级和国家出的刊物和书上，真是一个大错误。如今，我把它全部改正回来，正本清源，恢复它的本来面目，如果不改正回来，我就是不负责任了。

一、方位图

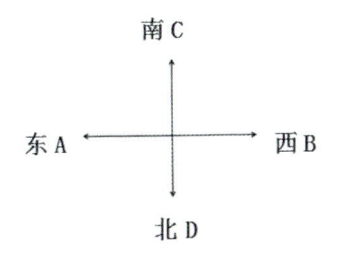

二、杨家选套路动作说明及拳照

（一）第一节（1.预备势→10.海底捞月还桂宫）

1. 预备势（南C）

并步站立（照片1）：并步站立，两眼向前平视。

2. 左右哼脚两边分（左虚步双后勾手）（南C）

（1）并步站立身前双叉掌（照片2-1）：并步站立，两掌分别同时从两大腿外侧向身前上以两腕相交合上托成交叉掌，两掌心朝内并左掌在前，两腕交合点约齐下颌高。（2）左虚步双后勾手（照片2-2，2-3）：原身前双叉掌先不变，身体稍下蹲，同时右脚稍提起离地。然后右脚向下轻蹬地哼脚并右腿曲膝承重，同时左脚上前以脚前掌内侧虚踮地成左虚步；同时身前原双叉掌转腕并同时分别由身前上方向下→向左右两侧后刁勾成勾手（勾尖朝上）。（3）左踢脚（照片2-4，2-4a）：左脚向前踢约裆腹高。

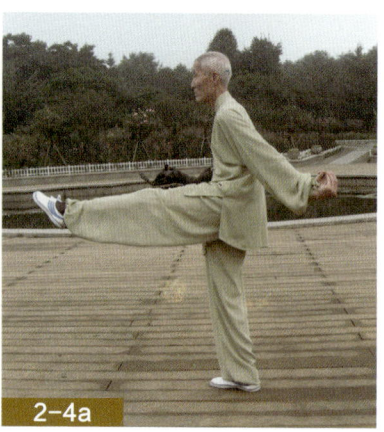

攻防用法：（1）用双叉掌向前上托打对方下颌使其后跌。（2）用双勾手向身左右两侧撩击两对方裆腹。（3）当对方从身后抱我腰，我速用右脚向下蹬击其脚背，同时用勾手向身后撩击其裆腹。（4）当对方用双手攻我胸，我两掌将其两攻手向左右两侧下分刁使其失势；同时用左脚向前踢其裆腹，如对方失势后身体前倾严重，我可用左膝向上撞击其裆腹或胸。如果其用一手攻来，我在其身内侧用一手分刁并左踢腿。如果我两手或一手被其所抓，我两手或一手向侧下分刁并左踢腿或左提膝向上撞击其裆、腹部、胸。

3. 金鸡啼头啄气口（双绞手并步站立合刺掌）（南C）

（1）上步双叉掌（照片3-1）：原左踢腿后左脚前落并重心前移，同时原双后勾手变掌并向身前由下向上成双叉掌，左掌在前，两掌心斜向异侧下方。（2）双分掌上步并步合刺掌（照片3-2，3-3，3-4）：原身前双叉掌分别同时从身前向两侧前上方→向下→向身内画弧成两掌抱腰，同时右后脚上前到左脚边成并步稍下蹲。然后身体起立成并步站立，同时两掌向前成合斜刺掌，左掌在前并两掌背相贴合，两掌尖向前上斜刺后即刻上挑。

攻防用法：（1）我上步进入对方身内侧用双合掌向前刺其咽喉。或者和前面动作2连用，我用左踢脚向其一扬使其注意力分散，然后即刻上步合掌刺其咽喉。（2）当对方用两手或一手向我攻来，我用两手或一手在其身内侧将其攻手向侧下化开后即刻上步用合掌向前刺其咽喉。（3）当我两手攻对方被其所抓，我在其身内侧用两掌分别粘搭住其两臂腕后分别同时向两侧下→向里合拢同时再向上提起，同时我两手转腕拧缠，使其拔根失势后我两手向前发劲将其掷出，或者合掌向前刺其咽喉。

4. 将军出马左右攻（左弓步左右侧平切掌）（东A←南C→西B）

（1）并蹲步左右分掌（照片4-1）：原并步站立成曲膝下蹲，同时原身前合刺掌的两掌向身前左右两侧分按成俯掌。（2）上步双掌内格（照片4-2）：左脚扣步上步并重心前移，右后腿松弯，同时原两俯掌转腕由两侧前向身前内侧内格成两掌心朝内。（3）左弓步左右侧平切掌（照片4-3）：左弓步，两掌转腕向两侧平切。

攻防用法：（1）用向左右两侧平切掌切打我两侧前对方的腰腹或胸。（2）当两人用手分别向我左右侧攻来，我双掌内格防开后即刻用平切掌向两侧切打其腰腹或胸。

5. 双龙抱珠裹肾腰（并步站立双绞手抱腰）（东A→南C←西B）

（1）上步两掌抱腰（照片5-1）：原左弓步左脚以脚跟为轴稍逆转使左脚尖稍向外撇朝向前面南C，同时右脚上前到左脚边成并蹲步，同时原左右两侧平切掌转腕回收抱腰。（2）并步站立双绞手抱腰（照片5-2，5-3）：起身成并步站立，同时两掌分别同时从两腰侧向两侧前做绞手后变拳抱腰。

攻防用法：当对方两人从我身两侧前用手攻来，我向两侧前用绞手防开并抓住其腕臂拧缠回拉使其失势。

6. 一字沉锤击西东（并步站立左右两侧冲拳）（东A←南C→西B）

并步站立左右两侧冲拳（照片6）：并步站立，两拳向身左右两侧冲出成立拳。

攻防用法：（1）和动作5"双龙抱珠裹肾腰"连用，当我向两侧绞手防开两对方攻手并拧缠其腕臂回拉使其失势后，即刻用两拳向内侧攻击。动作5和6也可单面用，如我用左手或右手绞开并拧缠对方腕臂并回拉使其失势后，我即刻上左弓步或右弓步，同时用左立拳或右立拳向其

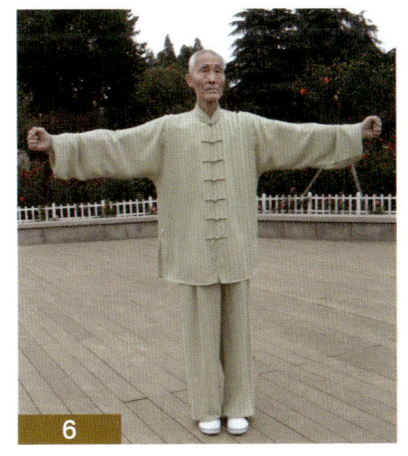

攻击。（2）我直接向左右两侧冲拳先发制人。

7. 双龙抱珠裹肾腰（并步站立双绞手抱腰）（东 A →南 C ←西 B）

并步站立双绞手抱腰（照片7-1，7-2，7-3）：仍并步站立，原左右两侧立拳变掌回收抱腰，然后两掌向左右两侧同时做绞手再变拳回收抱腰。

攻防用法：同动作5"双龙抱珠裹肾腰"。

8. 立马平锤透胸中（右弓步右冲拳）（西 B）

右弓步右冲拳（照片8）：左拳仍抱腰，右脚向身右侧西 B 方向上右弓步，同时右拳从右腰侧向前约齐胸高处冲出成立拳。

攻防用法：（1）我进入对方身体内侧，上右弓步并用右立拳击其胸。"透胸中"看来是应从对方身体内侧中门进入，俗称"抢中门"。（2）当对方用左手向我攻来，我用动作7"双龙抱珠裹肾腰"的右绞手在其身内侧拧缠其左腕臂并回拉使其失势后，即刻上右弓步并用右立拳击其胸、胸腹或心窝。（3）如果其右手攻来我也可用这个动作的反式，即在其身内侧用左绞手拧缠其右腕臂并回拉使其失势后，即刻上左弓步并用左立拳击其胸、胸腹或心窝。（4）也可用前面基本功部分的"其他手法C3"中的（9）"单手擦防进攻"，用我小臂拳将其攻手擦防开进攻。这样就将套路动作灵活运用了，做到死招活用。

9. 青龙滚水海底月（穴）（左提膝左捞手）（西B→东A）

（1）右虚步右绞掌（照片9-1）：原右弓步右脚收回半步成右虚步，同时原右立拳变掌收回身前做绞手成侧立掌。（2）左转身左手穿挒（照片9-2，9-3）：身左后转，同时原右虚步全脚着地，重心平分两脚，并随左右转身右脚以脚跟为轴脚尖内扣来帮助转身；同时原身前右侧立掌变拳并左掌臂从右小臂下方穿出并左掌心朝里随身左后转以左掌腕部贴右小臂外侧背面向左前侧挒击，同时右拳回收抱腰，同时左掌向左前侧转腕成侧立掌。这时不是马步，是个两脚平分重量的蹲式过渡步。（3）左提膝左捞手（照片9-4，9-5）：稍向下俯身，原左侧立掌在身左侧由上向下→向身内侧前下方→向身内侧前上方并转腕提起成刁勾手（勾尖朝上，同时左膝向上顶起成右独立步）。

165

攻防用法：（1）当对方用左手攻我，我身右转让开，同时在其身内侧用右掌缠抓拧旋并引直其臂，同时我左掌从其左腋肋下穿向左外侧并贴住其左背肩胛骨处(或者从左肘下穿出封其肘)，然后即刻身左转将其向我左后侧牵引使其失势，我用左膝上顶击其会阴穴，或下阴或腹部或胸部。（2）我用左侧立掌防开其手的进攻，用左手下捞上提成刁勾手能防开对方腿的进攻并将其腿向上提起，同时用我左膝向上顶击其会阴穴，或者下阴。（3）如果对方用右手攻来，我可以用这个动作的反式。或者我用前面（1）法将其右臂向我左后侧牵引，但我胸更应贴住其右臂防止其右肘顶我，将其牵引后同时用左膝向上顶击其尾闾或会阴穴。此方法不可乱用。

10. 海底捞月还桂宫（马步撩阴）（东 A）

（1）独立下劈（照片 10-1）：右拳仍抱腰，原右独立步不变，原身内侧的刁勾手变掌并转腕以掌沿朝下挺出顺左提膝外侧向下劈切。（2）马步撩阴（照片 10-2，10-3）：右拳仍抱腰，原左提膝的左脚落身左侧成马步，同时原左侧下方的左切掌在身左侧转腕由下向上→向左前上方→向左前下

方→向左后下方以弧形运动成虎爪手向左后下方抓击在马步左侧下方。

攻防用法：我用左掌向下或左侧后劈击以拦开对方向我攻来的手或腿，以及对方防我左撞膝的手后，即刻转腕成虎爪手向左侧下抓击其裆腹部。我也可用调整步位向其裆腹抓击。

（二）第二节（11.岱马出拳钻血海→20.双龙出海谁敢挡）

11. 岱马出拳钻血海（左拗弓步右冲拳）（东A）

（1）马步左绞手（照片11-1）：原马步不变，右拳仍抱腰，原左下侧虎爪手变掌转腕向身左侧做绞手成侧立掌。（2）左拗弓步右冲拳（照片11-2）：身左转成左弓步，同时原左侧立掌变拳回收抱腰，同时右拳从右腰侧向前约齐心窝高处冲出成俯拳。

攻防用法：此招民间称为"黑虎掏心"，转攻人心窝极凶险，不可乱用。当对方用右手攻我，我用左绞手防开或再逆缠抓回拉引直其右臂，同时我上左弓步在其身内侧同时用右俯拳向前击其心窝。如果对方用左手攻来，那么就用这个动作的反式。

12. 勒马抽鞭为英雄（左仆步压掌）（东A）

（1）左拗弓步右绞手（照片12-1）：原左弓步不变，原左拳仍抱腰，原身前右俯拳变掌回收做绞手成侧立掌。（2）左仆步压掌（照片12-2）：身体重心后移使右后腿曲膝全蹲成左仆步，同时原身前右侧立掌变拳并拳

心朝里回拉置腹前，同时原抱腰的左拳变掌并以掌沿朝下随右手回拉向下压切至左大腿内侧，两手间距约一小臂距离长。

攻防用法：当我右拳攻对方被其用手抓住，我右手反抓住其腕臂；或者当对方用右手攻来，我从其身右外侧用右绞手抓住其右腕臂；同时我用左掌掌沿封切其右肘部两手回拉并向下牵引，使其向前跌扑。如果对方用左手攻来，我用这个动作的反式在其左外侧做。但我用这个动作在其身左内侧也可用，我用右绞手抓住并顺缠其左腕臂同时我左掌封切其左肘弯部回拉牵引使其向前跌扑。

13. 金鸡劈腿取会阴（撩踢直劈掌）（东A）

（1）左八字步左绞手（照片13-1）：原左仆步重心前移并起身，左脚收回半步并绕迈成八字步，同时左掌做绞手成侧立掌，同时右拳回收抱腰。

（2）撩踢直劈掌（照片13-2）：原左绞手变拳回收抱腰，同时右脚向前撩

踢，同时原抱腰的右拳变掌并以掌沿朝下挺向前向下直劈后置裆前。

攻防用法：当对方用右手攻我，我左侧身左绞手在其身内侧防开，或者我左手再抓住并逆缠回拉引直其右腕臂，同时我右脚向前上撩踢其下阴，或者会阴穴，同时用右掌向前下直劈其头顶，或者其肩井穴。如果对方用左手攻我，那我可用这个动作的反式。

14. 金刀劈竹颈受伤（右拗弓步左平劈掌）（东A）

（1）马步右绞手（照片14-1）：左拳仍抱腰，原右踢脚向前扣步落地成马步，同时原右直劈掌向身右侧做右绞手。（2）右拗弓步平劈掌（照片14-2）：原右绞手变拳回收抱腰，同时重心前移成右弓步，同时身右转，同时原抱腰的左拳变成掌向前先以掌心朝下然后逆转成仰掌，并以左掌沿向右侧挺出以齐脖高向右前平劈。

攻防用法：当对方用左手或者右手向我攻来，我用右绞手防开，或再顺缠抓其腕臂回拉引直，同时上右弓步在其身左内侧或者右外侧用左掌掌沿平劈其脖子。

15. 拨云见日昏眼目（右弓步甩扎掌）（东A）

（1）左掌横压胸前（照片15-1）：右弓步不变，原左平劈掌转腕回收向下横压于胸前成俯掌，同时原抱腰的右拳变成散掌向前上移置左俯掌上方做准备。（2）

右弓步甩扎掌（照片15-2）：右弓步，原左俯掌上方的右散掌向前约齐头高处甩出弹抖劲（松甩），同时原横胸前的左俯掌向身左后侧约齐腰腹高处平切。

攻防用法：当对方用手攻来，我用左掌向内翻压防开，同时用右散掌向前用弹抖劲甩击其脸面或眼珠，同时左翻压掌向身左后侧平切一可助右掌向前的弹抖劲，二还可同时向身后攻击。

16. 金刀劈竹颈受伤（转身左拗弓步平劈掌）（西B）

（1）转身左箭步右侧闪（照片16-1）：身左转成左箭步，同时原身前右散掌变拳回收抱腰，同时原身后左平切掌转腕并使左掌臂直伸于左腿内侧上方成左箭步右侧闪。（2）左拗弓步右平切掌（照片16-2，16-3）：重心前移成左弓步，同时身左转，同时原左伸掌收回身前，左绞手变拳回收抱腰，同时原抱腰的右拳变成掌向前先以掌心朝下然后顺转成

仰掌，并以右掌沿向左侧挺出以齐脖子高向左前平劈。

攻防用法：（1）我用左箭步右侧闪让开对方攻手后即刻用左绞手防开或再逆缠抓其腕臂回拉引直，同时重心前移成左弓步，同时用右掌掌沿平劈其脖子。（2）我用左箭步右侧闪让过对方第一次攻手后，其又复用手第二次攻我，我即刻用左绞手防开或再逆缠抓其腕臂回拉引直，同时重心前移成左弓步，同时用右掌掌沿平劈其脖子。

17. 拨云见日昏眼目（左弓步甩扎掌）（西B）

（1）右掌横压胸前（照片17-1），（2）左弓步甩扎掌（照片17-2）。文字说明和攻防用法可参照前面动作15"拨云见日昏眼目"做动作的同形异侧推理。

18. 飞马渡江避灾殃（左穿花前转跳步，左歇步亮掌）（西B→东A）

（1）穿花跳步（照片18-1，18-2）：左脚用八字步向前西B方向跳出落地，右脚紧跟上并以扣步前落左脚前，右脚曲膝成弓形，同时身左转；同时两掌开始做左穿花，如同前面"基本功部分"中"左穿花"4个分动作，即（1）左手穿腋；（2）上下分穿；（3）上下掌转腕；（4）两掌绞顺弧，这

4个分动作做好后，左掌置右肩腋前，同时右掌置裆前成上下分挂形，并左侧身眼观身前东A处。做"穿花跳步"这个动作时，年轻、体力好的练习者可跳得高点远点。（2）歇步亮掌（照片18-3A，18-3B相机移动作身前）：左脚插右脚后下坐成歇步并身左转，同时原置右肩腋前的左掌向身左后下方搂刁成刁勾手（勾尖朝上），同时原置裆前的右掌在身前向右→向上→转腕向左弧形分掌升移置额前上成亮掌，右掌心朝前并掌沿朝上同时右掌尖有向左侧的刺意，眼观亮掌前方成左前方。也可以右俯掌横置两眉毛上方，又叫搭凉棚。意思是说两人对打到中午了，坐下歇歇并用右俯掌横置眉上方来遮住中午垂直晒下来的太阳光，故称搭凉棚。

备注：做歇步亮掌中右掌向右分升时，眼睛可以跟着右掌向右→向上→向左至额前上，也可以不跟右掌走，直接到右掌在额前定位成亮掌时，观亮掌前方或左前方，或亮掌掌尖左侧，不必去计较哪种对哪种错。眼睛跟右掌的每种跟法有它一定的攻防用法。具体可参考后面套路五黑龙大罗汉拳二路之动作51"左穿花转身左虚步亮掌"中眼睛跟或不跟右亮掌的不同攻防用法。

攻防用法：据传当对方人多时，我跳出对方圈子并同时用左穿花防格开对方进攻后，以歇步坐息待战。

19. 武松脱铐右蹬脚（双抓拳右撞膝，蹬地开锁）（东A）

（1）虚步合刺掌（照片19-1，19-2，19-3）：原左歇步起身，同时

原身左侧勾手变掌并和原头前上的右亮掌以掌心朝前并以掌沿朝外同时向左右两外侧前拦绞；然后回收到两腰侧，再上左脚成左虚步，同时两掌向前成合斜刺掌，左掌在前并两掌背相贴合，两掌尖向前上斜刺。（2）双抓拳右撞膝蹬地开锁（照片19-4，19-5，19-6）：①原两合刺掌两手分开并向前以手心朝下由齐头高处向下抓捏成俯拳约齐腰腹高，两俯拳间距约一俯拳空档；同时原左虚步重心前移成左腿曲膝成弓形并左脚踏实，同时右膝提起向上撞击。②即刻原两俯拳转腕翻成仰拳并有向前击和向下压之意，这时右脚还未落地。③右脚向下轻蹬地成并曲蹲步，同时两仰拳向下压砸成蹬地开锁状。

攻防用法：（1）虚步合刺掌用法可参照前面动作3"金鸡啼头啄气口"

的攻防用法。（2）我用两手抓住对方头发或头皮向下按压，同时用右膝上顶撞击其脸面或胸部，然后即刻我两手翻转成仰拳向下击其两肩井穴。或者与对方用两手抱我右腿其身向前下倾时，我也可趁机用此法。

注意：此法凶险不可乱用。（3）或者我右膝顶撞对方后即刻两俯拳翻转成仰拳向前击其胸。

20.双龙出海谁敢挡（左弓步双冲拳）（东A）

左弓步双冲拳（照片20）：原并曲低步的左脚上左弓步，同时原下砸的两仰拳转腕向前约齐胸高处冲出成俯拳，两俯拳外沿不超两胸宽。

攻防用法：（1）从对方正门进入用两拳攻其胸。（2）当对方用两手攻我胸，我可用两手从其两臂中间进入并将其两臂稍向外分后，我即刻上左弓步同时两拳击其胸。（3）或者我两臂由外向内下夹压其两臂后，我即刻上左弓步同时两拳击其胸。（4）和动作19连用，①当对方用两拳攻我胸，我两拳臂从其中间进入后即刻分别向两侧下转腕翻压而防开后，速上左弓步，同时用两拳击其胸。②当我用动作19，用右膝撞其脸胸再用两仰拳击其两肩井穴后，我即刻两拳转腕向前上左弓步，同时用两拳击其胸。

（三）第三节（21.观音伸手倒樽瓶→30.双龙出海谁敢挡）

21.观音伸手倒樽瓶（左手掏裆摔）（东A→南C）

（1）左弓步上下分掌（照片21-1）：原左弓步不变，原双冲拳的两俯拳变掌，使右掌在上左掌下落裆前，两掌心朝前为抓拳作准备。（2）转身下压上托，左丁步推放（照片21-2，21-3）：①原左弓步重心渐后移，同时身右拧转，同时左脚以脚跟为轴脚尖向内扣来帮助转身，同时原在上面

的右掌抓成俯拳向腹部前下方下压回拉牵引同时原在裆前的左掌抓成拳心朝里向前上方推托。②重心移右脚曲膝半蹲，左脚稍收回右脚边成左丁步（两脚开距不要太小，以免站不稳）；同时两拳转腕变掌并以左掌在上右掌在裆前，两掌心朝前向前南C方向推放。

攻防用法：当对方用任何一手向我攻来时，我右脚上八字步同时右手将其攻手格开后，即刻我右手以拇指朝下从对方脖子右侧绕至其脖子后猛力向前下按压，同时上左步封其脚或插裆，同时我左手以手心朝上从其裆下方进入裆后抓住掏裆向上提托使其向前掀倒成头朝下脚朝上之状态再向侧前将其推摔出去。

22. 观音倒瓶泻琼浆（右手掏裆摔）（南C→东A）

（1）撤步下压上托（照片22-1）：原左丁步左脚稍向左侧撤步踩实，重心平分两脚，同时原在上面的左掌抓捏成俯拳向腹部前下方下压回拉牵引，同时原在裆前的右掌抓成拳心朝里向前上方推托。（2）重心左移成左弓步，同时两拳转腕变掌并

以右掌在上左掌在裆前，并两掌心朝前向前东 A 方向推放（照片22-2）。

攻防作用：对方用任何一手攻来，我左脚上八字步同时左手将其攻手格开后，即刻我左手以大拇指朝下从对方脖子左侧绕其脖子后猛力向前下按压，同时上右步封其脚或插裆，同时我右手以手心朝上从其裆下方进入裆后抓住掏裆向上提托使其向前掀倒成头朝下脚朝上之状态再向侧前将其推摔出去。

23. 勒马抽鞭断铁臂（右绞手左箭步缠臂转腕压肘）（东 A）

（1）左掌搭右腕背（照片23-1）：原裆前的左掌转腕上移并以掌心朝下在上面按抓在右掌的腕背上。（2）左箭步缠臂回拉压肘（照片23-2，23-3，23-3a）：重心后移成左箭步，同时左掌继续按抓在右腕背上，同时右掌向右外侧绞手并抓

成拳顺拧缠约180°成仰拳回拉抱腰，同时身右转侧身，同时左掌向左侧约齐腰胯高处切出成平切掌，并使左平切掌具有向左侧后、向下的切压力，眼观左平切掌前。

攻防用法：（1）当我右手攻对方被其右手所抓，我左俯掌按压其右腕使其不能脱离，同时我在其右臂外侧用右手绞抓住其右腕臂顺拧缠约180°并回拉引直其右臂，同时我重心后移右脚成左箭步，同时我左掌将其右肘封住并下压，同时我身右转侧身对其实施反关节。（2）当对方用右手攻我，我右掌绞抓住其右腕臂，并在其身右外侧缠其右臂并回拉，同时用左掌封压其右肘实施反关节，方法和前面用法（1）一样。

24.扫花劈柳破天荒（右勾格扫）（东A）

（1）左八字步绞格（照片24-1，24-2）：先右拳仍抱腰，原左箭步重心前移并左脚回收半步绕迈成八字步；同时身左转左绞手并变拳回收抱腰，再原抱腰的右拳变掌向上拐起并以掌心朝里向左侧内格。（2）右勾格扫（照片24-3，24-3a）：右脚向右侧前做勾格步绊

扫，同时原右内格掌转腕向右侧前约齐胸高处扫成平切掌，同原抱腰的左拳变仰掌向身右侧约齐腹高处推切，左掌心斜向上。

攻防用法：对方用左手攻来，我身左转并用左八字步左绞手闪防开，在其身左外侧我左手抓其左腕臂并逆拧缠回拉引直其左臂，同时用右格掌封压其左肘并向我身左侧前牵引使其失势，不管其哪只脚在前面，我右脚向其勾格绊扫，同时右平切掌向其胸或脖子扫击，同时左掌用掌沿推切其腹部。

25.绞手撩阴期门穴（转身左拗弓步撩阴）（西 B）

转身左拗弓步撩阴（照片 25-1，25-2）：身体左后转并左脚稍移步上前成左弓步，同时原身右腹前的左推切掌转腕由下向身后上方托架头上方后绞抓变拳抱腰，同时原身前右平扫切掌转腕向前下方用虎爪手撩击，同时身稍前斜。

攻防用法：对方如用手从我身后攻来，我左后转身上左弓步，同时我左掌由下向上托架其攻手防开，同时我右虎爪手向前下撩击其裆腹部，或抓捏其下阴；如其防我右虎爪手攻其下身而收腹，使其上半身前斜暴露给我，我右虎爪手速向上爪击其"期门穴"。"期门穴"在左胸部乳头直下第六肋间隙，胸前正中线旁开约 13 厘米处。

26.勒马抽鞭立成王（左虚步盖切掌）（西 B）

左虚步盖切掌（照片 26）：重心后移并左脚收回半步成左虚步，同时原身前右虎爪手变拳回收抱腰，同时原抱腰的左拳变掌转腕并经过回收的右拳上方向前下方切出。

攻防用法：（1）前一个动作的虎爪手抓捏对方下阴回拉，同时左掌经过右手上方向前下切其腹。（2）当对方防开我的撩阴掌用腿或手攻我，我重心后移并左脚后退成虚步卸其力，同时左掌由上向下切拦防开其攻腿或攻手。

27. 红日上山昏眼目（跳步右弓步冲拳）（西B）

跳步右弓步冲拳（照片27-1，照片27-2）：左脚以脚尖外撇的八字步向前跃步跳出，同时后面右脚收起紧随，同时左绞手并右拳仍抱腰；再上右弓步，同时左侧立掌变拳回收抱腰，同时右拳向前约齐头高处击出成立拳。

攻防用法：（1）当我和对方距离较远，我左脚向前跃步跳出，同时左手在其脸前一扬个面花（做个假动作）使其注意力分散，同时用右立拳击其脸面、鼻、眼。（2）或者我在前跳步同时扬左手时其主动用手向我攻来，我左手复做一个绞手防开或再缠拉其臂，同时上右弓步并用右立拳击其头。

28. 后羿弯弓射太阳（转身十字弯弓贯拳）（西B）

（1）左后转身撤步右拐臂（照片28-1）：左拳仍抱腰，原右弓步的重心后移并使左后腿曲膝成弓形，以左后脚脚跟为轴逆转使脚尖外展，同时带动身体左后转约90°，同时右脚以内扣形撤向身左后侧的南C处落步使右腿伸直成箭步形，同时随动原右冲拳拳臂回曲向上拐起向左侧内格。（2）左后转身压臂（照片28-2，相机移身左侧）：身继续左后转约90°使身体朝向北D，步型用两脚跟拧转成左弓步，同时原抱腰的左拳转腕成俯拳向前上向右移至右胸腰前成左斜下横臂，同时原右拐臂的右拳转腕成俯拳由身前向左下侧压于左肘上方，眼观身左侧前。（3）十字弯弓横甩拳（照片28-3）：左拳转腕向身左侧西B方向的上方约齐头高处横甩击成立拳，同时右拳转腕向身右侧东A方向的下方约齐裆腹高处横甩击成立拳，左右两拳臂成一条斜直线，眼观身左侧贯拳前。

备注：这种形式的动作称十字弯弓。因为这时如果在头顶上挂置光源，那么两腿在地面上的投影北D南C线和两臂在地面上的投影西B东A线刚

好相交成十字，故称十字弯弓。

攻防用法：（1）当对方用左手或者右手向我攻来，我用右拐臂向我身左侧将其攻手格开，同时我右脚撤步于原身左侧，同时我左后转身约180°，同时用左横甩拳击其头。（2）当对方先用一手攻来，我右拐臂向我身左侧将其攻手格开，同时我右脚撤步于原身左侧，同时我左后转身约180°，当其即刻用另一手向我攻来，我用右俯拳臂将其攻手向我身左前侧下方压防开，同时左拳向我左侧上横甩击其头。（3）当对方用左手或右手攻我，我向左侧身并身左后转约180°让开，同时右脚向原身左侧撤步，同时用左拳横甩击其头。

29. 抱瓶碰杯碎头盖（双抓拳右撞膝，蹬地开锁）（北D）

双抓拳右撞膝，蹬地开锁（照片29-1，29-2，29-3）：文字说明可参照前面动作19"武松脱铐右蹬脚"的分动作（2）"双抓拳右撞膝蹬地开锁"。不过这里的右膝向上撞带有向斜前上撞击的含义体现出"抱瓶碰碑碎头盖"。

攻防用法：当对方向前俯身欲抱我腿或欲攻我下半身时，我两手向下按抓住其头发或者后脑，同时用右膝向上向前顶击其头顶（头盖骨），然后即刻我两手翻转成仰拳向下击其两肩井穴。如我两腿被抱，则右膝撞击其脸面或胸。

注意：此法凶险，不可乱用。

30. 双龙出海谁敢挡（右弓步双冲拳）（北D）

右弓步双冲拳（照片30）：上右弓步，原两向下的仰砸拳转腕向前约齐胸高处冲出成俯拳。

攻防用法：可参照前面动作20"双龙出海谁敢挡"的攻防用法。

（四）第四节［31.金刀劈竹压肩井→44.掀帘望月月上檐（弦）］

31. 金刀劈竹压肩井（右弓步抡劈掌）（北D）

（1）右箭步左侧闪（照片31-1）：原右弓步重心后移成左腿曲膝成弓形右腿箭步身体向左后侧稍斜倒并左侧身，同时原身前左俯拳变掌回收抱腰，同时原身前右俯拳变掌并使右掌臂直伸于右腿内侧上方成右箭步左侧闪。（2）右弓步抡劈掌（照片31-2，31-3）：原右箭步重心前移成右弓步，同时原右腿内侧上方的右伸掌向身后左侧下→向左侧上→向右上→向前下方以顺弧抡劈至回收抱腰，同时原抱腰的左掌以顺弧形向前下直劈或者掌沿稍斜向右内侧带点斜劈，同时身右转。

备注：（1）右掌向身前下抡劈时是用掌沿还是掌背击打可随意。（2）左掌向前下劈的幅度也可小一点，左掌可转腕成俯掌置左耳侧前，然后即刻

逆转腕向前下直劈或斜劈，并和身右转配合。

攻防用法：我右箭步左侧闪可闪防对方攻手及腿。我右臂掌抡挂劈也可击打对方，也可防对方腿攻和手攻，同时左抡劈掌向下劈击其肩井穴或脖子。如果左掌小幅度向前劈，可左掌提左耳侧前（也可防格对方手的进攻）即刻转腕向前下劈击。

32. 拨云见日射光芒（右弓步右甩扎掌）（北D）

（1）左掌横压胸前（照片32-1）。（2）右弓步甩扎掌（照片32-2）。文字说明和攻防用法可参照前面动作15"拨云见日昏眼目"。

33. 金刀劈竹压肩井（转身左弓步抡劈掌）（南C）

（1）转身左箭步右侧闪（照片33-1）：身左后转，原右腿仍曲膝成弓形，但为了方便转身，右脚可以脚跟为轴脚尖适当内扣，左腿箭步身稍向右后侧稍斜倒并右侧身，同时原右甩扎掌变掌回收抱腰，同时原身左后侧的平切掌转腕并左伸臂置左箭步腿的内上方，成左箭步右侧闪。（2）左弓

步抡劈掌（照片33-2，33-3）：文字说明可参照前面动作31"金刀劈竹压肩井"之（2）做动作的同形异侧推理。

攻防用法：可参照前面动作31"金刀劈竹压肩井"的攻防用法做动作的同形异侧推理。

34. 拨云见日射光芒（左弓步左甩扎掌）（南C）

（1）右掌横压胸前（照片34-1）。（2）左弓步甩扎掌（照片34-2，34-2a）。文字说明和攻防用法可参照前面15"拨云见日昏眼目"做动作的同形异侧推理。

35. 飞马渡江远避敌（左穿花前转跳步，左歇步亮掌）（南C→北D）

（1）穿花跳步（照片35-1，35-2）。（2）歇步亮掌（照片35-3A，35-3B，相机移身右侧）。文字说明和攻防用法可参照前面18"飞马渡江避灾殃"。

36. 龙凤开锁分两旁（虚步合刺掌，蹬地开锁，十字弯弓）（北 D）

（1）左虚步合刺掌（照片36-1，36-2，36-3）。（2）双抓拳右撞膝，蹬地开锁（照片36-4，36-5，36-6）。

备注：分动作（1）和（2）的文字说明可参照前面19"武松脱铐右蹬脚"。（3）十字弯弓（照片36-7，36-8），左脚向前北 D 方向上左弓步，同时两拳臂交叉胸前，左拳臂在外右拳臂在里，两拳臂都朝向异侧并拳心朝里。

然后左拳向身左侧的西 B 方向约齐头高处贯甩成立拳，同时右拳向身右侧的东 A 方向约齐裆腹高处贯甩成立拳，两拳臂成一斜直线，眼观右立拳前成十字弯弓形。

攻防用法：（1）分动作（1）和（2）的攻防用法可参照前面动作 19"武松脱铐右蹬脚"。（2）分动作（3）十字弯弓的攻防用法是用左拳横击左侧对方的头，用右横拳横击右侧对方的裆腹部或腰及腰背部。当两人各站在我身两侧用手攻来，我用两拳臂向内格成交叉防开后即刻分臂向左右横打。

37. 扫花劈柳采（踩）华盖（右勾格扫劈）（东 A）

（1）左绞手（37-1）：左腿仍曲膝成弓形，原身右侧的右甩立拳转腕回收抱腰，同时原身左侧的左甩立拳变掌转腕回收身前做左绞手。（2）右拐臂格劈（照片 37-2）：原左侧立掌变拳回收抱腰，同时原抱腰的右拳变掌上拐向身内向左侧前做内滚格劈，右掌心朝里。（3）右勾格扫劈（照片 37-3）：右脚向右前侧勾格绊扫，同时原右滚格掌转腕成俯掌并使右掌沿向右前挺自左向右前侧胸前"华盖穴"处扫劈，同时原抱腰的左拳变成仰掌并以掌沿向内挺向右前约齐腹或齐胸高处推切，同时身稍右转，眼观

右平扫切掌前。"华盖穴"位于胸部前正中线，第一肋间，被击打有气闷感并有生命危险，不能乱用。采（踩）华盖即快速切打"华盖穴"之意。

攻防用法：当对方用左手攻我，我左八字步左绞手并身左转防开，同时我在其身左外侧用左绞手缠抓并引直其左臂，同时用右滚格掌滚格劈击并封压其肘臂，同时向我身左侧牵引使其失势，然后即刻用右勾格脚封格其脚，同时用右平扫切掌扫切其胸的"华盖穴"，同时左仰掌推切其腹或胸部。不管其进攻我时是左脚在前还是右脚在前，一律以这样的方法同时上下扫击。

38. 扫花劈柳破天荒（左勾格扫劈）（东A）

（1）右八字步右绞手（照片38-1）：原右勾格脚稍收回并绕迈成八字步，同时原右平扫切掌转腕身前做右绞手并同时身右转，同时原置胸腹前的左推掌变拳回收抱腰。（2）右八字步左拐臂滚格（照片38-2）：右八字步不变，原右绞手变拳回收抱腰，同时原抱腰的左拳以左拳臂上拐向身内向右侧前做内滚格，左拳心朝里。（3）左勾格扫劈（照片38-3）：左脚向左前侧勾格绊扫，同时原左滚格拳臂中的左拳变成掌并转腕成俯掌并使掌沿左前挺自右向左前侧约齐胸高处弧形平扫切，同时原抱腰的右拳变成仰掌并以掌沿向内挺向左前约齐腹或齐胸高处推切，同时身稍左转眼观左平扫切掌前。

攻防用法：当对方用右手攻我，我向右侧身让开，同时我在其身右外侧用右绞手顺缠抓并引直其右臂，同时用左拳臂滚格劈击并封压其右臂肘同时向我身右侧牵引使其失势，然后即刻用左勾格脚封格其脚，同时用左平扫切掌扫切其胸或脖子，同时右仰掌推切其腹或胸部。不管其进攻我时是左脚在前还是右脚在前，一律以这样的方法同时上下扫击。

39. 魁星点月（穴）取会阴（左踢腿刺掌）（东A）

收脚收掌（照片39-1）：原左勾格脚稍回收身前并脚前掌踮地，同时原右推切掌回收抱腰，同时原左平扫切掌转腕并回收裆腹前成侧掌。

（2）左踢腿刺掌（照片39-2）：左脚前踢约裆腹部高，同时左侧掌向前刺约齐眼高。

40. 魁星点月（穴）在阴前（右踢腿刺掌）（东A）

右踢腿刺掌（照片40）：原左踢脚前落，右脚前踢约裆腹部高，同时原前刺的左侧掌转腕回收抱腰，同时原抱腰的右掌向前约齐眼高处刺成侧掌。

动作39和40攻防用法：这两个动作一般都连起来用。如我用左脚踢对方会阴穴或裆腹部，同时用左侧掌直刺其眼睛；如当其后退避开我左腿时，我速

上前用右脚踢其会阴穴或裆腹部，同时用右侧掌直刺其眼睛。我掌臂前刺也可同时擦防其攻手。踢其会阴穴也可用前踢的脚进入其裆内突然脚尖上勾来勾击其会阴穴。

41. 双鱼入目，入丹田（右拗弓步二龙抢珠，马步枪掌）（东A）

（1）落脚翻压掌（照片41-1）：左掌仍抱腰，原右踢脚向前落步并重心前移。同时原右刺掌回收并向右外侧约齐胸高处转腕翻压成仰掌，同时身稍右转。（2）右拗弓步双鱼入目（照片41-2，41-2a）：右弓步，身继续稍右转，同时原右翻压掌回收抱腰，同时原抱腰的左掌顺转腕向前约齐眼高处，并以手心朝下以食指和中指两指分开约鼻梁左右距离向前刺出成"二龙抢珠"即"双鱼入目"。（3）马步枪掌（照片42-1，42-2）：右掌仍抱腰，

原二龙抢珠的手恢复掌型转腕成掌沿右挺向下向右拦截后，即可身左转成马步，同时左掌转腕向头额前上方托架，同时右侧掌向身右侧约齐腹高处刺出。

攻防用法：（1）此法为进入对方身内侧中门进攻。当对方用左手攻我，我用右掌向右外侧翻压防开，同时在其身内侧上右弓步同时用左手二龙抢珠封其双眼后，我即刻身左转成马步，同时右侧掌刺其丹田。也可当其再用右手攻我时，我在其身内侧直接用左掌上托防开并身左转成马步，同时用右侧掌刺其丹田。（2）我左掌向右下拦截也可在其腿或手攻我裆腹部后，即刻用右掌刺其丹田。如其侧身朝我，丹田掌可刺其腰或胸肋。（3）如果对方用右手攻我，我可用这个动作的反式。注意：此招凶险，不可乱用。

42. 武松打虎凭两拳（马步伏虎势）（东A北D）

（1）独立下切掌（照片43-1）：原左上托掌变拳回收抱腰，同时身左拧转45°，同时右提膝，同时右掌以掌沿下挺向右小腿外侧下切压。（2）斜上步马步伏虎势（照片43-2，43-2a）：原右提膝的右脚向前东A北D方向约45°斜角前落一大步，同时左后脚滑地跟上成马步，同时原抱腰的左拳转腕成俯拳向身右前约齐腰高处近击，同时原右下切掌变拳向身前左上约齐头高处斜上近击并拳心朝里，眼观右拳前。

攻防用法：此法为进入对方身内侧中门进攻之法。右下切掌可防截对方用腿攻来，向前斜角滑步可用斜马步及胯向对方撞击，同时左俯拳击其腰腹，右拳击其头。也可酌情用此法的反式进攻。两手也可压拦式擦防开对方的攻手进攻，应灵活运用。

备注：下面43"犀牛劈角太阳穴"和44"掀帘望月月上檐（弦）"这两个动作中的右脚从指向东A北D移到指向东A。

43.犀牛劈角太阳穴（右拗弓步横勾拳）

（1）移步绞手（照片44-1）：原身右前左俯拳转腕回收抱腰，同时原身前上的右近击拳变掌做绞手，同时重心前移右脚并右脚向右侧稍移成右弓步。（2）右拗弓步横勾拳（照片44-2）：右弓步，原右绞手变拳回收抱腰，同时原抱腰的左拳转腕向身前右侧约齐头高处横勾击，左拳心斜向前下方，左肘稍向左下侧斜，左拳臂稍带弧形。

攻防用法：用右绞手防开或者再缠抓顺拧并引直对方攻来之左攻手或者右攻手的腕臂，同时右脚向右侧稍移步以助力，同时用左横勾拳在对方身内侧或者身右外侧击其太阳穴或者后脑。

44.掀帘望月月上檐（弦）（右拗弓步二龙抢珠）（东A）

（1）移步翻压掌（照片45-1）：右弓步稍向右侧扣脚移步，同时原左横勾拳以俯拳收回胸

前，同时原抱腰的右拳变掌并转腕成俯掌向胸前从左俯拳下向前穿出后即可顺转腕向右外侧翻压成仰掌，这时左俯拳拳心贴住右腕臂脉门处。（2）右拗弓步二龙抢珠（照片45-2）：右拗弓步，原胸拳右翻压掌回收抱腰，同时原胸前的左俯拳变成俯掌或者两指（二龙抢珠）向前约齐眼高处刺出。"掀帘望月月上檐"指把窗帘掀开后看到月亮已上了屋檐。这个"月"指眼睛，"檐"指弦是一根弦线，"月上檐"和"月上弦"指月亮被"穿（串）"在弦线上，即眼珠子被"穿（串）"在弦线上。我用右翻压掌翻压开对方对我胸或头的进攻等于是掀开了挡在我前面的窗帘，我的左俯掌或二指这掌臂像一根弦线穿（串）连着月亮，即对方的眼珠子。

攻防用法：当我用左横勾拳击对方头，对方如用一手防开我横勾拳同时用另一手攻我胸或头时，我左俯拳回引，同时我右俯掌从左俯拳下向前穿出后即刻顺转腕向右外侧翻压开其攻手，同时我右脚向右侧稍移步助力，我即刻左俯拳变成俯掌或者两指（二龙抢珠）向前刺其眼或者双眼。

（五）第五节（45.外面抢腿提脚跟→57.双掌撩须大团圆）

45.外面抢腿提脚跟（俯身抢腿提脚跟）（东A）

俯身抢腿提脚跟（照片46-1，46-2）：右弓步，原左刺掌转腕向上回收扬头额前上，同时身体前俯，同时原抱腰的

右掌向身前下近地处稍向左侧抓捏成拳（拳心朝里）后，重心后移左腿成曲膝成弓形，同时身体竖起并身左侧，右腿伸直成箭步，同时右拳如抓物提起并右拳臂伸直成拖物状。

攻防用法：我用前面动作44，左掌向对方眼前一扬，或者我用左上托掌防开对方向我的攻手，同时我俯身并用右手抓捏住其前面的脚的脚踝处并上提，同时重心后移成拖物状。

46. 沿梁跳鼠身盘转（左转跳提拖）（西B）

左转跳提拖（照片47-1，47-2）：左掌仍扬头额前上，右拳臂仍以拖物状，身左后转，同时原指向东A的右箭步的右脚以扣脚撤向身后西B处，这样转了180°；然后身继续左转，这时左弓形腿的左脚继续撤向身后西B处，这样转了180°。所以两次撤步共转了360°。两次撤步也可以依左后转身小跳步进行。

攻防用法：我右手提抓起对方脚并左后转身跳走步拖拉而使其跌倒。

47. 流星盖（赶）月落天庭（左拗弓步撩栽拳）（西B）

左拗弓步撩栽拳（照片48-1，48-2）：左弓步，身左转同时原左上托掌逆转腕下落腹前成仰掌后再顺转腕上托至额前上后，原身后右立拳逆转腕成俯拳向身前下约齐裆腹高处撩栽，同时原左上托掌转腕成俯掌向下压盖于右俯拳拳背上。右撩栽拳即有拳背向前上的撩击含义，也同时右拳面向前下的栽击含义，在不同用法时体现出来。

攻防用法：（1）当我用前面动作46"沿梁跳鼠身盘转"将对方拖倒在地时，即刻用右拳面向前下栽击其两眉头连线中间的"天庭穴"。（2）当对方用右手攻我，我左掌上托防开并上左弓步，同时用右拳向上撩击其裆腹部；如果其收腹防我右拳撩裆而使其上半身前倾，我即刻用左掌按压其后脑使其头前扑，同时右拳向上撩击其头两眉连线中间的"天庭穴"。如果对方用左手攻我，我最好用这个动作的反式。

48. 仙人汲（绝）取甘露池（翻身右虚步劈拳横盖刺）（东A）

翻身右虚步劈拳横盖刺（照片49-1，49-2）：身体右后翻转，同时以左脚为支撑脚承重并左腿曲膝成弓形，并使左脚以脚跟为轴脚尖内扣来帮助右后转身成右虚步；同时原右撩拳随身右后传由下向上→向身后向下成拳心朝上的劈拳向身后下东A处弧形劈击（形似太极拳之

撒身捶）后收回抱腰，同时左掌随身向右后转，由下向上→向身后向下弧形压盖成俯掌横胸腹前，左掌除了向下有压盖之意，同时左掌尖还有向右侧的刺意。

攻防用法：（1）我想有后转身，同时用右劈拳由上向下劈击对方头脸部，并用左俯掌掌尖向右侧横刺其右腰腹腋。（2）我用右劈拳收回抱腰也可防格开对方手的进攻，同时左掌尖向右横刺其右腰腋，或者左俯掌向下横压其手或腿的进攻。中医上肾属水，这里称肾为"甘露池"。

49. 连环三击没处躲（连环三拳）（东A）

（1）右弓步右劈拳（照片50-1，50-2）：原身前横着的左俯掌转腕变拳抱腰，同时原右虚步稍向前扣步迈出并左侧身成马步，同时原抱腰的右拳转腕成俯拳向左前约齐胸高处横击。然后右拳回转向下经裆前由下向上向前再向下弧形运行到身前约齐胸高处劈打成仰拳，同时重心前移成右弓步（形似太极拳之撒身捶）。（2）右弓步左横勾拳（照片50-3）：原身前右仰拳回收抱腰，同时原抱腰的左拳转腕向前右约齐头高处横击成横勾拳。（3）马步冲拳（照片50-4）：身左转侧身成马步，同时原左横勾拳转腕回收抱腰，同时右拳转腕由右腰侧向前约齐胸高处冲出成俯拳。

攻防用法：用右劈拳向前弧形劈打对方头面部，用左横勾拳击其头右侧

太阳穴，再用右俯拳击其胸或头。右拳臂下挂裆前可防开其腿或攻手，向前进攻的手回收时也可翻压防开对方的攻手。

50.吊马溜锤向敌窜（右虚步穿推，马步架打）（东A）

（1）右虚步穿推（照片51-1，51-2）：身右转，同时原马步重心坐左脚并右脚稍收回成右虚步，同时原前冲的右俯拳顺拧转成仰拳并回收抱腰；同时在这一过程中原抱腰的左拳变掌向前并以俯掌从右肘下穿出，再以左侧立掌并以掌背贴住右肘前的右小臂外侧，这样一方面右拳臂回抽，另一方面左侧立掌掌背贴住右小臂外侧向前捋推成立切掌并掌沿前挺发力。"右虚步穿推"这一式又称"吊马"。（2）马步架打（照片51-3）：身左转侧身，同时原右虚步的右脚稍向前扣脚上步成马步，同时原左立切掌转腕向头额前上托架，同时原抱腰的右拳转腕向前约齐胸高处冲出成立拳。这里的"马

步架打"这一式又称"溜锤"，指速度快，力量大。这前后两个式子连起来称"吊马溜锤向敌窜"。

攻防用法："吊马溜锤向敌窜"的用法其实是一种交叉手的用法。（1）防抓打：当我用右手攻对方，对方在我身内侧用其左手绞抓我右腕臂，同时用右手攻我时，我身右转同时重心后移，同时右脚稍收回成虚步，同时我右手转腕回收，同时我左掌从右肘下穿出并以左掌背贴住右小臂外侧向前推切以防开其右攻手，同时我右手也可挣脱，我左掌也可向其推切，然后我速右脚向前迈出并左侧身成马步，同时速用右立拳向前击其胸、胸腋或头，我左掌上托也可同时防开其攻手将其力上引而使其下部空虚，便于我进攻。当我用右手攻对方，对方在我身右外侧用其右手绞抓我右腕臂，同时用左手攻我时，我身右转并成右虚步，同时我右手转腕回收，同时我左掌从右肘下穿出并以左掌背贴住对方攻我的左手臂外侧向前推切防开挣脱后速上右步并左侧身成马步，同时速用右立拳击其胸、腋或头。（2）防对方连击拳：当对方先用左手攻我，我在其身内侧用右拳向右外侧翻压防开并身右转，如其速用右手攻我，我速重心后移并右脚收回，同时我左掌从我右小臂下穿出并右侧立掌掌背贴住我右小臂外侧前部向前推切，同时我右手回收以防开其右攻手后，我速上右步并左侧身成马步，同时右立拳速向前击，我同时左上托掌也可防开其攻手或将其力上引而使其下部分空虚，便于我进攻。当对方先用右手攻我，我在其身右外侧用右拳向右外侧翻压防开并身右转，如其速用左手攻我，我速重心后移并右脚收回，同时我左掌从我右小臂下穿出并右侧立掌掌背贴住其攻我的左手臂外侧向前推切，同时我右手回收以防开其左攻手后，我速上右步并左侧身成马步，同时右立拳速向前击，我同时左上托掌也可防开其攻手或将其力上引而使其下部空虚便于我进攻。

51. 将军滚肘双合力（转身左弓步滚肘）（西 B→东 A）

转身左弓步滚肘（照片52-1，52-2，52-2a）：（1）身体左后转向西B，同时原右冲拳回收抱腰，同时原马步的左脚收回半步并绕迈成八字步，同时原置额前上的左托掌转掌回收身前做左绞手。（2）右脚向前西B方向扣脚伸落成左弓步，同时身体继续左转，同时原左侧立掌变拳逆拧转约180°成仰拳并回收横于腹前，同时原抱腰的右仰拳逆拧转约180°成俯拳并同时由右向左带动右小臂外侧做滚肘动作，并使右小拳臂压合到左小拳臂上，右俯拳拳面下置左小臂肘窝处，眼观两合臂滚肘前的东A处。

攻防用法：（1）当对方用左手攻我，我在其身左外侧走左八字步并用左绞手防开并抓住其左腕臂逆拧缠引直其左臂，同时我右箭腿也可伸插其裆下，同时用右拳臂封压其左肘向我身左后侧牵引使其向我身左后侧跌扑。（2）或者我左手缠并引直其左臂，同时右箭步插其裆，同时右小臂自右向左滚击其腰侧。如其右手攻来，我在其身内侧用左手缠其右臂，右脚插其裆，右小臂自右向左滚击其胸腹。

52. 刮步戳腿敌人颠（右刮步，右戳脚平切掌）（西B）

右刮步，右戳脚平切掌（照片53-1，53-2，53-3）：身右后转，同时原左弓形腿的左脚以脚跟为轴脚尖内扣来帮助转身，同时原两合臂的左拳变成仰掌，右拳变成俯掌并随身右后转向身右侧前的西B方向伸移约齐胸高并转腕立起成鸳鸯掌形。（2）左腿曲膝成弓形承重，右脚以前脚掌或者脚尖着地向左脚边刮进似丁步，同时两掌转腕向身后捋捌引带成左俯掌掌沿前挺在前，右仰掌在后约掌尖朝后，两掌约齐胸高。（3）身稍向左后侧斜倒，同时左侧身，同时身后两掌转腕向前推切，左仰掌在后并掌尖朝前，右俯掌在前并掌沿前挺；同时右脚向前约齐胸高处踢出，并使脚背崩平。按踢对方部分不同，在脚上的力点也不同。力点在脚前掌或者脚尖，可向前踢对方胸或腹或者心窝称作"穿心腿"；力点如在脚背上可用脚背向身左侧横向击打对方背或者胸，这时又叫"边腿"或"鞭腿"。流传于我国北方的以腿法见长的"戳脚拳"中也有此腿法，所以在杨家选中把这一腿也称作"戳腿"。

攻防用法：我用右刮步封裆来防开对方对方踢我裆腹部之腿，也可刮带对方脚使其站立不稳，我两手向前以左手粘封其腕，右手粘封其肘部，并向我身左后引带使其失势后即刻向前将其掷出，同时用右戳脚或踢其胸腹、心窝，或者击打其胸背部。也可两掌向前托防对方之攻手或击打其头

面部，同时侧身右戳腿向其攻击。

53. 金刀斩腰伤肾俞（左弓步平切掌）（西B）

左弓步平切掌（照片54-1，54-2，54-2a）：（1）原右戳脚随身向右拧转在身前绕迈成八字步落地，同时右掌在胸前向右外侧翻压成仰掌，右肘下垂，同时左俯掌横胸前并置右肘边，左掌尖朝右。（2）左脚上前成左弓步，同时原右肘边的左俯掌向前约齐腰高处平切出，原右仰掌可以仍置胸前也可收回抱腰。

攻防用法：（1）当对方用左手或者右手攻我，我向右侧身并右脚绕迈成八字步让开，同时我在其身内侧或者右外侧用我右掌背粘住其左攻手或者右攻手腕臂顺转向我右外侧翻压防开，同时我左俯掌横藏胸前置右肘边；然后我即刻上左弓步封其脚或插裆，同时用左俯掌向前平切其左腰或左胸腋，或者右腰或右胸腋。（2）当我右手攻对方被其手抓住，我可右掌粘住对方腕臂并向右外顺拧转同时回拉脱手，同时上左弓步并用左平切掌切其腰腹或者胸腋。

54. 金刀斩腰毫不偏（转身右弓步托掌平切掌）（东A）

转身右弓步托掌平切掌（照片55，

55a）：身体右后转，同时原左弓步重心移右脚成右弓步，同时原身前左平切掌转掌在胸前向身右后侧斜上方托起成仰掌，同时右俯掌向前约齐腰高处平切。

攻防用法：（1）当对方从我身后用手攻来，我直接右后转身并用左仰掌将其攻手向我身右后侧斜上方托开，同时上右弓步并用右平切掌切其腰。（2）如对方正面用手攻我，我可以用左脚绕迈成八字步，同时左仰掌托开其攻手，然后即刻上右弓步并用右平切掌切其腰。也可直接上右弓步，同时左仰掌托开其攻手，同时用右平切掌切其腰。

55. 金刀斩腰伤肾俞（左弓步平切掌）（东A）

左弓步平切掌（照片56-1，56-2A，56-2B）：原右弓步回收半步并绕

迈成八字步同时身右转，其他文字说明和攻防用法可参照前面动作53"金刀斩腰伤肾俞"。

56. 李靖托塔归正禅（平行步站立上下分挂）（南C）

平行步站立上下分挂（照片57-1，57-2）：原左弓步的左脚向右脚边约两肩距离宽处收拢成平行步站立，同时原左平切掌转腕回收抱腰，同时右掌做右绞手成侧立掌。然后右侧立掌以弧形向下、向左运动并同时顺拧转至裆前，右掌心朝外并掌尖朝下，右掌沿挺向左侧；同时原抱腰的左掌成侧掌向上向前斜刺于对鼻尖高，两掌成上下分挂形。

攻防用法：可参照前面套路二"练步拳"的动作2"太极势"的攻防用法。

57. 双掌撩须大团圆（退步撩须并步站立收势）（南C）

退步撩须并步站立收势（照片58-1，58-2，58-3，58-4，58-5，58-6）：（1）原平行步站立的左脚退右脚后，同时两掌以掌心朝前并掌尖朝下分别向身后两侧下方摆移。（2）再右脚退左脚边成平行步站立，同时两掌由身侧后下方向前向上弧形升起并向中间合拢以俯掌置额前上方。（3）原额前上两俯掌变成两手腕下沉、两掌心相对，并两掌沿朝前的侧立掌向下捋须。（4）再两掌向下以俯掌对腹前。（5）两掌下落以掌心朝里分别置两大腿外侧。（6）左脚靠向右脚成并步站立势。

攻防用法：一脚后退并两掌由下向两侧分拦，可防开对方向我裆腹部进攻并后退卸力。两掌从上向下捋须可将对方一手或者两手对我的进攻向下沉按使其失势。

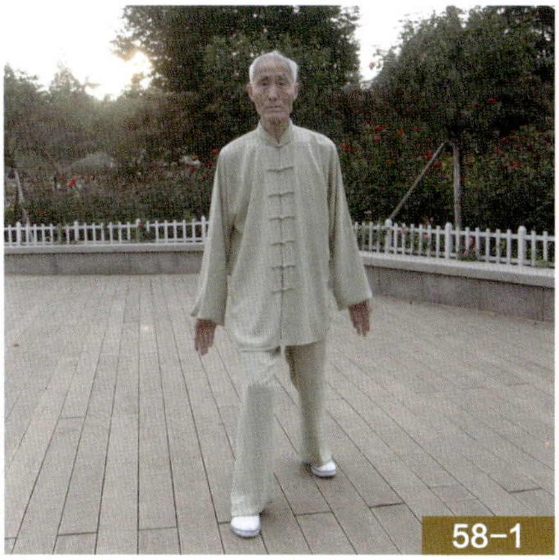
58-1

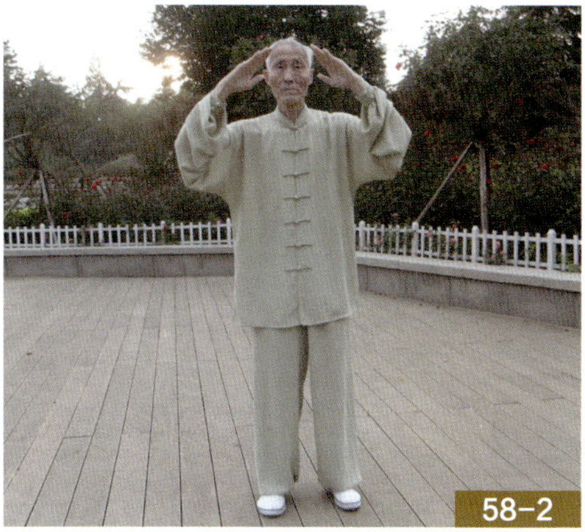
58-2

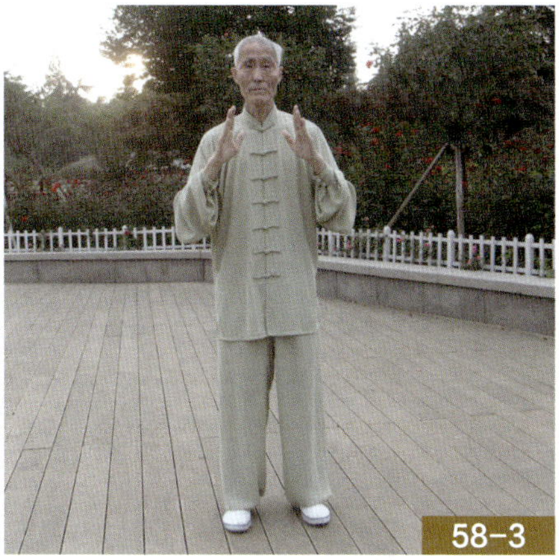
58-3

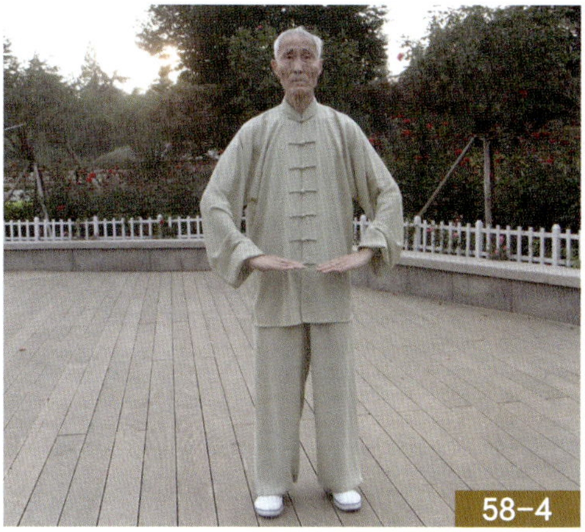
58-4

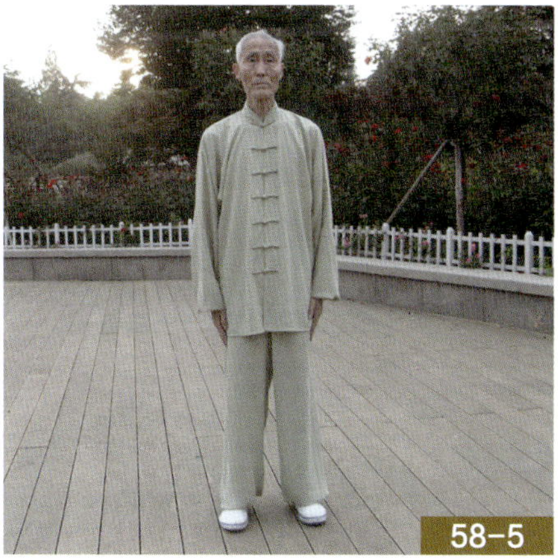
58-5

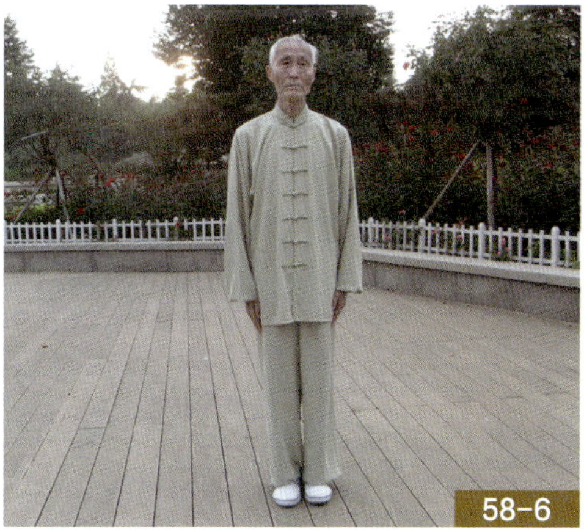
58-6

黑龙大罗汉拳一路

一、方位图

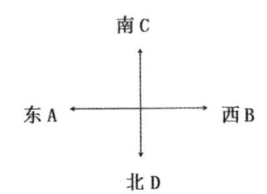

```
          南 C
           ↑
  东 A ←——+——→ 西 B
           ↓
          北 D
```

二、黑龙大罗汉拳一路套路动作说明及拳照

（一）第一节（1.预备势→7.翻身左弓步抡劈掌）

1. 预备势（南C）

并步站立（照片1）。

2. 左虚步亮掌（南C）

（1）绞手格掌（照片2-1，2-2）：①左掌抱腰，同时右脚向前迈出半步并绕迈成八字步，同时右绞手成侧立掌。②然后右侧立掌收回抱腰，同时原抱腰的左掌转腕向胸前做内格成掌心朝里并掌沿朝右。（2）左虚步亮掌（照片2-3，2-3a）：左脚上前成左虚步，同时原

左格掌转腕由上向身前下向身左后下方搂刁成刁勾手（勾尖朝上），同时原抱腰的右掌以掌尖带路在身前向右向上、转腕向左弧形升移至额前成亮掌，右掌心朝前并掌沿朝上同时右掌尖有向左侧的刺意，眼观右亮掌掌尖左侧。做亮掌时，眼睛可以跟着右掌向右上、向左分升，也可只观右掌到额前定势时的右掌尖左侧。

攻防用法：（1）我用右八字步右绞手防开对方手的进攻，又用左格掌防开其另一手的进攻，并用左刁勾手将其攻手向我身左后下方引带，同时上左虚步并用右掌尖扬额前向左近刺其太阳穴。（2）当对方用右手攻我，我用右八字步右绞手在其身右外侧防开并右掌粘封其右腕，同时左格掌粘封其右肘，然后我左掌变勾手将其右攻手向我身左后下方引带，同时上左虚步并用右掌尖扬额前向左近刺其太阳穴。（3）当对方用右手攻我，我右手封其右腕，同时左手格其右肘向我身右侧后捯带，使其跌向我身右后侧，这时我右掌向右分开向其击打。这就是眼神跟着右掌向右分升时的攻防含义。（4）我用左刁勾手将其进攻我的腿向我身左后下方引带，并同时上左虚步并用右掌尖扬额前近刺其太阳穴。（5）如果我用左刁勾手将其右手或右腿的进攻防开后，其复用左手攻我时，我在其身内侧用右掌背粘住将左攻手向我右侧捯开或者向我身右后侧引（捋）带使其跌向我身右后侧，或者使其失势后我速转右掌近刺其太阳穴或头面部。

3. 右提膝大开门捌削亮掌（西B）

（1）上下分挂（照片3-1）：原左虚步的左脚尖外撇约45°并全脚着地成八字步，同时左掌护裆前右掌护左胸腋前成上下分挂形。（2）右提膝大开门搂削掌（照片3-2）：右提膝，同时原置裆前的左掌在身前由下向右上、向左前侧斜上方弧形伸臂捌开并左仰掌掌心斜向右上；同时原置左胸腋前的右掌以掌沿前挺的俯掌向身前右下侧弧形搂削至约齐胯高处。

攻防用法：（1）两掌上下分挂能防上防下。左掌由右向左伸捌能防格开对方攻手，并同时用右搂削掌击其腰腹。（2）也可两掌上下分挂防上防下后用右捌削掌削打其颈或头，并用右提膝向其撞击。（3）当对方用左腿或者右腿踢我，我右提膝护裆，同时我身稍右斜并用右搂削掌切打其腹部或左大腿内侧，或者其右腰。

4. 右弓步抢掌（西B）

（照片4-1，4-2）：右脚落身右侧成右弓步，同时

身右转，同时左俯掌横压胸前防开对方手的进攻，并用右仰掌从左俯掌掌背上穿过刺其喉或眼。

5. 左箭步勾挂（西B、东A、南C）

（照片5-1，5-2，5-3）：（1）右弓步，左俯掌仍压胸前，原右仰掌转腕成勾尖朝下的刁勾手用以爪击刁勾对方眼部、脸部。（2）原胸前左俯掌转腕向右下、向左侧、向上以提腕垂指并掌心朝外向齐裆腹高处撩击；继而左掌继续向左上，转腕向右上弧形运动并以左侧立掌置脸前，左侧立掌掌心朝右并掌尖约对鼻尖。左掌的弧形运动称作圈手。

攻防用法：左掌做圈手运动时可格防攻我裆腹部的腿，也可向左侧撩击对方裆腹，左侧立掌在脸前也可向右拨开对方对我的攻手。（2）左圈手中也可将对方攻我的腿格开后利用我左小臂托住其腿锁住向上向右弧形运动使其站立不稳，我也可同时再上右步，再用右手左手一起向前发劲将其向后掷出。

6. 左插步平切掌（西B）

（照片6-1，6-2）：马步左侧身同时双掌臂拐起，以左掌心朝外封住对方左攻手之腕，以右掌心朝里滚格对方并封住其左肘同时向我身左侧引

带；然后我即刻左插步，同时两掌转腕并以右俯掌平切其脖子或胸，以左仰掌置右胸腋前助力防卫。对方用手攻我，我也可直接用左仰掌将其攻手托起，同时左插步并用右平切掌切其脖子或胸。

7. 翻身左弓步抡劈掌（西B）

（照片7-1，7-2）：身左后转成左弓步，同时左手转掌向身左后以掌背或者掌沿弧形抡臂劈击再回收抱腰；随动右手转掌向身左后以掌沿弧形抡臂斜劈；右掌也可先以俯掌置右耳侧前再即刻顺转腕向前滚劈成斜劈掌并右掌尖还有向前的刺意。

攻防用法：（1）动作7和前面动作6可连用。当我用"左插步平切掌"向对方攻击后，即刻用"翻身左弓步抡劈掌"向其攻击。（2）我左后转身用左掌背或掌沿可抡劈其头脸部、头侧面或肩井穴；左抡劈和左掌收回抱腰

也可同时防开对方手对我的进攻，我左掌回收抱腰也可挣脱对方抓我的手。我右掌沿可以向前抡劈其头脸部、头侧面或肩井穴；我右俯掌如置我右耳侧前也可防开对方攻手，然后即刻我右掌顺拧腕向前用掌沿滚劈其头脸部、头侧面或肩井穴，或用右掌尖滚刺其眼面部。

（二）第二节（8.右踢腿刺掌→14.翻身右弓步抡劈掌）

8.右踢腿刺掌（西B）

（照片8）：原右劈掌回收抱腰，同时右脚向前踢出，同时原抱腰的左掌转腕向前直刺成侧掌。我右掌回收抱腰也可压防开对方攻我的手，同时右脚踢其裆腹或心窝，同时左侧掌刺其眼面或胸。

9.马步架打（西B）

（照片9）：原右踢脚向前扣脚落地并身左侧成马步，同时原向前刺的左侧掌先转腕下落裆腹前成捞撩式的仰掌再转腕向额前上托架，同时原抱腰的右掌转腕变拳向前约齐胸高处冲出成俯拳。

攻防用法：（1）对方如用右手攻我胸或头，或者用右横勾拳击我太阳穴，我向左侧身并左掌向上托架其右攻手腕臂，同时在其身内侧上右步成马步并用右俯拳击其胸或头。（2）对方如用左手攻我胸或头，我向左侧身并用左掌向上托架其左攻手腕臂，同时在其身左外侧上右步成马步并用右俯拳击其左胸腋或头。（3）如果对方用腿踢我或用手攻我裆腹部，我用左掌下落裆前再向上捞撩防开，并用右俯拳击其胸或

胸腋及头。

10. 转身大开门右勾格扫（东A）

（1）转身左八字步左绞手右拐臂（照片10-1，10-2）：①原右俯拳回收抱腰，同时身左后转，同时原马步右脚以脚跟为轴脚尖内扣来帮助左后转身，同时左脚回收半步并绕迈成八字步，同时原左上托掌转腕下落身前做左绞手成侧立掌。②然后原左侧立掌变拳回收抱腰，同时右臂上拐并以拳心朝里向身左前侧滚格。（2）大开门右勾格扫（照片10-3）：右脚向右侧前左勾格扫，同时原右滚格拳臂变掌并转腕向右侧前约齐胸高处扫成平切掌，同时原抱腰的左拳变掌由右向左前侧斜上方伸臂捌开，左仰掌掌心斜向右上，同时身稍右转。

攻防用法：（1）当对方用手从我身后攻来，我左后转身并左八字步左绞手。如果对方是左攻手，我在其身左外侧用左手缠抓并回拉引直其左臂，同时用右拐臂滚格封压其左肘并向我身左侧后引带使其失势，此时不管其哪只脚在前面，我右脚向其勾格绊扫，同时右平切掌扫击其胸或脖子，同时左掌臂由右向身左前侧斜上方伸臂捌开助力，同时也可防格左右侧另一人的攻手。（2）如果对方从我身后用右手攻来，我左后转身左八字步左绞手并在其身内侧，我左手缠拉住其右臂，右拐臂封压其右肘窝处并向我身左侧后引带使其失势，然后右脚向其勾格绊扫，右俯掌扫击其背或后颈。（3）如其先右手攻来，我左绞手防开并缠抓回拉，其又用左手攻来，我右拐臂封压其左臂肘，然后即刻用右勾格步右平扫掌向其攻击。

11. 转身右蹬脚（西B）

（照片11-1，11-2）：原两掌臂不变，左脚以脚跟为轴脚尖外展帮助向左后转身并使身体朝向西B，右脚向前约齐裆腹或胸高处蹬出。我左后转身用左伸捯掌也可防格对方手对我胸或头的进攻，右俯掌也可向我前下搂削防开对方对我低位进攻，右蹬脚蹬击对方裆腹、胸或心窝。

12. 左插步贯拳（西B）

（1）马步双拐臂（照片12-1）：原右蹬脚的右脚向前扣步落步成马步并向左侧身，同时两拳臂双拐胸前并向左侧滚格，两拳心朝里。（2）左插步贯拳（照片12-2）：左脚插右脚后成左插步，同时右拳向右侧上方弧形贯（甩）击于齐头高处成立拳，同时左拳随跟至附右大臂内侧，左拳心朝里，同时身稍右转。

攻防用法：（1）直接先发制人用左插步接近对方，并用右拳贯击其头。（2）防守反击：当对方用左手攻我，我双拐臂在其身左外侧封

压其左腕、肘并将其向我左侧引带滚格，即刻我左插步右贯拳击其头。（3）闪开反击：当对方用左手或者右手攻我，我向其左外侧或者右外侧跳步闪开后，即刻用左插步右贯拳击其头。

13. 翻身左弓步抡劈掌（西B）

（照片13-1，13-2）：文字说明可参照前面动作7"翻身左弓步抡劈掌"。

攻防用法：（1）可和前面动作12连用。当我用"左插步贯拳"向对方进攻后，即刻用"翻身左弓步抡劈掌"向其攻击。（2）可参照前面动作7"翻身左弓步抡劈掌"的攻防用法之（2）。

14. 翻身右弓步抡劈掌（东A）

（1）右后转身右箭步左侧闪（照片14-1，14-2）：身右后转，左掌仍抱腰，左腿仍曲膝成弓形，同时左脚以脚跟为轴脚尖内扣帮助右后转身，同时原右劈掌转腕向身后向上、向下直臂弧形落于右箭腿内侧上方成右箭步左侧闪。（2）右弓步抡劈掌（照片14-3，14-4）：重心前移，右脚成右弓步，做两臂抡劈掌。其他文字说明

可参照前面动作 7 "翻身左弓步抡劈掌"做动作的同形异侧推理。

攻防用法：可参照前面动作 7 "翻身左弓步抡劈掌"的攻防用法之（2）做动作的同形异侧推理。

（三）第三节（15.上步马步枪掌→20.左穿花右弓步勾切掌）

15.上步马步枪掌（东 A）

（照片 15-1，15-2）：（1）右掌仍抱腰，原右弓步的左脚上右脚前成八字步并重心前移左脚，同时原左劈掌下挂裆前并以掌心朝前掌沿向右格防，同时身稍向左前侧斜。（2）右脚向前扣步上步并向左侧身，同时左掌转腕向额前上托架，同时原抱腰的右掌转腕向前约齐腹高处刺成侧掌。

攻防用法：（1）如果我用左掌向右下防格开对方左腿踢来，那么我在其身内侧上右步成马步并用我右侧胯撞靠其裆腹部的同时右枪掌刺其丹田。如果我左掌向右下防格开对方右腿踢来，那么我在其身右外侧上右步成马步并用我右侧胯撞靠其右大腿外侧使其站立不稳或

跌出，同时用右枪掌刺击其右腰侧或右胸腋。我用左上托掌也可同时防开对方手的进攻。我左脚前八字步并身稍向左前侧斜也可闪防其手的进攻，然后即刻上步马步撞靠，同时用右枪掌向其攻击。（2）对方如用左手攻我，我在其身左外侧用左上托掌将其防开，并速上右步成马步，同时用右掌刺其左腰侧或胸腋。对方如用右手攻我，我在其身内侧用左上托掌将其防开，并速上右步成马步，同时用右掌刺其腹部或丹田。当然上步马步我右侧胯也可向其撞靠。

16. 左插步贯掌，转身左弓步击耳掌（东A）

（1）左插步贯掌（照片16-1，16-1a）：左脚插右脚后成左插步，同时两掌由身体左侧下方并把右掌以掌背为力点向右上侧约齐头高处做弧形甩打，同时左掌随跟至附右大臂内侧，左掌心朝里。也可两臂双拐胸前做防格动作后再左插步甩掌。（2）转身左弓步击耳掌（照片16-2，16-3）：身左后转成左弓步，同时左臂掌以掌背为力点向身后约以齐头高处甩击，

右掌以掌心为力点击合在左掌上成两掌掌心相合。

攻防用法：用左插步右甩掌击对方头或耳门，继而左后转身用左甩掌击其头或耳门，再用右扇掌击其头或耳门。左右掌臂同时也可起防拨对方手攻的作用。

17. 踢腿刺掌（东A）

（照片17-1，17-1a，17-2）：原两合掌先以右掌稍向前移同时左掌稍回收，然后右掌转腕回收抱腰，同时右脚向前踢，同时左掌向前刺成侧掌。

攻防用法：右掌稍前移可防拨开对方攻手，右脚踢其裆腹部或心窝，同时左侧掌刺其胸、喉或眼。

18. 右弓步翻劈拳（东A）

（1）马步抱拳（照片18-1，18-1a）：原右踢脚向前扣步落步成马步并左侧身，同时左掌心在身右下侧裆前击合在右拳腕背上，右拳心朝里。（2）右弓步劈拳（照片18-2）：重心移右脚成右弓步并身右转，同时左俯掌横压右胸腋前，同时原置裆前的右拳以拳背为力点向上向身前下弧形劈击至

约齐胸高处成仰掌。

攻防用法：（1）用马步下抱拳（又称闭防）以拦对方腿的进攻，然后用右劈拳翻劈其头面部。（2）用左俯掌横胸前压防开对方手的进攻，同时用右劈拳翻劈其头面部。（3）当对方用脚踢我裆腹部。我右手背从其踢来脚的小腿前段下面拦托住，左手心从上向下封压其小腿前段上面，然后我即刻右脚撤向身右后并重心坐右脚成右弓步，同时身右转，同时两手合力将其小腿稍向上、向右、向下弧形顺拧旋使其跌倒。

19. 转身右穿花左弓步勾切掌（西B）

（照片19-1，19-2，19-3）：身体左后转并重心移左脚成左弓步，同时两手做右穿花的5个小动作后，使右俯掌从脸前向下向身后刁勾成勾手（勾尖朝上），同时在原右俯掌里面的置脸前的掌心朝里的左掌转腕向前推切成侧立掌。右穿花的1至5个小动作可参照前面基本功部分的（2）"右穿花C2B"。

攻防用法：右穿花的攻防用法可参照前面基本功部分（2）"右穿花C2B"。另外，对方用手攻我，我用右刁勾手将其攻手向我身后引带，同时上左弓步并用左侧立掌向其推切。

20. 上步左穿花右弓步勾切掌（西B）

（照片20-1，20-2，20-3）：原左弓步的左脚稍收回并绕迈成八字步，同时

216

身左转做左穿花的5个小动作并上右脚成右弓步，同时左穿花5个小动作后，使左俯掌从脸前向下向身后刁勾成勾手（勾尖朝上），同时在原左俯掌里面的置脸前的掌心朝里的右掌转腕向前推切成侧立掌。左穿花的1至5个小动作可参照前面基本功部分的（1）"左穿花C2A"。

攻防用法：左穿花的攻防用法可参照前面基本功部分（1）"左穿花C2A"。另外，对方用手攻我，我用左刁勾手将其攻手向我身后引带，同时上右弓步并用右侧立掌向其推切。

（四）第四节（21.双风贯耳右踢脚→27.遁步左虚步冲拳）

21. 双风贯耳右踢脚（东A南C）

（照片21-1，21-2）：（1）重心移原右弓步的左脚并左脚向身左前侧即东A南C方向绕迈成八字步，同时两掌沿向胸前左右两侧格开。（2）两掌心向前合击，同时右踢脚。

攻防用法：（1）当对方用两手攻我胸，我两掌将其攻手向两侧分开后即刻向前合掌击其两耳门，同时右脚踢其裆腹部。（2）当对方用一手攻我胸或头，我在其身内侧用相应的一手将其向外侧防开后即刻向前合掌击其两耳门，同时右脚踢其裆腹部。

22.左提膝横击上冲拳（罗汉撞钟）（东A南C）

（1）右提膝双下压切掌（照片22-1）：原右踢脚收回成右提膝并膝上顶，同时两掌顺右膝上顶向下压切于右膝两侧。（2）左提膝横击上冲拳（照片22-2，22-3）：右脚落地，左膝向上提顶，同时右俯拳向左横击于齐腰高处，同时左拳以拳心朝里在身前由下向上冲击约齐头顶高。

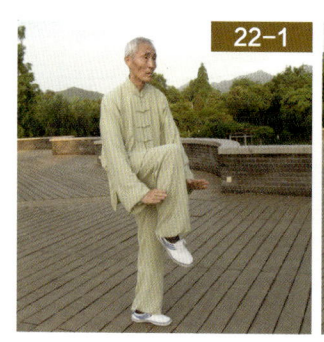

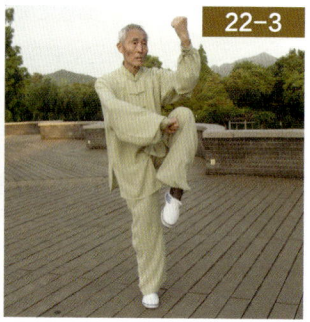

攻防用法：（1）我右脚踢对方，如果对方来抱我右腿，我两掌趁机向下按压其后脑，同时右膝上顶撞击其脸面或胸。或者我右膝向上顶击其胸、脸部，同时两掌向下切打其肩井穴。（2）我用两掌防开对方进攻后即刻用左膝上顶撞击其裆腹部，同时右俯拳向左横勾击其腰，同时左拳由下向上冲击其下颌或者向右斜上击其头。

23.马步下栽抱拳（天马抱月）（东A南C）

（照片23-1，23-2，23-2a）：（1）原右横勾拳回收抱腰，同时原右独立步的左脚向前东A南C方向落步并绕迈成八字步，同时身左转，同时原左上冲拳转腕做绞手成侧立掌。（2）右脚向前扣步上步并左侧身成马步，

同时原抱腰的右拳逆转腕以大拇指朝下拳心朝右的反冲拳，并以拳面开路向前、向上、向下做弧形运动，并最后右拳在裆前栽击到左仰掌掌心上形成栽抱拳势，左仰掌掌尖朝右，右拳心朝里，右拳做弧形运动时要使右拳面和右小臂下侧都能有力点。

攻防用法：我用左八字步左绞手防开对方左攻手或者右攻手，同时上右步成马步从其前面或者后面封其脚或插裆，同时用右反冲拳击其头，或我右小臂内下侧击其颈脖后用右拳臂挟抱其颈，再左掌接抱我右拳将其向前或者向后压伏。

24. 左穿花右独立压打（东A南C）

（照片24-1，24-2，24-3）：左手向右腋下穿同时右拳臂向右拨拦后，右拳转腕回收抱腰同时原左下穿掌转腕向上以俯掌横压胸前，左提膝同时原抱腰的右拳转腕从左俯掌上面穿过向前击成立拳，同时身体稍前斜。

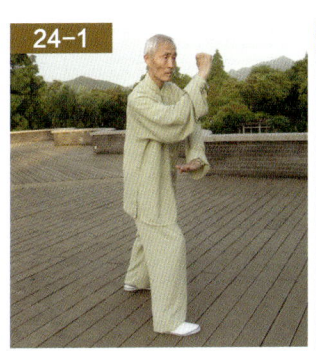

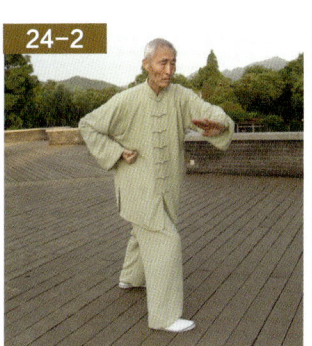

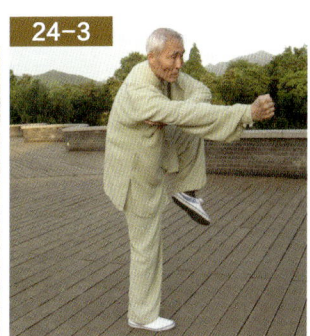

备注：也可先做左穿花的1至4个小动作后再做独立压打。

攻防用法：我用左穿花锁其攻手的关节，左俯掌横胸前也可压封其攻手，同时右立拳向其攻击，身前斜以增加右立拳的攻击距离和力量。

25. 左穿花转身右弓步靠（西B北D）

（1）左穿花转身骑龙步上下分挂（照片25-1，25-2）：身左后转并左脚向左后西B北D处绕迈成八字步，同时右脚以脚跟为轴脚尖尽量内扣帮助转身，同时两手做左穿花1至4个分动作，到右脚上步至西B北D处前脚掌踮地并左腿曲膝成弓形，同时向左侧身成骑龙步时，这时左掌置右胸腋前并右掌置裆前成上下分挂形。（2）右弓步靠（照片25-3）：重心前移右脚成右弓步，同时原置裆前的右掌臂向上向右前以仰掌臂向约齐胸高处横靠击，同时原置右胸腋前的左掌以俯掌向左后将捌于约齐胯高处并掌沿后挺。

攻防用法：（1）对方如用左手攻我，我用左穿花封缠其臂后即刻上右弓步封其脚或插裆，同时用右腿、胯、肩、臂向其撞靠击，同时左俯掌向身左后侧将捌以助右靠臂之力，也可同时用左俯掌向后平切另一人腰腹。对方如退一步我右掌刚好击其胸或头。（2）对方如用左手攻我，我用左俯掌将其左手臂向我

身左后侧捋挒开，我在其身左外侧上右弓步封其脚或插裆，同时我右仰掌臂从其左腋下穿入其身内侧即刻右腿、胯、肩、臂向其撞靠击，同时左俯掌向身左后侧捋挒以助右靠臂之力，也可同时用左俯掌向后平切另一人腰腹。

（3）对方用手和腿向我凶猛攻来，我重心移左脚并右前脚掌踮地，同时向左侧身成骑龙步，同时用上下分挂掌闪防开其攻势，然后即刻上右弓步封其脚或插裆，同时用右腿、胯、肩、臂向其撞靠击，同时左俯掌向身左后侧捋挒以助右靠臂之力，也可同时左俯掌向后平切另一人腰腹。

备注：利用左侧身右脚踮地的骑龙步上去可试探重心是否可向前移至右脚成右弓步，如不能可收回。重心前移成右弓步要防止对方用腿向后一弹我的右弓形腿使我向身左侧前下跌扑。所以用骑龙步右脚踮地试探知，确实可以封住其脚后再使重心前移右脚成右弓步。

26. 右穿花右虚步大开门搂削亮掌（南C西B）

（1）左八字步右穿花（照片26-1，26-2）：原右弓步的左脚收移到右脚前并绕迈成八字步，同时两手做右穿花的1至4个小动作成右掌置左胸腋前，同时左掌置裆前的上下分挂形。身体由原向西B北D变成向南C西B。（2）右虚步大开门搂削亮掌（照片26-3）：右脚向前南C西B方向迈出成右虚步，同时原置裆前的左掌在身前由下向右上、向左前侧斜上方弧形伸臂挒开，左仰掌掌心斜向右上，同时原置左胸腋前的右掌以掌沿前挺

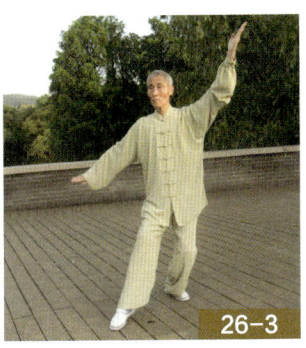

的俯掌在身前向前向右下侧弧形搂削约齐胯高。

攻防用法：我用右穿花向对方攻防后，上右虚步用左上伸捌掌击其头或防格开对方对我胸或头的进攻，同时用右搂削掌击其腹部或搂削开其对我裆腹部的进攻。

27. 遁步左虚步冲拳（南 C 西 B）

（照片 27-1，27-2，27-2a）：（1）原两手臂先不动，原右虚步重心仍在左脚，使右脚先上一步然后左脚紧跟其后仍成右虚步，这步法叫作"遁步"，又称"接步"或"填步"。（2）然后原左上伸捌掌变拳回收抱腰，原右虚步稍收回并绕迈成八字步，同时原右搂削掌变拳收回并顺转腕在胸前向右外侧翻压，同时身右转。（3）左脚上前成左虚步，同时原右翻压拳收回抱腰，同时左拳转腕由腰侧向前约齐胸高处击出成俯拳。

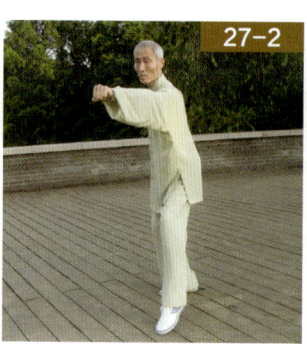

攻防用法：（1）对方如有退意或我想接近对方，不直接用上步弓步进，先用遁步试探。（2）对方如用左手或者右手攻我，我用右拳向右外侧翻压防开并右侧身上左虚步，同时用左俯拳在其身内侧击其胸或头，或者在其身右外侧击其右胸腋或头。

（五）第五节（28. 右踢脚击拍 → 33. 左插步贯拳，转身左拗弓步横勾拳）

28. 右踢脚击拍（南 C 西 B）

（照片28-1，28-2，28-3）：（1）右拳仍抱腰，原左虚步稍收回并绕迈成八字步并身左转，同时原左俯拳变掌转腕回收身前做左绞手。（2）左绞手变拳回收抱腰，原抱腰的右拳变掌转腕成俯掌置右耳侧前。（3）右脚向前踢出，原右耳侧前的右俯掌向前以掌心击拍右脚背并右掌尖同时也有向前的刺意。

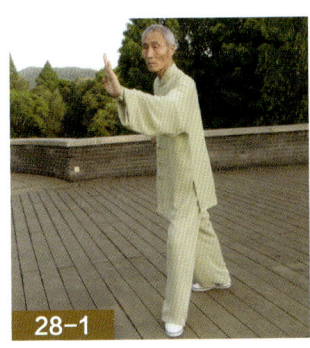

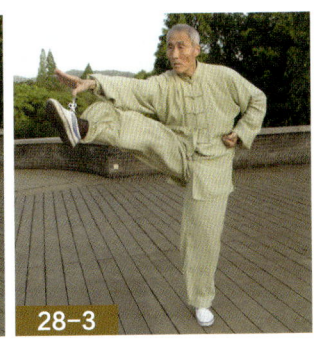

攻防用法：（1）我用左绞手防开对方右攻手，并在其身内侧用右脚踢其裆腹，同时用右掌向前击拍其头顶或者刺其喉、眼、胸。（2）当对方用左手攻我，或者我左手防开其右攻手后其又用左手攻我，我在其身内侧用右俯掌置右耳侧前防开其左攻手，即刻我右掌向前击拍其头顶或者刺其喉、眼、胸，同时右脚踢其裆腹。（3）如果用这个动作走对方身左外侧或者右外侧，右脚踢其腰胯，同时右掌击拍其头顶，或刺其脸侧、太阳穴。

29. 右弓步双击掌（双风贯耳）、右箭刺步（飞镖刺心）（南C西B）

（照片29-1，29-2）：（1）原右踢脚的右脚落地成右弓步，同时两掌向前约齐头高处合击，也可两掌先在胸前稍向两侧分开后再向前合击。（2）重心后移左脚，左腿曲膝成弓形并身左侧成右箭步，同时右掌以侧掌向前约齐胸高处直刺，并左掌以掌心朝里收回右肘窝边。

攻防用法：（1）两掌向前合击对方耳门称作"双风贯耳"。或者两掌先向两侧防开对方两手或单手对我的进攻后即刻向前合击其耳门。（2）对方若用两手防开我的双击掌或再用手攻我，我即刻重心后移并左侧身，同时用右掌直刺其心窝，左掌护右肘窝边防护称为"飞镖刺心"。

30. 右弓步抡劈掌（南C西B）

（照片30-1，30-2）：文字说明可参照前面套路三杨家选的动作31"金刀劈竹压肩井"的分动作2，攻防用法可参照前面套路三杨家选的动作31"金刀劈竹压肩井"的攻防用法（2）。

31. 转身左弓步抡劈掌（北D东A）

（照片31-1，31-2，31-3）：文字说明和攻防用法可参照前面套路三杨家选的动作31"金刀劈竹压肩井"做动作的同形异侧推理。

32. 右勾格扫（北D东A）

（1）右左挖格手（照片32-1，32-2）：①原左弓步重心移右脚成右腿曲膝成弓形，同时左脚以脚跟为轴脚尖再内扣，同时身右侧；同时右手从

左腋向下穿挖，同时左掌臂上拐并左掌以掌心朝里掌沿向右侧挺格成右挖格手。②重心前移左脚并左脚稍收回并绕迈成八字步，同时身左转，同时原置上面的左格掌变刁勾手从右腋向下穿挖，同时原右挖手转腕变掌从下向上拐臂以掌心朝里掌沿向左侧挺格成左挖格手。（2）右勾搁扫（照片32-3，32-3a）：右脚向右侧前勾格扫，同时右拳臂向右侧前以齐胸高处横臂扫击，右拳立拳，同时身稍右转，同时左拳扬额前上成反冲拳并随转有向右击之意，

225

左拳心朝外。

攻防用法：我用右左挖格手可防格对方腿或手的进攻，同时还可封住对方的手，并用右勾格扫扫绊其脚，同时用右拳臂横扫其胸、脖、头；如和对方身贴近时也可用右臂、右肩、身右侧向其撞靠，同时用扬在额前上的左反冲拳近击其头，同时右勾搁扫。

33. 左插步贯拳，转身左拗弓步横勾拳（北D南C）

（1）左插步贯拳（照片33-1，33-2）：①原右勾格步变成马步，同时两拳臂以拳心朝里在胸前上竖起成双拐臂由身右侧向左侧引带。②左脚插右脚后成左插步，同时右拳向右侧上方弧形贯（甩）击于齐头高处成立拳，同时左拳随跟至附右大臂内侧，左拳心朝里，同时身稍右转。（2）转身左拗弓步横勾拳（照片33-3，33-4，33-4a）：身体左后转成左弓步，同时

左拳以拳背开路向左后、向上、向下弧形横压劈打于齐头高处收回抱腰，同时右拳以拳面开路的横勾拳向身左后、左前约齐头高处弧形横击，右拳心斜向前下。

攻防用法：（1）用双拐臂防开对方攻我的手臂后即刻左插步并用右拳贯（甩）击其头，左后转身用左拳横压劈打其头，再用右横勾拳击其太阳穴或后脑。（2）左插步贯拳也可先发制人贯击其头，左后转身时做横扫的左拳臂也可防开对方攻手，同时右横勾拳击其头或太阳穴。

（六）第六节（34.转身右虚步勾手劈切掌→40.收势）

34.转身右虚步勾手劈切掌（南C）

（照片34-1，34-2）：身右后转成右虚步，同时随转原抱腰的左拳变成左刁勾手向右腋下挖穿并向下向左后侧再稍向上弧形引带成勾尖朝上的勾手，同时随转原右横勾拳变成掌在左刁勾手外面先以掌心朝里再逆转成掌沿朝上向额前上托架，然后向身右后向前、向下弧形劈切至约齐胸高成侧立掌。

攻防用法：（1）对方用手攻我，我用左刁勾手将其攻手向下穿挖防开，同时身右后转并用右掌右上向下直臂切后面攻来之人的头顶及脸面部，同时用左后刁勾手勾击对方裆腹部。（2）我用右横勾拳击对方太阳穴，对方若用一手防开并另一手攻我，我用左刁勾手将其攻手向下穿挖防开，同时身右后转并用右掌直劈切后面攻来之人的头顶及脸面部，同时用左后刁勾手勾击对方裆腹部。（3）当对方用任何一手攻来，我左刁勾手封粘其腕向下、向左、向上运动，同时我右掌封粘其肘弯部并转掌向上→向右→向下运动，同时我身右后转引吊其臂使其跌向我身右侧。（4）当对方用手攻我胸或头，我右掌沿向上将其攻手上托使其失势，即刻我右掌转腕使掌沿朝下直劈击其头或肩井穴。

35. 右弓步勾手推切掌（南 C）

（1）右虚步挖拦（照片 35-1）：原右虚步不变，身左转并稍向左后侧斜，同时原身前右侧立掌回收变成刁勾手向左腋下向下、向前挖穿至裆腹前成勾尖朝右的勾手，同时原身后左勾手转腕变掌由下向前→向上并经过右刁勾手外侧向脸前回收挂拦（抹面掌），左掌心朝里。（2）右弓步勾手切掌（照片 35-2）：右脚上步成右弓步，同时原脸侧左挂拦掌变成刁勾手由上向前、向下、向身后、再稍向上弧形引带成勾尖朝上的勾手，同时原裆腹前的勾手变掌回收并经过左刁勾手内侧做绞手向前约齐胸高处推切成侧立掌。

攻防用法：（1）对方向我凶猛攻来，我速重心后移同时左侧身，同时用右刁勾手向下挖拦对方手和腿的进攻或者撩击其裆腹，同时左抹面掌也可向外拨开对方手的进攻。然后即刻重心前移上右弓步，同时用左刁勾手向前向下抓击对方头顶或脸面部（或者用左刁勾手将其攻手向我身左侧后下方引带化开），同时用右侧立掌向前推切其胸。（2）当对方用任何一手攻来，我右刁勾手封粘其腕向下、向前运动，同时我左掌以掌心朝里的抹面掌掌形封粘其肘弯部并向上→向后运动，同时我身稍向左后侧斜引吊其臂使其跌向我身左后侧。其实

这个用法是前面动作34用法（3）的反式用法。

36. 面花右虚步平切掌（南C）

（1）两掌交叉（照片36-1）：原右弓步先不动，原左后勾手变掌向前移胸前约成侧立掌，同时原身前右立切掌回收胸前并以掌心朝右掌尖朝下从左掌内侧向下插入成交叉掌。（2）两掌逆时针绞花（照片36-2）：原右弓步重心渐后移，同时两交叉掌逆转约180°成左仰掌在下并右侧立掌在上，并在两掌逆转过程中同时左掌自身逆转约90°成掌心稍斜向前上，同时右掌在掌尖朝下时自身顺转约270°成掌心朝前，然后在右掌转到掌尖朝上时自身右逆转约90°成掌心朝左的侧立掌。（3）右虚步平切掌（照片36-3）：重心继续后移成右虚步，同时原在下面的左仰掌抓成拳回收抱腰，同时原在上面的右侧立掌转腕向前约齐胸高处切出成平切掌。

攻防用法：（1）对方如用左手攻我，我右掌以掌心朝右掌尖朝下从其左腕臂内侧向下插并粘封住其左腕；对方如用右手攻我，我右掌从其右腕臂右外侧向下插并粘封住其右腕，同时我左掌以掌心朝右掌尖朝上由下向上以掌背粘住左腕臂的左外侧或者右腕臂的内侧，然后左掌沿外绞并缠抓住左腕臂或者右腕臂并逆拧旋成左手心朝上并回拉引直对方手臂，同时我右掌向前封住其左肘或者右肘弯（窝）处再向前将其掷出，或者左平切掌

向前推切其左胸腋或脖子，或者右胸腋或脖子。（2）我两手做面花动作花其眼分散其注意力，即刻用右平切掌向其攻击。（3）我用左虎爪手以手心朝上抓捏住对方攻手的腕臂回拉并同时用右平切掌向其攻击。如果我用左虎爪手抓捏住对方攻手的腕臂回拉，对方复用另一手攻我，我用右侧立掌掌心向左侧将其另一攻手防开并即刻转腕用右平切掌向其攻击。

37. 左蹬脚左平刺掌（南C）

（1）右八字步右翻压掌（照片37-1）：左拳仍抱腰，原右虚步重心前移并右脚稍收回绕迈成八字步，同时原右平切掌转腕回收胸前向胸右外侧翻压成仰掌并身右转。（2）左蹬脚左仰平刺掌（照片37-2，37-3，37-3a）：原胸前右仰掌回收抱腰，同时原抱腰的左拳变成仰掌并向前从回收的右仰掌上方或下方擦过向前约齐胸高处平刺，同时左脚向前蹬出。

攻防用法：（1）①对方如左手攻我，我右八字步右翻压掌并右侧身将其左攻手向我身右外侧翻压防开，同时我在其身内侧用左仰掌刺其胸、喉、眼、脸，同时用

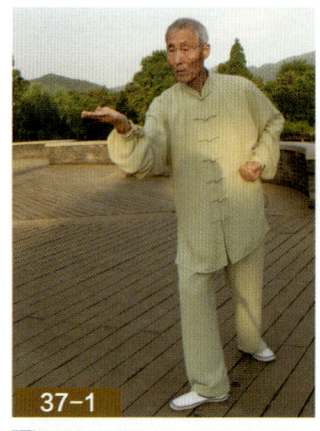

左脚蹬其裆腹、心窝。②如我用右掌翻压开其右攻手，那我在其身右外侧用左仰掌刺其喉、眼、脸，同时用左脚蹬其腰、腋。（2）我左仰掌向前刺时可以从右翻压掌上面经过刺出，也可从右翻压掌下面经过刺出。当我右手攻对方被其绞抓，我右掌粘住其抓手并顺拧转回引，同时左仰掌从我右掌下方经过向前刺击对方并同时左脚向其蹬出，这样我被抓的右手也能脱手。

38. 右箭步上托架平切掌（南C）

（照片38-1，38-2）：（1）右掌仍抱腰，原左蹬脚收回落身后并重心坐后腿，左腿曲膝成弓形，前面右腿仍弯曲，同时原身前左仰刺掌向裆前右侧拦格并右掌心朝前、掌尖朝下、掌沿右挺。（2）右腿伸直成右箭步并左侧身，同时原裆前左拦格掌转腕向额前上托架，同时右掌转腕从右腰侧向前约齐胸高处平切。

攻防用法：（1）对方如向我攻势很猛，我左脚后退左掌下格裆前可防其腿，左掌向上托架防其攻手，同时用右平切掌向前平切其胸、胸腋、心窝或腰腹。（2）当对方手脚并用向我凶猛攻来，我重心速后移左脚并做侧身成右箭步避其腿，同时我左掌上托防开其攻手，同时用右平切掌向前平切其胸、胸腋、心窝或腰腹。

39. 左穿花转身左虚步抱拳（南C）

（1）左穿花左后转身迈步上下分挂（照片39-1，39-2）：左后转身同时两手做左穿花1至4个分动作，同时左脚收回半步并绕迈成八字步使身

体原朝向南C变成朝向身后北D，再右脚扣步向身前北D上到左脚前并左侧身，右腿曲膝成弓形并左腿伸直，这时左掌置右肩腋前并右掌置裆前成上下分挂形。（2）左虚步抱拳（照片39-3，39-4）：身继续左转成左虚步，同时两掌先回收抱腰，再左掌转腕以弧形抱向胸前中心线成侧立掌，同时右掌转腕变拳以弧形抱向胸前中心绕成俯拳，并使左侧立掌掌心合住右俯拳拳面成抱拳势。两臂在胸前抱圆。

攻防用法：（1）我左后转身左穿花攻防用法可参照前面基本功部分（1）"左穿花C2A"。（2）或者我用左穿花的左手封粘其攻手的腕部，同时用右手封粘其肘弯部并顺时针缠其臂，并上右扣步用右肩身向其撞靠，继而用右横勾拳击其头，其如向我左侧躲闪，我用左掌击其耳门。

40. 收势（南C）

（1）退步双落掌（照片40-1）：原左虚步左脚退右脚后，同时两掌以掌心朝前并掌尖朝下分别向身后两侧下方摆移。（2）并步升掌（照片40-2）：右脚退左脚边成并步站立，同时两掌由身侧后下方向前向上弧形升起并向中间合拢以俯掌置额前上方。（3）并步下按掌（照片40-3）：并步站立，原额前上两俯掌向下按压腹前，两掌尖相对。（4）并步站立（照片40-4）：并步站立，原腹前两俯掌以掌心朝里分别下垂挂到两大腿外侧。

攻防用法：可参照前面套路三杨家选的动作57"双掌撩须大团圆"的攻防用法。

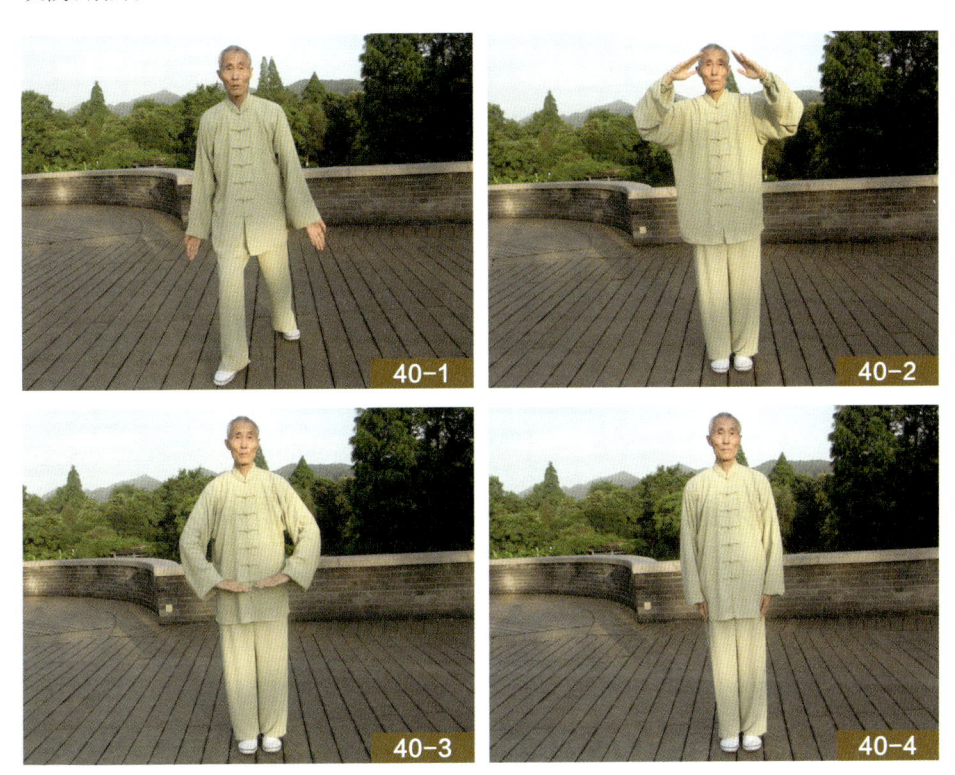

黑龙大罗汉拳二路

一、方位图

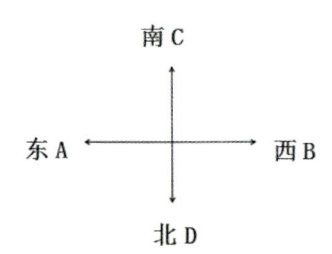

```
        南 C
         ↑
         │
东 A ←────┼────→ 西 B
         │
         ↓
        北 D
```

二、黑龙大罗汉拳二路套路动作说明及拳照

（一）第一节［1.预备势→13.马步下栽抱拳（天马抱月）］

1. 预备势（南C→东A）

并步站立（照片1-1，1-2）：并步站立面向南C，左转90°成面向东A。

2. 左虚步双前平仰刺掌（东A）

（照片2-1，2-2）：两掌转腕成仰掌抱腰，同时重心下蹲并右脚

顺势轻蹬地；然后左脚上前成左虚步，同时两仰掌向前约齐胸高处平刺，两掌尖不超胸宽。

攻防用法：对方如用一手或者两手攻我胸，我用掌心托住其攻手并向前滑进刺其胸腋；或者我用掌背向下压防其攻手并向前滑进刺其胸腋，并同时上左虚步。

3.双勾手右蹬腿（东A）

（照片3A，3B）：原身前两仰刺掌转腕成刁勾手由上向两侧后下方刁勾成勾尖朝上的勾手，同时重心前移左脚并左脚脚尖外撇45°，同时右脚向前蹬出，蹬脚高度可高可低，可齐胸高，也可齐裆腹部高。

攻防用法：我用刁勾手将对方攻我胸的单手或者两手向我身侧后下方引带化开，同时用右脚跟向前蹬其胸、心窝，或者裆腹部。

4.马步勾切掌，弓马步连击拳（东A）

（1）马步勾切掌（照片4-1）：原右蹬脚向前扣脚落步并身左转侧身成马步，同时左刁勾手复由胸前向身左后侧下方引带成勾尖朝上的勾手；在这一过程中，

右掌从裆前先以仰掌向上抄裆，然后以掌心朝里掌尖朝上顺着人体攻防中线向上升穿并从向身左后侧下方运动的左刁勾手内侧经过，再向右外侧转绞成侧立掌。这样右手做了一个右绞手。我左刁勾手将对方攻手向我左后侧下方引带，同时右绞掌攻其胸或面部；我左刁勾手和右绞手都可防开其攻手后用右掌击其胸或面部；我左刁勾手勾击对方面部后即刻用右掌击其胸面部。（2）弓马步连击拳（照片4-2，4-3）：①身右转成右弓步，同时原右侧立掌变拳回收抱腰，同时原左勾手转腕变拳从左腰侧向前约齐胸高处冲出成俯拳。②身左转侧身成马步，同时原前冲的左俯拳转腕回收抱腰，同时右拳从右腰侧转腕向前约齐胸高处冲出成俯拳。冲出的拳回收可防开对方攻手，拳向前冲出也可擦防开对方攻手，一拳收回也可拧转挣脱对方抓住我腕臂的手，同时另一拳向其进攻。前面马步勾切掌和弓马步连击拳动作可连接起来用向对方攻击。

5. 右转跳步马步勾切掌，弓马步连击拳（东A）

（1）转跳马步勾切掌（照片5-1）：身体右转并原地转跳180°成马步，使两脚仍踩在前一式马步两脚的位置上，同时原右侧立掌变成勾手置身右侧下方并左掌向身左前侧绞成侧立掌。用右转跳步来闪防开对方向我正面凶猛进攻的手或腿，再配手的动作效果更好。（2）弓马步连击拳（照片5-2，

5-3）。动作的文字说明和攻防用法可参照前面动作 4 做动作的同形异侧推理。

6. 左勾格扫（东 A）

（1）左收拳右绞手（照片 6-1）：重心移左脚成左弓步，同时原前冲的左俯拳转腕回收抱腰，同时原抱腰的右拳变掌向前做绞手成侧立掌。（2）左拐臂左勾搁扫（照片 6-2，6-3）：①右脚稍向身右侧前即南 C 方向迈出一步成右弓步，同时原右侧立掌绞抓成拳回收抱腰，同时我身右转并左拐臂向胸前滚格。②左脚向左前侧勾格扫，同时原左拐臂的左拳变掌并转腕成俯掌并使掌沿左前挺自右向左前侧约齐胸脖高处弧形平扫切，同时原抱腰的右拳变成仰掌并以掌沿向里挺向左前约齐腹或齐胸高处推切。

攻防用法：对方右手向我攻来，我用右手绞抓其右腕臂并向右侧上步同时左拐臂封压其右肘向我身右侧牵引使其失势后，即刻用左脚向其勾格，同时左俯掌扫切其胸或脖子，同时右仰掌推切其胸或腹。

7. 右勾格扫（东A）

（1）撤步左弓步撩掌（照片7-1，7-2。备注：照片7-2相机移身右后侧）：左脚撤移身后北D方向成左弓步，同时左掌向额前上托架，原右仰掌转腕变成俯拳向身前下约齐裆腹高处撩击，同时原左上托掌转腕成俯掌向下压盖于右俯拳拳背上。（2）右勾格扫（照片7-3相机在身右后侧）：右脚向身右前侧勾格扫，同时原右俯拳变俯掌并使掌沿右前挺自左向右前侧约齐胸脖高处弧形平扫切，同时原左俯掌转腕成仰掌并以掌沿向里挺向右前约齐腹或其胸高处推切。

攻防用法：对方用右手攻我，我用左上托掌防开，并在其身内侧用右俯拳撩击其裆腹，如其用收腹避开我右撩拳而使其身体前倾，我即刻用左俯掌按压其后脑并同时用右俯拳撩击其两眉头连线中间的"天庭穴"后，我即刻用右勾格扫向其扫出，同时用两掌扫切其后背或后颈部使其向前跌扑。对方如用左手攻我，最好用这个动作的反式。

8. 左虚步鸳鸯掌（东A）

（照片8-1，8-2，8-3）：（1）身右转并重心移右脚，同时原右勾格

脚绕迈成脚尖外撇约 45°的八字步，同时两俯掌以掌沿外挺并以约齐胸高在胸前向两侧分切。（2）两分切掌回收交叉于胸前，使左掌在外右掌在内，两掌心朝里。同时原踏实的左后脚以脚跟离地前脚掌踮地为上步做准备。（3）左脚上前成左虚步，同时胸前两交叉掌向外拧转成侧立掌并向前推切成鸳鸯掌，左掌在前右掌在后，左侧立掌掌尖约对鼻尖，在后面的右侧立掌置左臂内侧的肘窝边。

攻防用法：攻防用法可参照前面套路二练步拳之动作14"鸳鸯掌"，所不同的是前者是马步，这里是左虚步。

9. 右踢脚右刺掌（东A）

（照片9-1，9-2）：重心前移，同时原左虚步成八字步，同时原右侧立掌转腕回收抱腰，同时原左侧立掌转腕并回收胸前以俯掌下压横

239

胸前以防压对方手的进攻；右脚向前踢其裆腹或心窝，同时右仰掌从左掌背上进过向前刺其胸、心窝，或者喉、眼。

备注：也可原右侧立掌先停原处不动之后转成仰掌从横胸前的左俯掌上经过向前刺出。

10. 退步马步立切掌，弓马步连击拳（东A）

（1）退步马步立切掌（照片10-1）：原右踢脚退左脚后并身右转侧身成马步，同时原右仰刺掌变拳回收抱腰，同时在这一过程中原横胸前的左俯掌成侧立掌并以掌背顺贴着回收的右臂外侧向前挒推切。（2）弓马步连击拳（照片10-2，10-3）：①身左转成左弓步，同时原左侧立掌变拳回收抱腰，同时右拳从右腰侧转腕向前约齐胸高处冲出成俯拳。②身右转侧身成马步，同时原前冲的右俯拳转腕回收抱腰，同时左拳从左腰侧转腕向前约齐胸高处冲出成俯拳。

攻防用法：当对方向我凶猛进攻，我速右脚退左脚后并右侧身闪开，同时用左侧立掌向其攻击，也可用左掌防格其攻手。当我用动作9右脚攻对方被其防开，或我右仰刺掌被其防开或抓住，我速右脚退左

脚后并右侧身，同时左掌顺着回收的右臂外侧向前捋擦推切而使右手脱手，同时左侧立掌向其攻击或防格，继而用弓马步连击拳向其攻击。

11. 左转跳步马步勾切掌，弓马步连击拳（东A）

（1）转跳马步勾切掌（照片11-1）。（2）弓马步连击拳（照片11-2，11-3）：文字说明和攻防用法可参照前面动作5做动作的同形异侧推理。

12. 左仆步按压掌（西B）

（1）转身缠抓手（照片12-1）：身左后转，重心稍移左脚，同时左俯掌掌心在胸前按压住右侧立掌手腕，并右侧立掌准备做绞抓对方腕臂动作。（2）左仆步按压掌（照片12-2，12-2a）：重心后移，右脚下蹲成左仆步，同时原左俯掌成侧掌并以掌沿向下挺出为力点向下沉压于左大腿近膝内侧。

攻防用法：当对方用右手攻我，我左俯掌先向下压封其右腕，同时右俯掌从其右腕内侧下方向外侧穿出并向上绞抓住其右腕臂后，我在其身体右外侧，随身体重心后移下蹲我右手将其右臂向下回拉牵引，同时左侧掌以掌沿下挺压封住其右肘

随动，使其向前下跌扑。如我用右手攻对方被其右手向外绞抓，我左俯掌先压封其右腕，同时我右掌向上缠绞抓住其右腕后用前面的方法将其牵引跌扑。

13.马步下栽抱拳（天马抱月）（西B）

（1）起身左八字步左绞手（照片13-1）。（2）上步马步下栽抱拳（照片13-2），分动作（2）"上步马步下栽抱拳"的文字说明及整个动作13"马步下栽抱拳"的攻防用法可参照前面套路四黑龙大罗汉拳一路的动作23"马步下栽抱拳"。

（二）第二节（14.转跳步马步架打→22.马步枪掌）

14.右转跳步马步架打（西B）

（照片14）：身体右转并原地转跳180°成

马步，使两脚仍踩在前一式马步两脚的位置上，同时右拳臂向上托架置额前上，同时原裆前左仰掌变拳向前约齐胸高处冲出成立拳。（当我用前一式"马步下栽抱拳"向其攻击后速用马步右转跳并用左立拳向其攻击。用右转跳步来闪防开对方向我正面凶猛进攻的手或腿，右拳臂上托也可再防格对方进攻，同时用左立拳向其攻击。）

15. 左穿花转身左虚步亮掌（西B→东A）

（1）左八字步右上步左穿花（照片15-1，15-2）：左脚收回半步并绕迈成八字步同时身左转，同时原左立拳变挖勾手并收回向右胸腋前往下穿，同时原上托架的拳变掌在左手臂外面往左胸前上穿，同时两手做左穿花，如同前面"基本功部分"中"左穿花"4个分动作，并上右扣步至前面西B方向，右腿曲膝成弓形并左侧身，这时左掌置右肩腋前，右掌置裆前成上下分挂形，眼观身前东A处。（2）左虚步亮掌（照片15-3）：身左后转成左虚步，如果右脚原先上步时还扣得不够而影响转身，那么这时可以右脚跟为轴使右脚尖再内扣来帮助左转身，然后左脚成左虚步；同时原置右肩腋前的左掌由上向前下向身左后下方搂刁成刁勾手（勾尖朝上），同时原置裆前的右掌在身前向右→向上→转腕向左弧形分掌升移至额前或额前上成亮掌，右掌心朝前并掌沿朝上同时右掌尖向左侧的刺意，眼观右亮掌

前方或掌尖左侧。

备注：做左虚步亮掌中右掌向右分升时，眼睛可以跟着右掌向右→向上→向左至额前上，也可以不跟右掌走，直接到右掌在额前定位成亮掌时观亮掌掌尖左侧。

攻防用法：（1）当我用左穿花向对方实施各种攻防后，用左刁勾手在身前由上向下向身左后侧刁勾开并捋带对方攻我之腿或手使其失势，同时我贴近对方用右亮掌掌尖向左前侧近刺其太阳穴或头面部。（2）当我用左穿花手缠其手臂后，也可用右分掌向上撩击击其裆腹部或胸腋，或者脸面或下颌，或者用右小臂向其横靠击，这就是眼神跟着向右上分升的右掌的攻防含义；然后再用左刁勾手防其腿或手的攻势，再用右掌尖向左前侧近刺其太阳穴，或者头面部。（3）当我用左穿花缠其手臂后速上右步并用右侧肩身向其撞靠，使其跌出。（4）当我右手刁勾开其攻来之右手或后腿后，其复用左手攻我，我在其身内侧用右掌背粘住其左攻手向我身右侧捌开或者向我身右后侧引（捋）带使其跌向我身右后侧，或者使其失势后我速转右掌近刺其太阳穴或头面部。

16. 右踢脚击拍，转身左后挂腿，左拗弓步劈拳（东A）

（1）右踢脚击拍（照片16-1，16-2）：重心前移，左脚成八字步，同时右俯掌置右耳前侧以防开对方手的进攻；右脚向前踢对方裆腹或胸及心窝，同时右俯掌向前击拍右脚背以刺对方喉、眼或劈击其头顶。

（2）转身左后挂腿（照

片16-3）：右脚向前扣落地并以脚前掌为轴逆拧转帮助左后转身，左脚以脚背崩平用脚尖或脚前掌向后撩踢对方裆腹部，同时左拳臂弧形向后抡劈以击其头。（3）左拗弓步劈拳（照片16-4）：左脚身后落地并身左转成左弓步，同时原左抡劈拳回收抱腰可防格对方攻手，同时右拳臂向左下斜劈其头脸、脖子或肩井穴。

17. 左箭步立切掌（东A）

（照片17）：重心后移，右腿曲膝成弓形并身右转侧身成左箭步，同时右拳回收抱腰，并在这一过程中左掌从右小臂内侧下穿向外侧并以左侧立掌掌背贴住回收的右小臂外侧向前捋推切。

攻防用法：当我用前一式右劈拳向对方劈击时，如其用手防开或绞抓住我右腕臂并在我身内侧用手向我进攻时，我右劈拳回收并重心后移右脚同时身右转侧身，同时我左掌从右小臂内侧下面穿向外侧并以左侧立掌掌背贴住我右小臂外侧及对方防开我或绞抓我的手的手臂外侧向前捋推切，使我防开对方攻手并使我右手挣脱，同时我左侧立掌向其推切。

18. 大开门右勾格扫（东A）

（1）左八字步左绞手右拐臂（照片18-1，18-2）：①右拳仍抱腰，

重心前移左脚并左脚收回半步绕迈成八字步同时身左转，同时原身前左侧立掌回收身前做左绞手。②左绞手变拳回收抱腰，同时右拳臂上拐并以拳心朝里向身左前侧滚格。（2）大开门右勾格扫（照片18-3）：右脚向右侧前做勾格扫，同时原右滚格拳臂变掌并转腕向右侧前约齐胸高处扫成平切掌，同时原抱腰的左拳变掌向左前侧斜上方伸臂捯开，左仰掌掌心斜向右上，同时身稍右转。

攻防用法：可参照前面套路四黑龙大罗汉拳一路之动作10"转身大开门右勾格扫"。

19. 左独立横打（东A）

（1）右拳臂拐格（照片19-1）：原右勾格步不变，原左上方伸捯掌变拳回收抱腰，同时原身右前侧平扫切掌变拳转腕向身左前侧拐臂滚格。（2）左独立横打（照片19-2）：右提膝同时身右转，同时右拳臂向身右前侧约齐胸高处弧形横向摆击，右拳立拳；

同时原抱腰的左拳转腕成反冲拳并向上、向右经额前上方向右弧形摆击置额右前上方。

攻防用法：（1）对方如用腿踢来，我右提膝防开，同时用右立拳臂向右前横击其胸或头，同时用左反冲拳近击其头或花其眼。（2）对方如用右手攻来，我在其身内侧用右拐臂滚格防开，即刻用右提膝撞其裆腹，同时用右拳臂和左反冲拳横击其头。（3）对方如用左手攻来，我在其身左外侧用右拐臂滚格防开，即刻用右拳臂和左反冲拳横击其头，右提膝也可预防其腿。

20. 右弓步双风贯耳（东A）

照片（20-1，20-2）：（1）右提膝，两掌顺右膝两侧向下按切。（2）右脚向前落步成右弓步，同时两下切掌变拳并以拳面为力点向前约齐头高处击出，两拳心朝里，两臂抱圆，两肘稍斜向下。

攻防用法：（1）当对方用手抱我右腿，或者我右膝撞对方裆腹其收腹避我右膝而使其上半身前倾时，我速用两手按其后脑并用右膝撞其脸面；如果其放手后退，我速上右弓步并用两拳向前击其太阳穴。当对方抱我右腿时，我也可用两手向下劈切其两手臂，同时用右膝向上撞击其下颌。（2）当对方用两手或一手向我胸部或腹部攻来，我可用手向上或向下将其向我外侧分开后速上右弓步，同时用两拳向前击其太阳穴。

21. 左提膝下劈切掌（西 B）

（照片 21）：身左后转并左提膝，原双风贯耳的右拳收回抱腰并左拳变掌向左膝外侧下劈切。

攻防用法：（1）对方如用腿攻我，我左提膝防开，并用左掌向下切其腿。（2）对方如从我左前侧抱我左腿，我左提膝撞其胸、下颌、头脸部，同时左掌向下劈切其头、肩井穴。

22. 上步马步枪掌（西 B）

（1）左八字步左捞手（照片 22-1）：右拳仍抱腰，身左转左脚向前八字步落步，同时左仰掌向前右方约齐裆高处做向右上捞撩的动作，同时身稍斜向左前侧。（2）上步马步枪掌（照片 22-2）：右脚扣步上步并左侧身成马步，同时左仰掌转腕向上托架置额前上，同时右掌向前约齐腹高处刺出成侧掌。

攻防用法：（1）如果我用左捞手向右下防开对方左腿踢来，那么我在其身内侧上右步成弓步并用我右侧胯撞靠其裆腹部，同时右枪掌刺其腹或丹田。如果我用左手捞撩防开对方右腿踢来，那么我在其身右外侧上右步成弓步并用我右侧胯撞靠其右大腿外侧使其站立不稳或跌出，同时用右枪掌刺击其

右腰侧或右胸腋。我用左上托掌也可同时防开对方手的进攻。（2）对方如用左手攻我，我在其身左外侧用左上托掌将其防开，并上右步成马步，同时用右掌刺其左腰侧或左胸腋。对方如用右手攻我，我在其身内侧用左上托掌将其防开，并上右步成马步，同时用右掌刺其腹部或丹田。当然上马步时我右侧胯也可向其撞靠。（3）我左手向下捞撩时，身向左前侧斜也可闪防对方手的进攻，并速向其反击。

（三）第三节（23.左插步平切掌→32.退步马步冲拳）

23.左插步平切掌（西B）

左插步平切掌（照片23-1，23-2）。

24.翻身左弓步抡劈掌（西B）

翻身左弓步抡劈掌（照片24-1，24-2）。

备注：动作23和24的文字说明和攻防用法可参照前面套路四黑龙大罗汉拳一路之动作6和7。

25. 右踢腿刺掌，马步枪掌（西B）

（1）右踢腿左刺掌（照片25-1）。文字说明和攻防用法可参照前面套路四黑龙大罗汉拳一路之动作8"右踢腿刺掌"。（2）马步枪掌（照片25-2）：原右踢脚向前扣步前落并左侧身成马步，同时原左刺掌先转腕下落裆腹前成捞撩手式的仰掌来防开对方腿或攻我裆腹部的手，再左掌转腕向额前上托架防开对方手的进攻，同时用右侧掌刺其左腰侧或左胸胁或者腹部或丹田。

26. 右盖步大开门捌削亮掌（西B）

（1）绞手上下分挂（照片26-1，26-2）：重心稍移左脚并身稍左转向东A做左绞手。然后左掌转腕由左上向右下护裆前，同时右掌由右下向

左上置左肩腋前成上下分挂势，同时右后腿松弯并右脚前掌虚踮地为上盖步做准备，眼观身右侧前的西B方向。（2）右盖步大开门捌削亮掌（照片26-3）：右脚以脚尖外撇约45°上左脚前成盖步，同时原置左肩腋前的右掌以掌沿前挺的俯掌在身前向前向右下侧弧形搂削至约齐胯高处，同时原置裆前的左掌在身前由下向右上、向左前侧斜上方弧形伸臂捌开，左仰仰掌心斜向右上，眼观身后朝向西B的右搂削掌。

攻防用法：（1）当对方凶猛向我进攻，我身左后转并右脚盖左脚前退避，并同时用右搂削掌从上向下削打其胸腹部，或者用右搂削掌拦削其手腿的进攻后，我可用前面四黑龙大罗汉拳一路的动作7，向左后转身做"左弓步抡劈掌"向其进攻。（2）我用左绞手和上下分挂掌防上防下，上右盖步脚也可踩其膝盖或小腿迎面骨，利用左上捌臂和身左侧也可向其靠击，左上捌臂也可防其攻手，我再左转侧身并右脚尖内扣成马步还可以用右拳或掌向其攻击。注意交叉步也是很灵活的，可以随机变成其他步型。

27. 左侧蹬（侧勾手右亮掌侧蹬）（东A）

（照片27）：原交叉步（盖步）之左脚向前侧蹬，同时原左上伸捌掌向左侧下方刁勾成勾尖朝上，同时右掌向上置额前上并掌沿朝上。

攻防用法：（1）我用前面动作26的左伸臂捌掌防开对方攻手

后即刻用左侧蹬向其攻击。如果我用前面动作 26 的左伸臂捌掌靠击对方，对方后退又用手或腿攻我，我用左刁勾手向下向左外侧防开，同时用左侧蹬向其攻击。（2）其他攻防详细用法可参照前面基本功部分的六基本腿法练习 F 之 3 "侧蹬练习 F3" 的（3）"侧勾手亮掌侧蹬 F3-3" 其中的 A "侧勾手亮掌左侧蹬" 攻防用法。

28. 右脚里合侧蹬（上下分挂）（东 A）

（1）落脚上下分挂（照片 28-1）：身左拧转使原左侧蹬之左脚脚尖外撇约 45°落地，同时左掌回收置右肩腋边，同时右掌向下护裆前成上下分挂。

（2）右脚里合侧蹬（照片 28-2，28-3）：里合侧蹬又叫缠腿。两掌仍上下分挂，左腿独立支撑，右脚以脚底为力点向前向上、向左向内绕环里合后再向前成右侧蹬腿蹬出。

攻防用法：两掌上下分挂能防上防下，用右里合缠腿的右脚底来向左拦截开对方手或腿的进攻后速转成右侧蹬向前攻击其胸腹、心窝，或者头。出脚的力点可在脚跟、脚底，或者前脚掌及脚尖。缠腿的高度可按对方手和脚对我的进攻高度而定。如果是挺腹右侧蹬，左支撑脚应同时以左脚前掌着地逆转。

29. 左插步贯拳，转身左弓步贯拳（东A）

（1）左插步贯拳（照片29-1，29-1a）。（2）转身左弓步贯拳（照片29-2）。文字说明和攻防用法可参照前面基本功部分五基本步法手法练习E之8"插步贯拳转身弓步贯拳E8"中的"左式"。不过开始的"马步双拐臂"可以不做。

30. 进步右弓步冲拳（东A）

（1）左八字步左绞手（照片30-1）。（2）进步右弓步冲拳（照片30-2）。文字说明和攻防用法可参照基本功部分五基本步法手法练习E之1"绞手弓步冲拳E1"中的"右式"。

31. 退步左弓步冲拳（东A）

（1）右退步右绞手（照片31-1）：左拳仍抱腰，原右弓步的右脚退左脚后，同时左脚以脚跟为轴心脚尖内扣成45°，左腿曲膝成弓形，同时原

右冲拳变掌回收身前做右绞手，同时身右转，眼观右侧立掌前。（2）左弓步左冲拳（照片31-2）：原右绞手变拳回收抱腰，同时原抱腰的左拳向前约齐胸高处冲出成立拳，眼观左立拳前。

攻防用法：当对方攻势很猛向我进步攻来，我右脚速跟左脚后同时右绞手卸其力防开，或防开后再用我右手顺拧缠其臂同时左立拳击其胸腋、腰，或者胸腹或头。

32. 退步马步冲拳（东A）

（1）左退步左绞手（照片32-1）：右拳仍抱腰，原左弓步的左脚退右脚后，同时右脚以脚跟为轴脚尖内扣，同时原左立拳变掌回收身前做绞手并左转身。（2）马步右冲拳（照片32-2）：身继续左转成左侧身并右脚继续内扣成马步，同时原左绞手抓成拳回收抱腰，同时原右拳从右腰侧转腕向前约齐胸高处冲出成立拳。

攻防用法：当对方攻势很猛，我左脚后退同时左绞手并向左侧身成马步卸其力并防开，或再用左手拧缠其臂并同时用右拳击其胸腋、腰，或者胸腹或头。

（四）第四节（33.转身右脚高扫踢，左虚步亮掌→42.右弓步压打）

33.转身右脚高扫踢，左虚步亮掌（西B→东A）

（1）转身左八字步左绞手（照片33-1）：原右冲拳回收抱腰并原马步重心移左脚，同时身左后转并右脚以脚跟为轴脚尖内扣来帮助左后转身，左脚收回半步并向西B方向绕迈成八字步同时左绞手。（2）左后转身右脚高扫踢（照片33-2）：身继续左后转并带动右扣脚向前向左后约齐头高处勾脚扫踢约270°（目标是西B方向），作为支撑腿的左脚以前脚掌为轴逆拧转来帮助左后转身。（3）左虚步亮掌（照片33-3）：高扫脚的右脚落地，左脚向前东A方向上步成左虚步，同时原左侧立掌转腕由上向身前下向身左后下方搂刁成刁勾手（勾尖朝上），同时原抱腰的右拳变掌并以掌尖带路在身前向右向上、转腕向左弧形升移至额前成亮掌，右掌心朝前并掌沿朝上同时右掌尖有向左侧的刺意。眼观右亮掌掌尖左侧。

攻防用法：我向西B方向用左八字步左绞手防开对方手的进攻，并用右脚尖勾起向左前西B方向扫踢其头，并用左刁勾手防开身后对方手或腿的进攻，并用右掌尖刺其太阳穴或头面部。用高扫踢相当于横勾拳的作用。

34. 进步二起腿（东A）

（1）上步勾刺（照片34-1）：右脚上步，原右上亮掌向前向下再向身后刁勾成勾手（勾尖朝上），同时左俯掌向前约齐胸高处刺。（2）二起腿（照片34-2，34-3，34-4）：①起跳，左脚向前踢出，同时右脚跳离地，同时原身后勾手变成俯掌并以掌背向前上击打左俯掌掌心。②左脚还未落地时，我右脚向前踢出，同时我右俯掌掌心向前下击拍右脚背。

攻防用法：我右脚上步用右刁勾手由前向下向后刁勾开对方攻手，同时用左俯掌刺其胸或喉、眼，或者左掌向其眼前一扬，速用左右两二起腿腾起踢其裆腹、胸或头。同时右俯掌由下向上撩起也可防托其攻手，或者撩击其裆腹或下颌，而后右俯掌也可向前刺其喉、眼，或者向下击打其头顶。

35. 转身左虚步亮拳（罗汉亮势）（西B）

（照片35）：前式二起腿落地

后身左后转成左虚步，同时原左俯掌变成俯拳由上向下向左弧形压拦置左腹前侧并左臂圆；同时原右俯掌变拳转腕并以拳面开路向上向前弧形击打置额前并拳心朝前。

攻防用法：我左后转身，并用左拳臂由上向下向左侧压拦开对方手或腿的进攻，同时用右拳向左击其太阳穴。这种打法称为近打，和前面动作33中的"左虚步亮掌"一样，右亮掌为近刺。凡是以亮拳和亮掌面目出现的，都和对方离得近。手臂伸直向前进攻称为远打，如向前冲拳和刺切掌。

36. 右弓步平切掌（西B）

（照片36-1，36-2，36-3）：（1）右拳抱腰，左八字步绞手。（2）右脚扣步上步并左侧身成马步，同时原左侧立掌绞抓成拳回收抱腰，同时右掌臂向上拐起由身前向左滚格，右掌心朝里。（3）右弓步，右俯掌向前平切，同时左仰掌向前置右肘窝内侧。

攻防用法：（1）对方左手攻来，我左八字步左绞手在其身左外侧闪防开，左掌缠抓其左腕臂并上右步同时右滚格掌封压其左肘向我身左侧牵引使其失势，即刻我右俯掌向前平切其胸或脖子，同时左仰掌向前有发放地掷劲使其跌出。（2）如果其右手攻来，我走其身内侧用；也可用这个动作的反

式走其身右外侧，应临场应变。

37. 左勾格扫（东A）

（1）右绞手左臂滚格（照片37-1，37-2，37-3）：原左仰掌变拳回收抱腰，同时原右平切掌转腕收回身前做右绞手；当右绞手捞裆向上穿（手心朝里）时重心移左脚并身左转，当右掌转腕向外绞出时同时右脚向前南C方向上半部；然后右掌变拳回收抱腰，同时左拳臂上拐在身前向右滚格，同时身右转。（2）左勾格扫（照片37-4）：左脚向左前侧勾格扫，同时原左拐臂的左拳变掌并转腕成俯掌并使掌沿左前挺自右向左前侧约齐胸脖高处弧形平扫切，同时原抱腰的右拳变成仰掌并以掌沿向里挺向左前约齐腹或齐胸高处推切。

攻防用法：可参照前面动作6"左勾格扫"的攻防用法。这个动作先身左转重心移左脚再向原身左侧南C方向上右步，同时做右绞手是防开对方向我身左后侧的进攻；同时也是套路编排中下一个动作要转方向的安排，不必去计较。

38. 俯身后蹬，转身托格左侧蹬（东A）

（1）俯身后蹬（照篇38-1）：身右转，同时左脚以左跟为轴心脚尖稍内扣成左脚尖朝前向西B，重心移左脚为支持脚并双手叠按左膝，同时身向西B处俯倒，同时右脚向身后东A处蹬出，右脚尖朝下。（2）转身托格左侧蹬（照片38-2，38-3）：①身右后拧转，同时左脚以脚跟为轴脚尖内扣来帮助右后转身，同时右脚绕迈成八字步；同时右掌向右外侧上绞托至约额前上，同时左拐臂使左掌向右前约齐胸、脸高处格击，左掌心朝里，左掌尖约对鼻尖，但这是左掌心也同时右上托之意。②左侧蹬，同时两掌转腕使左俯掌向前平切，同时右仰掌置左肘窝内侧向前推托切。

攻防用法：俯身后蹬可以和前面动作37"左勾格扫"连用。当我用"左勾格扫"攻对方而其逃脱时，我可转用"俯身后蹬"向其攻出。"俯身后蹬"也可和"转身托搁左侧蹬"连用。"托格左侧蹬"攻防用法可参照前面基本功部分六基本腿法练习F之（5）"托格侧蹬F3-5"中的"左式"用法。

39. 上步右弓步右勾拳（东A）

（照片39-1，39-2）：（1）原

右仰掌变拳回收抱腰，同时原左侧蹬前落身前半步并绕迈成八字步，同时原左平切掌转腕回收身前做左绞手并身左转。（2）左侧立掌绞抓成拳回收抱腰，同时上右弓步并右拳向前由下向上勾打至约齐鼻尖高，右拳心朝里。

攻防用法：此动作适合走对方内侧中门。当对方用右手攻来，我用左八字步左绞手并左侧身闪防开，我在其身内侧也可缠拧其右腕臂，同时上右弓步并用右勾拳由下向上勾击其裆、腹、胸或下颔。如果对方用左手攻来，我走其身内侧应该用这个动作的反式。

40. 转身左弓步勾穿拳（西B）

（照片40-1，40-1a，40-2）：原右弓步随着身左后转并重心移左脚成左弓步，同时原右勾拳以弧形先向上向左侧向下回穿，并继续经左胸前向下经腹前向右后弧形穿拳成拳心朝上；同时原抱腰的左拳由下向上并当右拳回穿至左胸前时经右拳臂内侧向上向左前穿出成勾拳形，左拳面约对鼻尖。

攻防用法：（1）当我用前面动作39之右勾拳攻击对方被对方防开并抓住了我手腕时，我身左后转并同时右拳臂弧形回收并转腕向身右后下穿击，使我右手即挣脱，同时右拳向右后穿击其腹部；同时我左后转身用左钩形拳向身后另一人推击其胸或面部。（2）对方用手从我身后攻来，我左后转身用右拳臂从左胸前下穿将其攻手向我身右外侧穿拨防开，同时我左钩形拳向前推击其胸面部。这里用右拳臂由上向下穿拨防拳，相当于前面基本功部分讲过的"刁勾手、挖手"的防拳打动作。

41. 右踢腿（西B）

（照片41）：原身右后穿拳和身前左钩形拳不变，原左弓步的左脚以脚跟为轴脚尖外撇约45°，右脚向前约齐裆腹高处踢出。

攻防用法：可以和动作40连用，我左后转身用左钩形拳的左拳臂向左外侧防开对方手的进攻，同时用右脚踢其裆腹部。也可直接先发制人，用右脚攻其裆腹。

42. 右弓步压打（西B）

（照片42-1，42-2）：原右踢脚前落成右弓步，同时原身前左钩形拳臂转腕向下以俯拳臂横压胸前，同时原身后右穿拳转腕回收经右腰侧向前经

左横臂上方向前约齐胸面高处冲出成立拳。

攻防用法：用左横臂向下沉压对方手的进攻，同时用右立拳向前击其胸或面部。注意头面部的鼻子周围是"危险三角区"，不能乱用这动作。

（五）第五节（43.左插步贯拳，翻身左弓步抡劈掌→52.收势）

43.左插步贯拳，翻身左弓步抡劈掌（西B）

（1）马步双拐臂（照片43-1）：原右弓步重心移左脚并右脚尖内扣同时左侧身成马步，同时两臂上拐向身左侧滚格。（2）左插步贯拳（照片43-2）：左脚插右脚后，同时右拳向右侧上方弧形贯（甩）击于齐头高成立拳，同时左拳跟随至附右大臂内侧，左拳心朝里，同时身稍右转。（3）翻身左弓步抡劈掌（照片43-3，43-4）：身左后转成左弓步，同时左拳变掌向身左后以掌背或掌沿弧形抡臂劈击再回收抱腰；随动右拳变掌向身左后以掌沿弧形抡臂斜劈；右掌也可先以俯掌置右耳侧前，再即刻顺转腕向前滚劈成斜劈掌并右掌尖还有向前的刺意。

攻防用法：（1）"左插步贯拳"的攻防用法可参照前面基本功部分的五基本步法

手法练习 E 之 8 "插步贯拳转身弓步贯拳 E8"中的"左式"用法中的"左插步贯拳"用法。（2）"翻身左弓步抢劈掌"的攻防用法可参照前面套路四黑龙大罗汉一路之动作 7 "翻身左弓步抢劈掌"用法之（2）。在这里"左插步贯拳，翻身左弓步抢劈掌"可连用。

44. 右脚里合侧蹬（上下分挂）（西 B）

（1）八字步上下分挂（照片 44-1）：原左弓步收回半步成八字步，同时原抱腰的左掌转腕向上置右肩腋前成侧立掌，同时原右斜劈掌由上向下收格于裆前成两掌上下分挂。（2）右脚里合侧蹬（照片 44-2，44-3）。文字说明可参照前面动作 28"右脚里合侧蹬（上下分挂）"之（2）。

攻防用法：可参照前面动作 28"右脚里合侧蹬（上下分挂）"。

45. 右盖步大开门捯削亮掌（西 B）

（1）右盖步上下分挂（照片 45-1）：原右侧蹬脚的右脚向身左后侧的东 A 方向以八字步盖落成右盖步，同时原右里合侧蹬中上下分挂的两掌换位置，即原置右肩腋前的左侧掌向下拦格裆前，原置裆前的右掌向上置左肩腋前成上下分挂，眼观身右侧前的西 B 方向。（2）大开门捯削亮掌（照片45-2）：原置左肩腋前的右掌以掌沿前挺的俯掌在身前向前向右下侧弧形搂削至约齐胯高处，同时原置裆前的左掌在身前由下向右上、向左前侧斜上方弧形伸臂捌开，左仰掌掌心斜向右上，眼观身后的右搂削掌。

攻防用法：可参照前面动作26"右盖步大开门捌削亮掌"。

46. 左侧蹬（侧勾手亮掌侧蹬）（东A）

（照片46）：文字说明和攻防用法可参照前面动作27"左侧蹬（左勾手右亮掌侧蹬）"。

47. 右脚里合侧蹬（上下分挂）（东A）

（1）落脚上下分挂（照片47-1）。（2）右脚里合侧蹬（照片47-2，47-3）。文字说明和攻防用法可参照前面动作28"右脚里合侧蹬（上下分挂）"。

48. 左弓步穿靠（西B）

（1）八字步分挂拦拨（照片48-1）：原右侧蹬脚盖落身左后的西B

方向成八字步，同时原上下分挂中的右掌由裆前向右侧拨拦，右掌心朝前，同时左侧立掌仍置右肩腋前。（2）上步左弓步穿靠（照片48-2，48-2a，48-3，48-3a）：①左脚扣步上步并身稍右转接近马步，同时原裆前右掌变拳并转腕走逆弧由下向右、向上、向左上置左肩腋前，右拳心朝前；同时原置右肩腋前的左侧立掌变拳并转腕走逆弧由上向左、向下、向右下置裆前，左拳心朝上拳面朝外。两拳一上一下成逆弧缠绕了180°。（2）身左转成左弓步，同时原置裆前的左拳由下向前、向上穿靠成勾拳形，在转成左弓步时，左胯肩臂身侧都有向前的靠击意，同时原置左肩腋前的右拳以俯拳向下向右后侧捋压至约齐胯高，右俯拳的掌沿外挺并使拳面朝右侧北D。

攻防用法：（1）对方如用右脚踢我，我右脚绕迈成八字步并右侧身闪开，同时我在其身右外侧用右掌臂在我裆腹前向右外侧粘拦其右小腿外侧后，即刻我右掌转腕向右外、向上、向左、向下缠逆弧从其右小腿外侧进入内侧向右上、向左、向下以右手心攀压住其右小腿使其不能挣脱；同时我上左弓步并用左拳臂从其右大腿外侧穿入内侧并向上以钩形拳臂托杠住其右大腿，同时左拳向前顶住其腹部向前发劲使其向后跌出。这时我的左胯、左侧身、左肩都有向前靠击帮助发劲之功能，并和上左步、左拳臂向上向前的托发劲，左勾拳对其腹部的靠击劲，右拳臂向前的耸劲，大家一起发出。

（2）当对方用左脚踢我，我用右八字步右下拦掌在其身内侧防开其右腿，并用右掌转腕从其左小腿外侧向左上缠逆弧攀压住其右小腿；同时我上左弓步并用左拳臂从其裆下穿出至身后，使我左胯、左身侧、左肩和头向其胸腹部靠击并两手向前发劲使其向后跌出。当右掌向右下拦拨其腿的进攻时，置右肩腋前的左掌也可同时拦拨对方手的进攻。

49. 上步右弓步立切掌（西B）

（照片49-1，49-2）：（1）原左弓步的左脚收回半步并绕迈成八字步，同时原左拳变掌并回收身前转腕做绞手成侧立掌并身左转，同时原身右后的右俯拳转腕回收抱腰。（2）右脚上步成右弓步，同时原左侧立掌抓缠成拳回收抱腰，同时原抱腰的右拳变掌向前约齐胸高处推切成侧立掌。

攻防用法：当对方用左手或右手攻我，我左脚绕迈成八字步并左绞手同时左侧身闪防开，我在其身左外侧或者身内侧或再用我左手拧缠其左腕臂

或者右腕臂并回拉引直，同时上右弓步封其脚或插裆，并用右侧立掌推切其左胸腋或头，或者胸或头。

50. 上步左弓步冲拳（西B）

（照片50-1，50-2）：（1）左拳仍抱腰，原右弓步的右脚收回半步并绕迈成八字步，同时原右侧立掌转腕回收身前做右绞手成侧立掌并身右转。（2）左脚上步成左弓步，同时原右侧立掌抓缠成拳回收抱腰，同时原抱腰的左拳向前约齐胸高处冲出成立拳。

攻防用法：当对方用左手或者右手攻我，我右脚绕迈成八字步并右绞手同时右侧身闪防开，我在其身内侧或者右外侧或再用我右手拧缠其左腕臂或者右腕臂并回拉引直，同时上左弓步封其脚或插裆，并用左立拳击其胸或头，或者右胸腋或头。

51. 左穿花转身左虚步亮掌（西B→东A）

左八字步右上步左穿花（照片51-1，51-2）。（2）左虚步亮掌（照

片51-3）。文字说明和攻防用法可参照前面动作15"左穿花转身左虚步亮掌"。所不同的是前面两个动作的连接不同。动作15是由前面的"马步架打"连到15"左穿花转身左虚步亮掌"，而这里动作51是由前面的"左弓步冲拳"连到51"左穿花转身左虚步亮掌"。

52. 收势（东A→南C）

退步双落掌（照片52-1）。（2）并步升掌（照片52-2）。（3）并步下按掌（照片52-3）。（4）并步站立（照片52-4）。（5）右转身并步站立（照片52-5）。动作文字说明可参照前面套路四黑龙大罗汉拳一路之动作40收势之（1）到（4）再右转90°成并步站立面向南C。

攻防用法：可参照前面套路三杨家选的动作57"双掌撩须大团圆"的攻防用法。

黑龙大罗汉拳三路

一、方位图

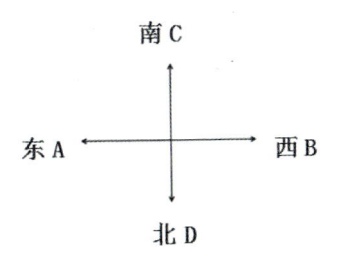

```
        南 C
         ↑
东 A ←———+———→ 西 B
         ↓
        北 D
```

二、黑龙大罗汉拳三路套路动作说明及拳照

（一）第一节（1.预备势→11.左插步贯拳，转身左弓步贯拳）

1. 预备势（南C）

并步站立（照片1-1，1-2）：并步站立面向南C，左转90°成面向东A。

2. 左虚步大开门捌削亮掌（东A）

（1）侧弓步右滚格掌（照片2-1）：右掌抱腰，右脚稍向右前上右弓步，同时左掌向右做滚格手成左掌心朝内。（2）左虚步大开门捌削亮掌（照片2-2）：左脚上左虚步，同时右仰掌向左腹前穿出并从左掌臂下经过向身

右前侧斜上方弧形伸臂捯开；同时左掌转腕并以掌沿前挺的俯掌向身前弧形搂削至约齐胯高处。

攻防用法：我以左滚格掌防开对方手的进攻并将其攻手向我左侧引开，同时我右仰掌向前向右上分捯以击其胸腹。

3. 右里合腿（东A）

（照片3-1，3-2）：（1）左脚八字步，原左搂削前掌转腕回收抱腰，同时右滚格掌向左滚格。（2）右滚格掌回收抱腰，同时用左掌心击拍右里合腿的脚底。

攻防用法：右手向左滚格防开对方手的进攻，右里合腿向左击其头，同时左掌心向右击其耳门。

4. 马步架打（东A）

（照片14）：右脚向前扣步落步并左侧身成马步，同时左掌先转腕下落裆腹前成捞撩式的仰掌再转腕向上托架额前上，同时右拳从右腰侧向前约齐胸高处冲出成俯拳。

攻防用法：可参照套路四黑龙大罗汉拳一路之动作9"马步架打"的攻防用法。

5. 转身左弓步靠（西B）

（1）转身上下分挂（照片5-1，5-1a）：左后转身成左弓步，同时左掌置裆前右掌置左肩腋前成上下分挂形。（2）左弓步分掌靠（照片5-2）：左弓步，左仰掌臂向左前约齐胸高处分靠，左掌尖约对鼻尖，同时右俯掌以掌沿后挺向身右后约齐胯高处捋捌。

攻防用法：我左后转身用上下分挂掌防去对方手或腿的进攻，并上左弓步封其脚或插裆，同时用左掌臂向左前靠击其胸或胸腋。如果我左仰掌臂从右俯掌上面经过可横击对方脖子或头。我也可向对方近身用身左侧撞靠。

6. 右踢脚（西B）

（照片6-1，6-2）：原左右分掌不变，身左转并原左弓步的左扣脚变成八字步，右脚向前约齐裆腹高处踢出。

攻防用法：左

八字步左转身并左捯臂可防格开对方手的进攻，同时用右脚踢其裆腹胸，或者胸腋及腰。

7. 右弓步一字刺掌（西 B）

（照片 7-1，7-2）：右脚扣脚前落并左侧身，同时两掌心在身前约齐胸高处合击并向身左侧稍引带，即刻上右弓步并两侧掌前后一字刺出。

攻防用法：（1）对方用手攻来，我两掌从两侧将其压合并向我身左侧稍牵引，速上右弓步同时用右侧掌向前滑刺其胸、心窝，或者胸腋，同时左侧掌也可向后刺敌。（2）我两掌向前用双风贯耳击其耳门后速回收压防其进攻后速用右掌向前刺其胸、心窝，或者胸腋。

8. 上步左弓步平切掌（西 B）

（照片 8-1，8-2）：（1）原右弓步的右扣脚成八字步，同时左脚上前到右脚内侧成左丁步，同时身右转；同时原右侧掌转腕变拳回收身前并拳心朝里，同时左掌用掌沿向右滚格并使左掌心捂右拳背上成脱手势。（2）右拳回收抱腰并上左弓步，同时左平切掌向前推切。

攻防用法：我右手被抓时，

我右腕臂拧缠回收，同时左掌向右滚切对方腕臂，这样既可脱手也可防对方手攻来，即刻上左弓步并用左平切掌推切其胸，或者胸腋。

9. 退步左歇步反勾手（西 B）

（1）马步吊手（9-1，9-1a）：身右转成马步，同时原左平切掌转腕成仰掌上托并稍回收，左沉肘，同时原抱腰的右拳变掌由上向下压于左胸前成俯掌。（2）退步左歇步反勾手（照片 9-2，9-2a）：左脚退右脚后下坐成左歇步，同时原右俯掌继续向下压，同时原前面左仰掌继续上托并回引由上向下向前上弧形运动并转腕成反勾手，同时原右俯掌成侧立掌置左肘弯内侧并右侧立掌掌尖有向上的刺意。

攻防用法：对方用手向我凶猛攻来，我右手封其腕下压，同时左手封其肘上托并回引成吊收使其失势向我右侧跌；也可其失势后我左脚退右脚后下蹲并用左勾手勾击其裆腹，同时用右侧立掌向上近刺其胸或喉、眼。

10. 右侧蹬（缠腕切按）（西 B）

（照片 10-1，10-2，10-3）：动作文字说明和攻防用法可参照基本功部分六基本腿法练习 F 之 3"侧蹬练习 F3"（2）"缠腕切按侧蹬 F3-2"中的"右式"。

11. 左插步贯拳，转身左弓步贯拳（二郎担山）（西 B）

（1）马步双拐臂（照片 11-1）。（2）左插步右贯拳（照片 11-2）。（3）转身左弓步贯拳（照片 11-3）。文字说明和攻防用法可参照基本功部分五基本步法手法练习 E 之 8"插步贯拳，转身弓步贯拳 E8"中的"左式"。

（二）第二节（12. 左箭步左勾手→22. 转身右拗弓步冲拳）

12. 左箭步左勾手（西 B）

274

（照片12）：原身后右立拳回收抱腰，同时重心后移右脚成右弓形腿并向右侧身成左箭步右侧闪以闪开对方攻势，同时用左刁勾手向左外侧刁勾开对方手或腿的进攻。

13.马步下栽抱拳（天马抱月）（西B）

（照片13-1，13-2）。文字说明和攻防用法可参照套路四黑龙大罗汉拳一路的动作23"马步下栽抱拳"。

14.转身右穿花左弓步勾切掌（东A）

（照片14-1，14-2，14-3）。文字说明及攻防用法可参照套路四黑龙大罗汉拳一路之动作19。

15.上步右弓步劈拳（东A）

（1）左八字步左绞手（照片15-1）。（2）上步右弓步劈拳（照片15-2）。文字说明和攻防用法可参照套路二练步拳之动作20"上步架封"。

16. 转身左弓步勾托掌，右踢脚（西B）

（1）转身左弓步勾托掌（照片16-1）：左后转身原右弓步变左弓步，同时原右劈拳变成刁勾手稍回收并转腕由上向下、向身后上弧形运动成勾尖朝上，同时左掌向额前左上侧斜托架。

（2）右踢脚（照片16-2）：原左弓步左脚成八字步，同时右脚向前踢出。

攻防用法：当我前一式的右劈拳被对方手所抓，或者对方用手攻我，我用右刁勾手转腕向下并随左后转身向后向上刁勾用来挣脱或防开对方的手攻，同时用反勾手向上勾击其裆腹，同时我左后转身并用左托掌把对方从我身后攻来的攻手向我头左上侧斜托开，同时用右脚踢其裆腹或心窝。

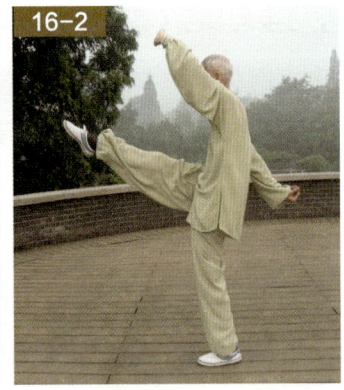

17. 马步架打（西B）

（照片17）：原右踢脚脚尖内扣向前落步并左侧身成马步，同时原左上托掌先转腕下落裆腹前成捞撩式的仰掌再转腕向上托架额前上，同时原身右后勾手变拳并转腕向前经右腰侧向前约齐胸高处冲出成俯拳。

攻防用法：攻防用法可参照套路四黑龙大罗汉拳一路之动作9"马步架打"的攻防用法。

18. 左穿花左仆步亮掌（西B）

（1）左穿花（照片18-1，18-2）：原马步右脚稍收回并绕迈成八字步并身右转，同时两手做左穿花的前面1至4的4个小动作，到最后使左侧立掌置右肩腋前，同时右掌置裆腹前成上下分挂形。（2）左仆步亮掌（照片18-3）：左脚上前并身体下蹲成左仆步，同时原置右肩腋前的左侧掌由上向下向身左侧再向上弧形搂刁成刁勾手（勾尖朝上），同时原置裆腹前的右掌以掌尖带路在身前由下向右、向上转腕向左弧形升移至额前成亮掌势。

备注：由于中国武术的攻防动作中有许多是会意的，所以这亮在额前的右掌掌尖具有向左侧或左前侧的刺意，也有向前上的刺意，同时右掌掌心也有向前的推击意。这些含义在攻防中须酌情使用。

攻防用法：（1）当对方用右腿或者右手攻我，我用左刁勾手将其右腿或者右手向我身左外侧防开并身下蹲，同时我在其身内侧用右掌尖向左前刺其腰腹，也可向前上刺其裆腹或会阴穴，也可用右掌心向前推击其腰腹或裆部。（2）如果对方用左腿或左手攻我，我可用这个动作的反式。如果不

用反式，也可用这个动作走对方身外侧，用右亮掌刺对方我方便刺到的部位。（3）我也可用左穿花缠对方攻来之手臂，使其向我右前侧跌扑。或者使其身体向我右侧倾斜后，我用右亮掌向其刺出。（4）或者我用两掌上下分挂防开对方手或腿的进攻后，身下蹲并用右亮掌向其刺出。

19. 右侧蹬（缠腕切按）（西 B）

（照片 19-1，19-2，19-3）：文字说明和攻防用法可参照基本功部分六基本腿法练习 F 之 3 "侧蹬练习 F3"（2）"缠腕切按侧蹬 F3-2"中的"右式"。

20. 右弓步翻劈拳（撇身捶）（西 B）

（1）马步下挂拳（照片 20-1）：左拳仍抱腰，原右侧蹬脚扣落地并左侧身成马步，同时原右平切掌变拳向下挂于裆腹前，拳心朝里，用以向左外侧拦防开对方踢来的腿或攻我裆腹部的手。（2）右弓步翻劈拳（照片 20-

2）：身右转成右弓步，同时右拳从裆前由下向上、向前向下弧形翻劈成仰拳以防开对方腿或手的进攻后即刻向前劈打其头面部。

21. 左穿花退步左虚步亮掌（西B）

（1）退步左穿花（照片21-1，21-2）：原右弓步的右脚退左脚后并左脚以脚跟为轴脚尖内扣，同时两手做左穿花的前面4个分动作成上下分挂，同时身右转。（2）左虚步亮掌（照片21-3）：重心移右脚成左虚步，同时原右肩腋前的左掌由上向下向前弧形搂刁成勾尖朝上的刁勾手，同时原置裆腹前的右掌以掌尖带路由下向上转腕向前弧形升移置额前成亮掌势，右掌尖有向前的刺意。

攻防用法：当对方用手脚凶猛攻来，我右脚退左脚后并两手用左穿花防闪开，我用左刁勾手向前下勾尖其裆腹，同时用右掌尖向前近刺其太阳穴或眼、面部。

22. 转身右拗弓步冲拳（西B）

（照片22-1，22-1a，22-2，22-3）：（1）原左虚步踏实并以脚跟为轴脚尖内扣，右脚插左脚后，同时身右后转，两脚拧成马步；在这一过程中原左勾手向上变掌置右肩腋前，同时原右亮掌转腕向下挂于裆腹前成上下分挂势，这时刚好右后转成马步，同时再左掌回收抱腰，同时右掌转腕做右绞手成侧立掌。（2）原马步成右弓步，同时右掌绞抓成拳回收抱腰，同时原抱腰的左掌变拳向前约齐胸高处冲出成俯拳。

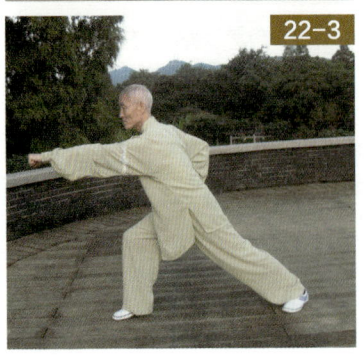

攻防用法：对方用手向我攻来，我右后转身，如身上虽被手击中，由于转身的身体圆周运动虽被击也不重；同时用右绞手防其手攻，同时用左俯拳击其胸、头或胸腋。

（三）第三节（23.转身右仆步勾扫→31.左后挂腿击拍、转身左弓步平切掌）

23.转身右仆步勾扫（东A）

（1）转身绞格手（照片23-1，23-2）：右拳仍抱腰，右脚以脚跟为轴脚尖内扣，同时左后转身，同时左脚收回半步并绕迈成八字步，同时左绞手；再左掌回收抱腰，同时右掌拐起向左做滚格手。（2）右仆步扫（照片23-3）：身体下蹲做右仆步扫，同时原右格掌转腕向右前下刁勾成刁勾手，勾尖朝右；同时原抱的左掌转腕向上扬于额前成亮掌势。

攻防用法：转身用两手防开对方的攻势，并用右脚仆扫对方腿脚，同时左掌护颚前上，并用左刁勾手勾击对方左小腿内侧的三阴交穴位（这时对方左脚不管其在前还是在后都可用）。三阴交穴位是足少阴肾经、足厥阴肝经和足太阴脾经三条经络的交汇点，故称其为三阴交。三阴交被击打受伤后，先感到

下肢麻木失灵、行走不便，进而会影响到肾、肝、脾三脏器的功能，并伤丹田气，会感到丹田气不足而气力衰退。

备注：三阴交位置在小腿内侧的足内踝上缘四指横的宽度的胫骨边缘凹陷中。

24. 伸拳箭弹腿（东A）

（照片24-1，24-2）：起身并腾空起跳，同时左掌变拳抱腰，同时左脚向前踢出并右立拳向前冲出；左脚还未落地时右脚向前踢出，同时我原前冲的右立拳转腕收回抱腰，同时右脚向前踢出并左拳向前冲出成立拳。

攻防用法：我身体向上腾起并依次用左右两脚踢对方裆腹胸或头，同时依次用右左立拳向其冲击，并两拳臂前冲或回收时都可同时防其手的进攻。

25. 右独立探海架刺封（东A）

（照片25）：右脚落地独立，左提膝，同时左掌上托架防开对方攻手，同时身稍向右侧前斜，同时用左侧掌刺其腰腹部或丹田。

26. 后挂腿击拍、左踢腿鸳鸯掌（东A→西B）

（1）后挂腿击拍（照片26-1）：右支撑脚以脚跟为轴脚尖内扣拧转并身稍左转，同时左掌仍置额前上，同时左脚向身后东A方向撩挂并脚背崩平力达脚前掌或脚尖，同时用左俯切掌向下向后拍击左脚底。（2）左踢腿鸳鸯掌（照片26-2，26-2a）：右脚向西B方向踢出，同时两掌于身后成鸳鸯掌。

攻防用法：（1）对方如用右手攻我，我在其身内侧用左掌上托其右手，同时右支撑脚逆拧转并左转身，同时左脚向后撩击其裆腹部，同时右俯掌向后切其腹。如果其左手攻我，可用这个动作的反式。（2）我左后转身用左脚踢另一人，同时鸳鸯掌可防攻原先这个人，我鸳鸯掌中的右侧立掌可以向其推切，右掌尖也可上挑其喉，左侧立掌也可防其手攻。

27. 上步马步架打（西B）

（照片27-1，27-2，27-3）：原左踢脚落步成八字步并身左转，同时左俯掌横压胸前防压对方手攻，同时右掌拐起向左滚格可防对方手攻也可横劈其脸。上右扣步并左侧身成马步，同时左掌上托架以防其手攻，同时右俯拳向其攻击。

28. 右弓步双风贯耳掌（西B）

（照片28）：身右转成右弓步，同时两掌稍向两侧

分开以防开对方单手或双手进攻速两掌向前合击对方耳门。

29. 退步左弓步勾切掌（西B）

（照片29）：当对方攻势很猛，或者破了我前一式"双风贯耳"速向我进攻，我速右腿退左脚后，同时左脚以脚跟为轴脚尖内扣成左弓步，同时用右刁勾手将其攻手向我身右侧后引带，同时用左侧立掌击其胸或胸膛及头，或者用右刁勾手勾击其脸面部，用左侧立掌击其胸或胸膛及头。

30. 右勾格扫（右勾手撩阴）（西B）

（照片30-1，30-2，30-3）：（1）左脚收回半步绕迈成八字步，同时右掌抱腰并左绞手。（2）左侧立掌转腕弧形向下置裆腹前，同时右掌转腕弧形向上置左肩膀前成上下分挂势。（3）右脚向右前勾格扫，同时右掌由上向身右侧前下约齐裆腹高处刁击成刁勾手，同时左掌由下上扬额前上。

攻防用法：对方如左手攻来，我左八字步左绞手并身左转闪防开，我左手将其左攻手向下引带到我身右后下侧，同时我右脚向其勾格扫，同时右刁勾手向右前下刁击其裆腹部，同时我左掌上扬也可托架其另一手攻。如其右手攻来，我用此法在其身内侧，右手向其身后刁击其尾闾穴。

31. 后挂腿击拍，转身左弓步平切掌（西B）

（1）后挂腿击拍（照片31-1）。文字说明参照前面动作26之（1）。（2）转身左弓步平切掌（照片31-2，31-3，31-4）：左后转身向前面"后挂腿击拍"的西B方向落左脚成左弓步，同时左仰掌向左外侧翻压后以俯掌横胸前，右仰掌从左俯掌背上经过向前滚刺，然后右掌变拳回收抱腰同时左掌向前平切。

攻防用法：（1）左脚向后撩击对方裆腹部，同时右俯掌切其腹。（2）左后转身左掌翻压和变成横俯掌都可防开对方攻手，右仰掌滚刺防中有攻，右掌收回并左掌向前平切防中有攻。

（四）第四节（32.左穿花右虚步挂切掌→40.右穿花转身左弓步靠）

32. 左穿花右虚步挂切掌（西B）

（照片32-1，32-2）：原左弓步左脚收回半步并绕迈成八字步，再上右虚步；同时做左穿花前面4个小动作成左掌在上右掌在下的上下分挂势。

攻防用法：对方用手攻我，我用左穿花顺缠对方手臂并使封压其肘弯部的右掌随身体稍下蹲而向下踩切使其跌扑，上下分挂也可防上防下。

33.右踢脚（西B）

（照片33）：上下分挂的手可防上防下，同时右踢脚踢其裆腹或心窝。

34.左插步右横拳（西B）

（照片34）：左手侧立掌可向右内侧拨防也可向左外侧拨防对方手攻，同时用左插步缩短和对方的距离，同时用右横拳臂向右向其弧形摆击。

35.转身左弓步勾挖手，转身右侧蹬（东A）

（1）转身左弓步勾挖手（照片35-1）：原左插步的左脚向身左后东A方向迈出成左弓步并身左转，同时原右立拳回收抱腰，同时原左侧立掌由上向身左后的东A方向约齐裆腹高处刁挖成刁勾手，勾尖朝左。（2）转身右侧蹬（照片35-2）：以左脚为支撑脚，并使其以左脚跟为轴脚尖内扣顺拧转帮助右后转身并向东A方向右侧蹬。

攻防用法：（1）我左后转身并用左刁勾手防开对方手或腿的进攻后，速右后转身用右侧蹬向其攻击。（2）我用左刁勾手防开对方攻势，或者

用左刁勾手勾击对方裆腹，对方退步卸我攻势，我速右后转身用右侧蹬向其攻击。

36. 右弓步肩靠（东A）

（照片36-1，36-1a，36-2）：右侧蹬脚落地成右弓步，同时左俯掌横胸前，同时右掌护裆腹前；然后右仰掌臂向上向右前约齐胸高处横靠击，同时左俯掌向左后捋捌于约齐胯高处并掌沿后挺。

攻防用法：我用左俯掌横压对方手攻，同时右弓步封其脚或插裆，同时用右仰掌臂或再加右肩身胯向其撞靠击，或用右仰掌臂向右前横击其胸腋或脖子及脸面。

37. 左弓步甩拳（二郎担山）（东A）

（1）右八字步脱格（照片37-1）：原右弓步右脚收回半步成八字步并身右转，同时原右仰掌变拳收回胸前成拳心朝里，同时左滚格掌在胸前向右滚格至掌心贴右拳背。（2）上步左弓步甩拳（照片37-2）：左脚上左弓步，同时两拳向前后甩击成二郎担山势。

攻防用法：

我右手攻对方被其手所抓，我右脚八字步并右转身，同时右拳回收并左滚格掌掌沿向右滚切其抓我手的腕臂使我右手挣脱，即刻上左弓步同时用左拳甩击其头。我右手如被对方一手所抓并其用另一手攻我，或其单纯用手攻我，也可用此法。

38. 双抓按右撞膝蹬（东A）

（照片38-1，38-2，38-3，38-3a）：原左弓步左脚稍收回成八字步，同时两俯掌向前下按抓成拳，同时右膝向上顶起再速向前右蹬脚。

攻防用法：对方如用两手推攻我胸，我两俯掌向下按抓其腕臂并稍向两侧分开，并用右脚蹬其裆

腹或胸。对方如用手抱我右腿，我两手向下按压其后脑，同时右膝向上顶其胸或脸，其如后退，我速用右脚向前蹬出。

39. 右弓步打虎势（东A）

（照片39）：原右蹬脚内扣45°前落成右弓步，同时右俯拳向前左侧约齐腰高处弧形横勾击，同时左拳以拳心朝里向前右侧约齐头高处弧形横勾击。

攻防用法：上右弓步进入对方身内侧，用右横勾拳击其腰，用左横勾拳击其头。

40. 右穿花转身左弓步靠（西B）

（照片40-1，40-2，40-3）：两拳变掌做右穿花的前面1至4个小动作同时身左后转，成左弓步时刚好右掌在上左掌在下成上下分挂式；即刻左仰掌臂向上向左前约齐胸高处横靠击，同时右俯掌向右后捋捯于约齐胯高处并掌沿后挺。

攻防用法：用右穿花向对方实施攻防。两手上下分挂可防上防下，左弓步封其脚或插裆，左仰掌臂或再加左肩身胯向其撞靠击，或用左仰掌臂向

左前横击其胸腋或脖子及头。右俯掌可后切身后之人，同时两掌一前一后分击能助力。

（五）第五节（41.左穿花右虚步挂切→48.右独立压刺掌）

41.左穿花右虚步挂切（西B）

（照片41-1，41-2）。文字说明和攻防用法可参照前面动作32。

42.右踢脚（西B）

（照片42）。文字说明和攻防用法可参照前面动作33。

43.马步架打（西B）

（照片43）。原右踢脚向前扣步落步并左侧身成马步，同时左掌转腕下落裆腹前成捞撩式的仰掌再转腕上托架额前上，同时原裆腹前右掌变拳向前冲出成俯拳。

攻防用法：可参照套路四黑龙大罗汉拳一路之动作9。

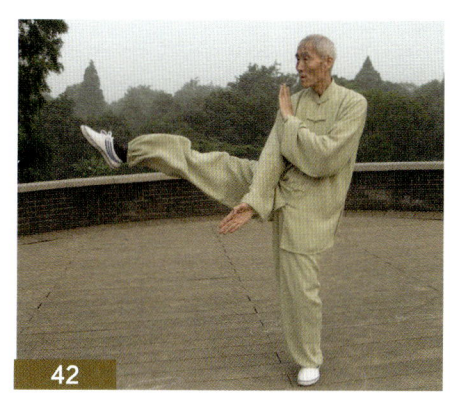

44. 转身右脚高扫踢（扣脚扫踢）（东A）

（1）转身左八字步左绞手（照片44-1）：原右俯拳收回抱腰，同时左后转身，同时左脚稍收回并绕迈成八字步，同时原左托掌转腕下落裆腹前开始做左绞手。（2）右脚高扫踢（照片44-2）：右脚以平扣脚向左前约齐头高处高扫踢。

攻防用法：左后转身左八字步左绞手闪防对方手攻，同时右脚脚尖勾起向左前平扫踢其头或脖子。

45. 左独立挂亮掌（东A）

（照片45，45a）：原右扫踢腿提膝收裆腹前，同时右掌下挂裆前，同时左掌扬额前并左掌尖有向前的刺意。

攻防用法：当对方用膝撞我裆腹，我右膝提起，并同时右掌于裆前下拦挂并将其腿膝向我左外侧推拦，同时左上亮掌近刺其眼；或者我左脚稍后退并右提膝右手下拦挂。

46. 左歇步下插挂掌（东A）

（照片46，46a）：右脚向身右侧前的东A方向扣步落地，左脚插右脚后下坐成歇步，同时原裆前右掌转腕向上置左肩腋前成挂掌，同时原额前左托掌转腕并以仰掌向身右下侧插刺于右腰侧，眼观左仰掌掌尖前。

攻防用法：用右掌拨去对方手攻，用左仰掌向右拦开对方腿攻来，或者左歇步下蹲以左仰掌近刺其裆腹。

47. 右箭步大开门捌削掌（东A）

（照片47）：右脚向身右侧趟滑成右箭步，同时左掌由原右腰侧由下向右上、向左前侧斜上方弧形伸臂捌开，左仰掌掌心斜向右上；同时原右掌由左肩腋前向右下侧弧形搂削切至约齐腰胯高成俯掌并掌沿前挺。

攻防用法：（1）可和前面动作46连用，我用前面右掌拨去对方手攻，同时左歇步下蹲并用左掌绊抓对方脚回拉，右脚向前趟滑，同时右平切掌向前切其腰腹。（2）我左掌向左前上捌格开对方手攻，同时右箭步向前趟滑插裆，同时右掌切其腰腹。

48. 右独立压刺掌（东A）

（照片48-1，48-2，48-3）：（1）原左仰掌变拳回收抱腰，原右箭步重心前移，同时右脚收回半步并绕迈成八字步同时身右转，同时原右俯

掌回收身前做右绞手。（2）右侧立掌转腕回收抱腰，同时左拳变掌向胸前横压成俯掌。（3）左膝上提顶成右独立式，同时右仰掌从左俯掌掌背上经过向前约齐胸高处穿刺，身体稍前斜。

攻防用法：用右八字步右绞手并身右转闪防开对方手攻，左俯掌横压胸前也可防其手攻；右掌回拧抱腰可翻压对方手攻也可右手被抓而脱手，左提膝可拦对方腿攻也可撞其裆腹，同时右仰掌向前刺其胸、喉、眼。

（六）第六节（49.上步左弓步靠→56.左弓步连击拳）

49.上步左弓步靠（东A）

（照片49）：原左提膝的左脚向前东A方向扣步落地成左弓步，同时原向前刺的右仰掌转腕成俯掌向身右后捋切于约齐胯高处并掌沿后挺，同时原横胸前的左俯掌转腕成仰掌并从右掌下经过向左前侧横靠击。

攻防用法：（1）我用右俯掌将对方右攻手向我右外侧捋捌防开，同时上左弓步封其脚或插裆，用左仰掌臂再加左肩、身、胯向其撞靠击，或用左仰掌臂向左前横击其胸腋或头，右俯掌可后切身后之人，同时两掌前后

分击能助力。（2）我如右手攻对方被其所抓，用此法转右腕回收脱手同时左仰掌臂和身向前靠击。如果对方用左手攻我可用这个动作的反式。

50. 右穿花右提膝大开门捌削亮掌（西 B）

（照片 50-1，50-2，50-3）：两手做右穿花前面的 4 个小动作成左掌在下右掌在上的上下分挂，后面的文字说明可参照套路四黑龙大罗汉拳一路之动作 3 之（2），其攻防用法可参照套路四黑龙大罗汉拳一路之动作 3。还有用右穿花缠对方手臂后速用右提膝撞击其裆、腹、胸，同时用右搂削掌劈削其脖子或头。

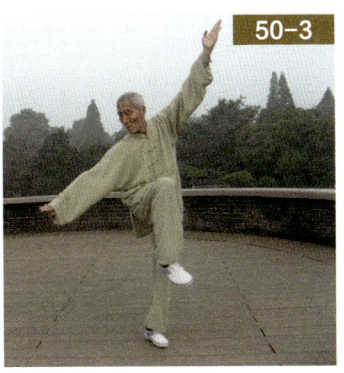

51. 右穿花左虚步勾切掌（南 C）

（照片 51-1，51-2，51-3）：原右提膝之右脚八字步向前落于南 C 方向，然后上左虚步；同时做右穿花的 5 个小动作成右后勾手勾尖朝上，同时左侧立掌向前推切。

攻防用法：可参照套路四黑龙大罗汉一路之动作19，步型无非是弓步和虚步之分。

52. 左丁步鸳鸯掌（西B）

（照片52-1，52-2）：（1）原右后勾手不变，右脚向前南C方向迈成右弓步，同时左手向身后刁成勾尖朝上的左勾手。（2）左脚收右脚内侧成左丁步，同时两手成侧立掌向身右侧的西B方向一前一后推切成鸳鸯掌。

攻防用法：当对方用手或腿攻我，我上右步侧闪，同时用左刁勾手将其向左外侧防开；再左脚收回丁步，同时两掌成鸳鸯掌向其攻击。也可用左侧立掌将其攻手向内或向外拨开，同时用右侧立掌向其进攻。

53. 左拗弓步右横拳（东A）

（照片53-1，53-2，53-3）：（1）左脚后退并身左后转成左弓步，同时原右侧立掌变拳回收，同时原左侧立掌从右小臂下方穿出并左掌心朝里随身左后转以左掌腕部贴右小臂外侧背面向左前侧捋击，同时右拳回收抱腰，同时左掌向左前侧转腕绞成侧立掌，这时不是马步而是个过渡步。（2）左掌变拳回收抱腰，步型成左弓步时，右横勾拳向前约齐头高处横击。

攻防用法：（1）用左绞手防开对方手攻，同时上右弓步并用右横勾拳勾击其太阳穴或后脑。（2）我右手被抓，用左手从右小臂下穿出反抓其手向我左后牵引，同时用右横勾拳击其太阳穴或后脑。

54. 马步背拳亮拳（东A）

（1）马步绞拐（照片54-1，54-2，54-3）：原左弓步变成马步并右侧身，同时右绞手变拳回收抱腰，同时左拐臂向右滚格。（2）马步背拳亮拳（照片54-4，54-4a）：原作滚格的左拳臂转腕以拳心向后使其向左、向下、向身后落于齐臀部高处再向上弧形绕到后腰背处使左拳背和后腰背相贴，同时原抱腰的右拳转腕在身前向上向左以反冲拳亮于额前上，使右拳面有向左侧的近击之意，身左侧左肩胯有向左的撞靠之意。

攻防用法：（1）对方右手攻我，我右手绞抓其右腕臂并拧缠回收，同时左拐臂滚格其右肘部；我以马步背拳亮拳势之身左侧向其滑步撞靠，同

时用右亮拳拳面近击其头。（2）我左拐臂转腕以拳心向后使其向左向下运动时也可防对方手攻或腿攻并用马步背亮拳向其撞靠。

55. 并步蹲式下切掌（西B）

（照片55）：右脚向左脚靠拢成并步并下蹲，同时左拳抱腰，同时右拳变掌下切防对方腿或手的进攻。

56. 左弓步连击拳（东A）

（照片56-1，56-2，56-3）：（1）左拳仍抱腰，左脚向前东A方向迈出成左弓步，同时右掌拐起向胸前滚格，右掌尖对鼻尖。（2）右掌变拳回收抱腰，左俯拳前冲。（3）左俯拳转腕回收抱腰，右俯拳前冲。

攻防用法：上左弓步并用右滚格手防对方手攻，同时用左俯拳和右俯拳向其攻击。两手在收回和进攻时同时有防守作用。

（七）第七节（57.左穿花右蹬腿刺掌→66.转身左弓步上勾拳）

57. 左穿花右蹬腿刺掌（东A）

（照片57-1，57-2，57-3A，57-3B）：（1）原左弓步回收半步并绕迈成八字步，同时两手做左穿花前面的4个小动作成左掌在上右掌在下的上下分挂式。（2）右脚前蹬，同时左掌向上托架，同时右仰掌前刺。

攻防用法：用左穿花向对方攻防并缠其臂，用上下分挂防上防下，左掌上托也是防守，同时右脚前蹬其裆、腹、胸，同时右仰掌刺其胸或喉、眼。

58. 右弓步翻劈拳（东A）

（照片58-1，58-1a，58-2）。文字说明和攻防用法可参照套路四黑龙大罗汉一路之动作18。

59. 左歇步反勾手（东A）

（照片59-1，59-2，59-3）：左脚插右脚后下蹲成左歇步，同时原右劈拳变掌并两掌做右穿花前面4个小动作后成右掌在上左掌在下的上下分挂形；然后右掌向下向前，再向前上弧形刁勾成勾尖朝上的勾手，同时左掌由下转腕向上置额前，眼观右勾手前。

攻防用法：用右穿花向对方实施攻防后，左脚插右脚后接近对方，同时下坐并用右反勾手勾击对方裆腹。

60. 左歇步压臂（黑虎蹲山）（东A）

（照片60-1，60-2）：起身，右脚迈左脚前成八字步并身右转，左脚前移使左膝能虚贴右膝窝下坐成左歇步；同时右掌向前绞抓回收抱腰，同时左俯拳臂向前横压胸前下，眼观身前。

攻防用法：对方如右手攻来，我右掌绞抓其右腕臂并拧旋回收，同时左俯拳臂横胸前向下封压其右肘，同时左歇步下坐以加大封压力量。如其左手攻我，我可用这个动作的反式。

61. 左弓步双推掌（东A）

（照片61）：上左弓步双推掌。**攻防用法**：当对方用双手攻我，我可用两小臂内侧粘夹住其两臂并稍下压，或者我两掌将其两臂稍向外分开后，即刻上左弓步同时用两侧立掌推切其胸。这个动作也可以和前面动作60连用。

62. 转身左插步平切掌（西B）

（照片62）：右后转身左插步，左掌转腕成仰掌置右胸前托防开对方手攻，同时用右俯掌平切其胸或胸腋。

63. 左侧闪，右拗弓步左劈掌（西 B）

（1）右箭步左侧闪（照片63-1）：原左插步的右脚上前成右箭步左侧闪，并身向左后稍斜倒；同时原左仰掌回收抱腰，原右平切掌成右伸臂向下置右腿前上方。

（2）右拗弓步左平劈掌（照片63-2，63-3）：文字说明可参照套路二练步拳之动作27迎面掌（右拗弓步平劈掌）之（2）。

攻防用法：（1）利用右箭步左侧闪可闪防开对方手或腿对我的进攻后，速重心前移用左平劈掌劈其颈部，或者再用右绞手防开其右手或左手进攻后缠其臂，并在其身右外侧或内侧用左平劈掌劈其颈部。（2）或者利用右箭步左侧闪闪防开对方手或腿的进攻后，利用套路三杨家选动作31"金刀劈竹压肩井（右弓步抢劈掌）"重心速前移并抢右、左掌臂向对方进攻，同时右掌劈在向前抢动中也可防守对方手攻。

64. 右穿花右侧蹬（右勾手左亮掌）（西 B）

（1）右穿花右丁步亮掌（照片64-1，64-2，64-3）：两掌做右穿花前面4个小动作成上下分挂，右脚回收左脚边成丁字步，同时右掌由下、向右向上弧形刁勾成勾尖朝上的勾手，同时左掌由下转掌向上托架亮额前。

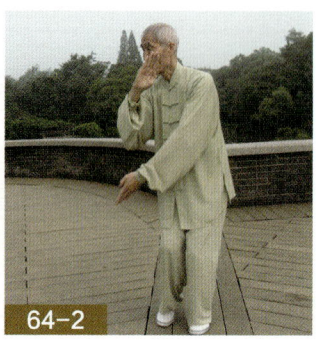

（2）右侧蹬（照片64-4，64-4a）：即刻右侧蹬。

攻防用法：用右穿花向对方实施攻防，用右刁勾手防其腿或手的进攻，左掌上托也可防其手攻，同时右侧蹬向其攻击。

65. 马步架打（西B）

（照片65）。文字说明及攻防用法可参照套路四黑龙大罗汉拳一路之动作9。

66. 转身左弓步上勾拳（西B）

（照片66-1，66-2）。原马步左脚插右脚后并左后转身约180°成左弓步，同时左绞手变拳回收抱腰，同时右拳向前由上向下做勾拳击。

攻防用法：插步后转身绞抓对方手攻，并用上勾拳击其头顶。

（八）第八节（67.左独立上穿掌，右仆步穿掌下势→74.收势）

67.（1）左独立上穿掌，右仆步穿掌下势（2）伸拳箭弹腿（3）右独立探海架打（西B→东A）

（1）（照片67-1，67-1a，67-2）：左独立，左仰掌向左前上斜穿，同时右掌向左腋前向右下反穿成右仆步。（2）（照片67-3，67-4，67-5）：起身左右两脚连环腾空跳踢并连环伸立拳前冲。（3）（照片67-6）：右腿独立，左拳臂上托架；右立拳稍下冲，身稍右侧前斜。

攻防用法：用右挖手刁勾开对方手攻，同时用左仰掌封托其肘再向前上滑刺其喉、脸或胸肋。其他用法参照后面动作68做动作的同行异侧推理。

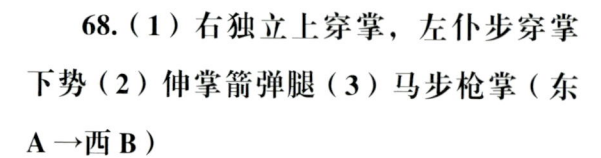

68.（1）右独立上穿掌，左仆步穿掌下势（2）伸掌箭弹腿（3）马步枪掌（东A→西B）

（1）（照片68-1，68-2）：右独立，左俯掌横压右腋前，同时右仰掌向右前上斜穿。左脚落地成左仆步，同时左侧掌顺左腿上向前顺势前穿。

（2）（照片68-3，68-4，68-5，68-6）：起身右脚上左脚前左右两脚连环腾空跳踢并连环伸侧掌前刺。（3）（照片68-7）：马步枪掌。

攻防用法：（1）我用左俯掌横胸前向下压防对方手攻，同时右仰掌向前上斜刺其喉，同时用左提膝来提升整体力加大右掌刺击力。用左仆步下势来避开对方对我的手攻，或者用右腿稍下蹲，用左脚封其脚，随着重心前移，我左掌从其裆下向后穿出并我左身侧面向前撞靠使其向后跌出，名曰"穿裆靠"；也可我穿裆后左掌臂回曲抱圆抱住其一腿，同时我身向前撞靠使其跌倒。（2）两脚向前连环腾空跳踢其裆腹部或胸，同时用掌刺其面或胸。（3）用左掌防托其手攻，同时上右步成马步并用右侧掌刺其丹田或腰胯。

69. 左插步贯掌，转身左弓步击耳掌（西B）

（1）左插步贯掌（照片69-1）。（2）转身左弓步击耳掌（照片69-2，69-3）。文字说明和攻防用法可参照套路四黑龙大罗汉拳一路之动作16。

70. 右穿花转身右提膝大开门捌削亮掌（西B）

（1）右穿花上下分挂（照片70-1，70-2，70-3）：原左弓步的左脚收回半步并绕迈成八字步，同时身左转，同时两掌做右穿花前面4个小动作

成上下分挂式。（2）右提膝大开门捯削亮掌（照片70-4）：以左脚前掌为轴逆拧转并右提膝使身体左转约90°，同时左掌由下向右上、向左前侧斜上方弧形伸臂捯开，同时右掌由上向身前右下侧弧形搂削至约齐胯高处成掌沿前挺的俯掌。

攻防用法：可参照套路四黑龙大罗汉拳一路之动作3。

71. 右侧对掌左踢脚（东A）

（照片71）：原右脚内扣45°落地并身左转约90°，同时原右俯掌收右胯侧，同时原左上伸捯掌转腕向下置右胯前侧成俯掌，两掌尖相对，同时左脚前踢。

攻防用法：我用左俯掌向下按压对方手攻，同时用左脚踢其裆腹胸或腰、胸腋。或用左俯掌掌背向上拦托对方腿攻，同时用左脚踢其裆腹或会阴穴。

72. 左穿花上步右弓步压刺掌（东A）

（1）左穿花上下分挂（照片72-1，72-2）：原左踢脚前落成八字步，同时两掌做左穿花前面4个小动作成上下分挂势时刚好上右步并左侧身成马步。（2）右弓步压刺掌（照片72-3，72-4）：身稍右转成右弓步，同时左俯掌横压胸前，右仰掌经左掌背上经过向前刺出。

攻防用法：我用左穿花向对方实施攻防，并用左俯掌横胸前向下压防开其手攻，同时上右弓步并用右仰掌刺其胸、喉、眼。

73. 左穿花退步左虚步亮掌（东A）

（1）退步左穿花上下分挂（照片73-1，73-2）：右脚退左脚后并左脚拧成内扣，同时右侧身，同时两掌做左穿花前面4个小动作成上下分挂式。

（2）左虚步亮掌（73-3）：重心坐右后脚成左虚步，同时左掌转腕由上向身前下向身左后下方搂刁成刁勾手（勾尖朝上），同时右掌由下以掌尖带路在身前向右向上转腕向左弧形升移至额前成亮掌。

攻防用法：（1）当对方用手脚向我凶猛攻来，我右脚退左脚后卸其力，样并同时用左穿花向其攻防，并用左亮掌掌尖刺其太阳穴或脸面部等。（2）或者我用左刁勾手将其凶猛攻来之手或脚向我身左后下方引带，并用右亮掌近刺其太阳穴或脸面部等。或者我用左刁勾手防开其凶猛攻来之手脚，同时用右掌背向右打击其胸胺或头脸部。（3）当我用左刁勾手将其凶猛攻来之右手向我身左后下方引带，其复用左手向我凶猛攻来，这时我在其身内侧右转腰用右掌背粘住其左攻手向右捌开，或向我身右后侧引（挒）带使其向我身右后侧跌扑，或使其失势后我速转右掌向左前近刺其太阳穴或头面部。

74.收势（东A→南C）

（照片74-1，74-2，74-3，74-4，

74-5）。文字说明和攻防用法可参照套路五黑龙大罗汉拳二路之动作52"收势"。

综合黑龙大罗汉拳

一、方位图

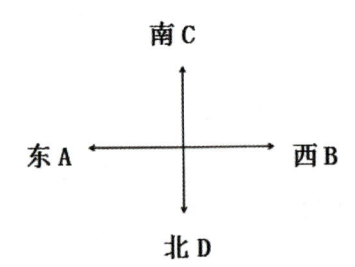

```
       南 C
        ↑
东 A ←——+——→ 西 B
        ↓
       北 D
```

二、综合黑龙大罗汉拳套路动作说明及拳照

这套综合黑龙大罗汉拳是把原黑龙大罗汉拳一路、二路、三路的部分动作和基本功中的一些动作经过合理组编而成的，目的是为了使其更加适应现在的传统武术套路表演及比赛。

备注：以下从动作 2 "左虚步亮掌"至动作 15 "上步马步枪掌"的 14 个动作的文字说明和攻防用法可依次对应参照套路四黑龙大罗汉一路之动作 2 至 15。

（一）第一节（1.预备势→10.转身大开门右勾格扫）

1. 预备势（南 C）

（照片 1-1，1-2，1-3，1-4）。

2.左虚步亮掌（南C）

（1）绞手格掌（照片2-1,2-2）。（2）左虚步亮掌（照片2-3）。

3.右穿花右提膝大开门捌削亮掌（西B）

（1）右穿花上下分挂（照片3-1,3-2）。（2）右提膝大开门捌削亮掌（照片3-3）。

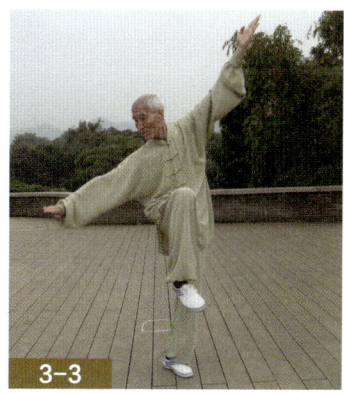

4.右弓步枪掌（西B）

（照片4-1,4-2）。

5. 左箭步勾挂（西B，东A，南C）

（照片5-1，5-2，5-3）。

6. 左插步平切掌（西B）

（照片6-1，6-2）。

7. 翻身左弓步抡劈掌（西B）

（照片7-1，7-2）。

8. 右踢脚刺掌（西B）

（照片8）。

9. 马步架打（西B）

（照片9）。

10. 转身大开门右勾格扫（东A）

（1）转身左八字步左绞手右拐臂（照片10-1，10-2）。（2）大开门右勾格扫（照片10-3）。

（二）第二节（11.转身右蹬脚→21.左弓步冲拳）

11. 转身右蹬脚（西B）

（照片11-1，11-2）。

12. 左插步贯拳（西B）

（1）马步双拐臂（照片12-1）。（2）左插步贯拳（照片12-2）。

13. 翻身左弓步抡劈掌（西 B）

（照片 13-1，13-2）。

14. 翻身右弓步抡劈掌（东 A）

（1）右后转身右箭步左侧闪（照片 14-1）。（2）右弓步抡劈掌（照片 14-2，14-3）。

15. 上步马步枪掌（东A）

（照片15-1，15-2）。

16. 左勾格扫（东A）

（1）右八字步右绞手（照片16-1）。（2）右八字步左拐臂滚格（照片16-2）。（3）左勾格扫（照片16-3）。文字说明和攻防用法可参照基本功部分六基本腿法练习F之8"勾格腿F8"的（1）"右勾格腿"做动作的同形异侧推理。

17. 退步左歇步反勾手（东A）

（1）马步吊手（照片17-1）。（2）退步左歇步反勾手（照片17-2）。文字说明和攻防用法可参照套路六黑龙大罗汉拳三路之动作9。

18. 右侧蹬（缠腕切按）（东 A）

（1）左八字步双搭手（照片 18-1，18-1a）。（2）左手缠抓右手切按右侧蹬（照片 18-2，18-2a，18-3，18-3a）。文字说明和攻防用法可参照基本功部分六基本腿法练习 F 之（3）"侧蹬练习 F3"的（2）"缠腕切按侧蹬 F3-2"的（1）"左式"做动作的同行异侧推理。

19. 骑龙步平切掌（东 A）

（照片 19）：身右拧转并右侧身，右脚八字步落地，左脚上右脚前并前脚掌踮地成骑龙步；同时右仰掌向上托胸前，右侧身同时左府掌向前平切。

攻防用法：对方用手攻来我重心坐右后脚，左脚踮地，右侧身同时用右仰掌向上托开其攻手，同时用左府掌向前平切其胸或胸腋。

20. 连环拳（右式）（东A）

（1）左八字步左拐臂（照片20-1）。（2）马步或骑龙步上下分挂（照片20-2A，20-2B）。（3）右弓步贯拳（二郎担山）（照片20-3）。文字说明和攻防用法可参照基本功部分五基本步法手法练习E之3"连环拳E3"的"左式"做动作的同形异侧推理。

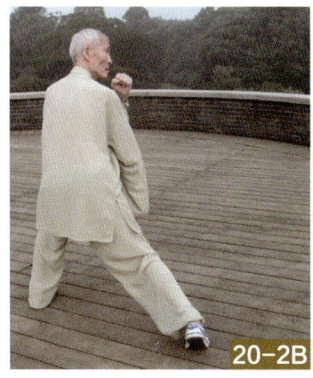

21. 左弓步冲拳（东A）

（1）右八字步右绞手（照片21-1）。（2）上步左弓步冲拳（照片21-2）。文字说明和攻防用法可参照基本功部分五基本步法手法练习E之1"绞手弓步冲拳E1"的"左式"。

(三)第三节[(22.右侧腿平衡(右穿心腿)→26.右独立探海冲拳)]

22. 右侧腿平衡(穿心腿)(东A)

(1)左八字步左翻压掌右穿掌(照片22-1):原左弓步收回半步并绕迈成八字步,同时原左冲拳变掌向左外侧翻压成仰掌并回收胸前,同时原抱腰的右拳变成仰掌从左仰掌上贴擦经过向前穿刺。(2)分掌右穿心腿(照片22-2,22-2a)。其他文字说明和攻防用法可参照基本功部分六基本腿法练习F之4"侧腿平衡(穿心腿)F4"的"左式"做动作的同形异侧推理。

备注:以下从动作23"左独立上穿掌"至动作26"右独立探海架打"4个动作的文字说明和攻防用法可参照套路六黑龙大罗汉拳三路之动作67。所不同的是,这里动作25是二蹬腿腾跳,而三路是箭弹腿腾跳。

23. 左独立上穿掌(东A)

(照片23)。

24. 右仆步下势(西B)

(照片24)。

25. 伸拳连环腾跳二蹬腿（西 B）

（照片 25-1，25-2，25-3）。

26. 右独立探海架打（西 B）

（照片 26）。

（四）第四节（27. 连环三腿，转身左拗弓步劈拳→31. 双风贯耳）

27. 连环三腿，转身左拗弓步劈拳（西 B）

（1）缠腕切按左侧蹬（左式）

①右八字步双搭手（照片 27-1，27-1a）：身右转，左脚向前西 B 方向落地，右脚向左脚前绕迈成八字步，同时做双搭手。②右手缠抓左手切

317

按左侧蹬（照片27-2，27-2a，27-3，27-3a）。其他文字说明和攻防用法可参照基本功部分六基本腿法练习F之3"侧蹬练习F3"的（2）"缠腕切按侧蹬F3-2"的"左式"。

备注：以下从动作（2）"右踢脚击拍"至动作（4）"转身左拗弓步劈拳"的3个动作的文字说明和攻防用法可参照套路五黑龙大罗汉拳二路之动作16，只是这里的动作（2）多了一个左八字步左绞手。

（2）右踢脚击拍

①左八字步左绞手（照片27-4）。②右踢脚击拍（照片27-5，27-6）。

（3）转身左后挂腿

（照片27-7，27-7a）。

（4）转身左拗弓步劈拳

（照片27-8）。

备注：以下从动作28"左箭步立切掌"至动作31"双风贯耳"的4个动作的文字说明和攻防用法可依次对应参照套路五黑龙大罗汉拳二路之动作17、18、19、20，只是在这里动作朝向不同。

28. 左箭步立切掌（西 B）

（照片28-1，28-2，28-2a）。

29. 大开门右勾格扫（西 B）

（1）左八字步左绞手右拐臂（照片29-1，29-2）。（2）大开门右勾格扫（照片29-3）。

30. 左独立横打（西 B）

（1）右拳臂拐格（照片 30-1）。（2）左独立横打（照片 30-2）。

31. 右弓步双风贯耳（西 B）

（照片 31-1，31-2）。

（五）第五节（32.转身上下分挂右脚里合侧蹬→39.左穿花右独立压打）

32. 转身上下分挂右脚里合侧蹬（东 A）

（1）左后转身左八字步左绞手（照片 32-1）：原右拳收回抱腰，身左后转，同时右脚以脚跟为轴脚尖内扣来帮助转身，同时左脚收回

半步并绕迈成八字步，同时原左拳变掌并收回身前转腕做左绞手。（2）上下分挂（照片32-2）。（3）右脚里合侧蹬（照片32-3，32-3a，32-4，32-4a）。其他文字说明和攻防用法可参照套路黑龙大罗汉拳二路之动作44。

33. 左插步贯拳，转身左弓步贯拳（东A）

（1）左插步贯拳（照片33-1，33-1a）：原右侧蹬脚扣步前落，左脚插右脚后，并同时两拳从左侧胯边直接向身右上侧弧形贯击。（2）转身左弓步贯拳（照片33-2）。

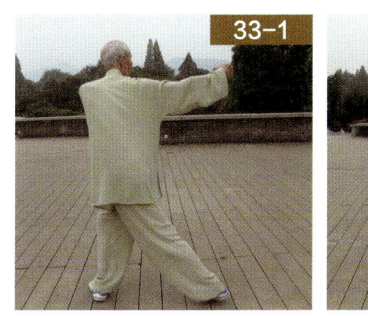

攻防用法：可参照基本功部分五基本步法手法练习 E 之 8 "插步贯拳，转身弓步贯拳 E8"的"左式"。

34. 进步右弓步冲拳（东 A）

（1）左八字步左绞手（照片 34-1）。（2）进步右弓步冲拳（照片 34-2）。文字说明和攻防用法可参照基本功部分基本步法手法练习 E 之 1 "绞手弓步冲拳 E1"的"右式"。

35. 右穿花进步左弓步勾切掌（东 A）

原右弓步的右脚收回半步并绕迈成八字步同时身右转，同时做右穿花的 1 至 5 个小动作并上左步成左弓步，同时右穿花 5 个小动作后，使右俯掌从脸前向下向身后刁勾成勾尖朝上的勾手，同时在原右俯掌里面的置脸前的掌心朝里的左掌转腕向前推切成侧立掌。

攻防用法：可参照套路四.《黑龙大罗汉拳一路》之动作 19。

36. 双风贯耳右踢脚（东A南C）

（照片36-1，36-2）：（1）身稍右转，并且原左弓步的左脚靠向右脚前的东A南C方向绕迈成八字步，同时两掌沿向胸前左右两侧格开。（2）两掌心向前合击，同时右踢脚。

攻防用法：可参照套路四黑龙大罗汉拳一路之动作21。

备注：以下动作37"左提膝横击上冲拳（罗汉撞钟）"至动作55"收势"共19个动作的文字说明和攻防用法，可依次对应参照套路四黑龙大罗汉拳一路之动作22至动作40。

37. 左提膝横击上冲拳（罗汉撞钟）（东A南C）

（1）左提膝双下压切掌（照片37-1）。（2）左提膝横击上冲拳（照片37-2）。

38.马步下栽抱拳（天马抱月）（东A南C）

（照片38-1，38-2，38-2a）。

39.左穿花右独立压打（东A南C）

（照片39-1，39-2，39-3）

（六）第六节[（40.左穿花转身右弓步靠→47.右勾挎扫（横拳）]

40.左穿花转身右弓步靠（西B北D）

（1）左穿花转身骑龙步上下分挂（照片40-1，40-2）。（2）右弓步靠（照片40-3）。

41. 右穿花右虚步大开门搂削亮掌（南 C 西 B）

（1）左八字步右穿花上下分挂（照片 41-1，41-2）。（2）右虚步大开门搂削亮掌（照片 41-3）。

42. 遁步左虚步冲拳（南 C 西 B）

（照片 42-1，42-2，42-3）。

43. 右踢脚击拍（南 C 西 B）

（照片 43-1，43-2，43-3）。

325

44. 右弓步双击掌（双风贯耳）右箭步刺（飞镖刺心）（南 C 西 B）

（照片 44-1，44-2）。

45. 右弓步抡劈掌（南 C 西 B）

（照片 45-1，45-2，45-3）。

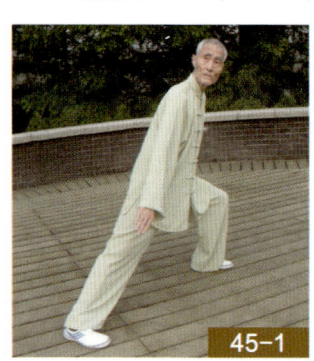

46. 转身左弓步抡劈掌（北 D 东 A）

（照片 46-1，46-2，46-3）。

47. 右勾格扫（横拳）（北 D 东 A）

（1）右左挖格手（照片47-1，47-2）。（2）右勾格扫（照片47-3，47-3a）。

（七）第七节（48. 左插步贯拳，转身左拗弓步横勾拳→55. 收势）

48. 左插步贯拳，转身左拗弓步横勾拳（北 D 东 A）

（1）左插步贯拳（照片48-1，48-2）。（2）转身左拗弓步横勾拳（照片48-3，48-4，48-4a）。

327

49. 转身右虚步勾手劈切掌（南C）

（照片49-1，49-2）。

50. 右弓步勾手推切掌（南C）

（1）右虚步挖拦（照片50-1）。（2）右弓步勾手推切掌（照片50-2，50-3）。

51. 面花右虚步平切掌（南C）

（1）两掌交叉（照片51-1）。（2）两掌逆时针绞花（照片51-2），（3）右虚步平切掌（照片51-3）。

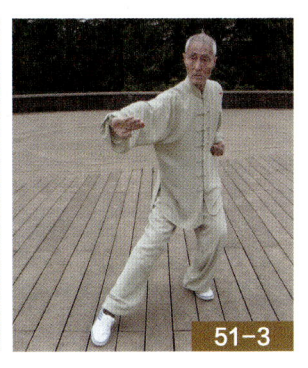

52. 左蹬脚左平刺掌（南C）

（1）右八字步右翻压掌（照片52-1）。（2）左蹬脚左平刺掌（照片52-2，52-3，52-3a）。

53. 右箭步上托架平切掌（南C）

（照片53-1，53-2）。

54. 左穿花转身左虚步抱拳（南C）

（1）左穿花左后转身迈步上下分挂（照片54-1，54-2）。（2）左虚步抱拳（照片54-3，54-4）。

55. 收势

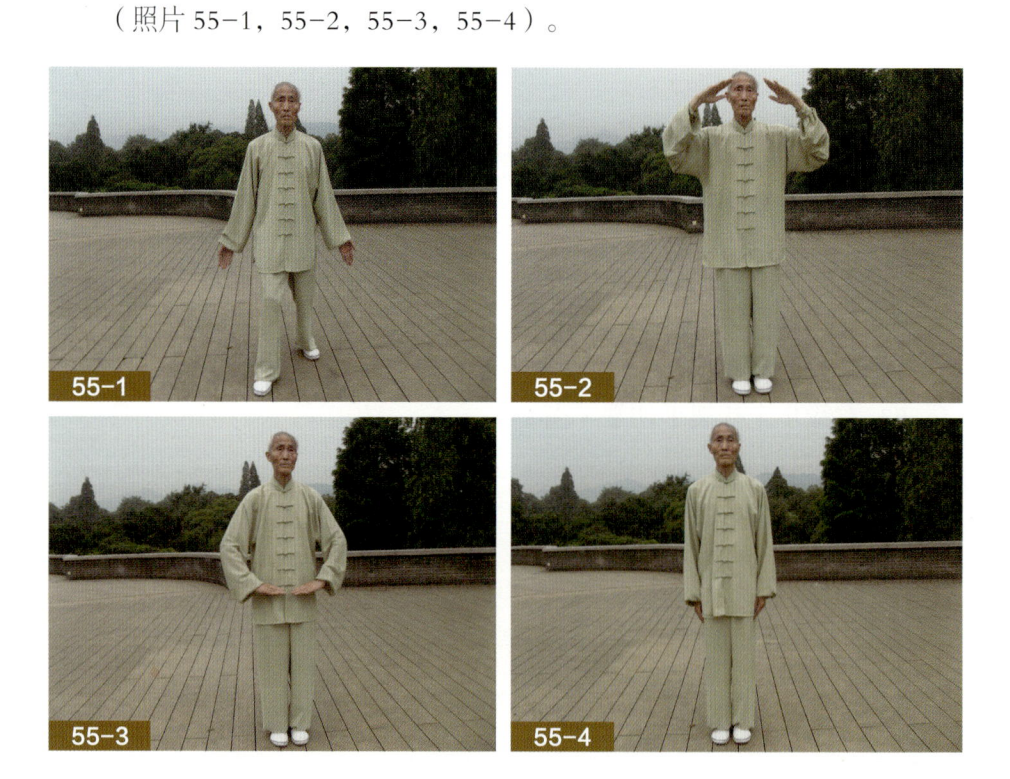

（照片55-1，55-2，55-3，55-4）。

双刀

一、方位图

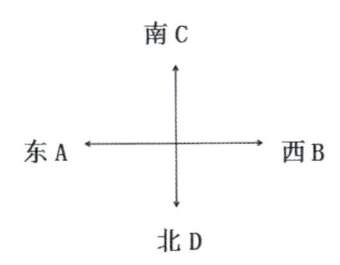

```
        南 C
         ↑
东 A ←——————→ 西 B
         ↓
        北 D
```

二、双刀套路动作说明及演示

（一）第一节（1.预备势→7.右缠头跳劈）

1. 预备势（南 C→东 A）

（1）并步持刀（照片 1-1）：并步，左手以手心朝里（即朝向左大腿侧）垂直持刀，面向南 C。（2）左转 90° 面向东 A 并步持刀（照片 1-2）。

2. 虚步持刀（东 A）

（1）退步上穿刀臂（照片 2-1）：右脚退左脚后面半步，同时右仰掌置左胸前，同时持刀左臂以手心朝里从右仰掌上面经过向前上穿，同时右仰掌回收至左胸腋前，眼观左手前。（2）左

虚步持刀（照片2-2，2-3）：右掌向右向上再向左弧形运动置额前上成亮掌势，同时左臂向下垂直持刀，同时成左虚步。

3. 上步二起腿（东A）

（1）上步平穿刀臂（照片3-1）：重心前移，使左脚踏实同时右脚上半步成八字步；同时原右亮掌转腕下落胸前成仰掌并回收抱腰，同时以仰手持刀的左臂从右仰掌上面向前平穿出，眼观左手前。（2）二起腿（照片3-2，3-3）：左右两脚依次向前腾空跳踢，同时右俯掌击拍右脚背，同时左臂下垂持刀。

4. 虚步平抱刀（东A）

（1）退步平穿刀臂（照片4-1）：原右踢脚退左脚后，同时左脚转成脚尖内扣，同时原向前击拍右脚的右俯掌转成仰掌回收左腋前，同时以仰手持刀的左臂从右仰掌上面向前平穿。（2）左虚步平抱刀（照片4-2，4-3）：原左腋前右仰掌向右向上转腕向左弧形运动置额前上成亮掌形，同时左臂以

手心朝里持刀回折胸前成平抱刀形，刀口朝上，同时左虚步右侧身，眼观刀尖前。

5. 并步平持刀（东A）

（1）右手接刀（照片5-1）：右手接右刀成两手各持一刀，仍左虚步。（2）左虚步平背刀（照片5-2）：两刀背约前段三分之一处分别平背两肩上。（3）打花并步平持刀（照片5-3，5-4，5-5）：右脚上左

脚边成并步，同时两刀以手腕为轴心并转腕使刀头向上向前、向下向后、再向上向前下约画一个整圆成平持刀。

6. 左缠头裹脑跳劈（北D）

备注：右手将刀柄向上高举过头使刀尖下垂，先使右刀刀背沿左肩贴背绕过右肩称为左缠头；继而左手将刀柄向上高举过头使刀尖下垂，并使左刀刀背沿左肩贴背绕过右肩称作左裹脑。

（1）左缠头跳劈（照片6-1）：身左转，同时左脚以八字步向身左侧即北D方向跳开时先右刀做左缠头，同时左刀向左前平扫劈，左手心朝下。（2）左裹脑转身平扫劈（照片6-2，6-3）：身继续左后转，同时原先做左平扫劈的左手逆转腕并回收使左刀做左裹脑，同时原先做左缠头的右刀顺转腕使右刀随身左后转向左前平扫劈至北D方向并右手心朝上；同时右脚扣步盖左脚前，再左脚插右脚后同时身左后转配合，同时右脚以脚跟为轴脚尖内扣帮助左后转身向左弓步过渡。（3）左弓步平推刀（照片6-4）：身继续左转成左弓步，同时右手逆转腕成手心朝下使右刀回折藏于左腹前并刀口朝左弓步前方的北D，同时左刀手从右刀上面经过向北D平推削，左手心朝下，两刀平行，眼观左刀口前。

攻防用法：（1）用左盘头裹脑跳劈在对方人多时可用，如转跳步，缠头裹脑劈，平推切，攻防皆备。（2）用左缠头向左侧防开对方器械对我腰、胸、头之攻击，并用两刀向左平扫劈及左刀平推削向其攻击。（3）左手左裹脑刀贴背由右肩向前绕出并刀尖朝下时可拦截对方器械后即刻向前推切，或者右手顺转腕用右刀向其劈出。

7. 右缠头裹脑跳劈（南C）

备注： 左手将刀柄向上高举过头使刀尖下垂，先使左刀刀背沿右肩贴背绕过左肩称作右缠头；继而右手将刀柄向上高举过头使刀尖下垂，并使右刀刀背沿右肩绕过左肩称作右裹脑。

（1）右缠头跳劈（照片7-1）：身右后转，同时右脚以八字步向身右后南C方向跳开，同时左手刀做右缠头，同时右刀向右前南C方向平扫劈并右手心朝下。（2）右裹脑转身平扫劈（照片7-2，7-3）：身继续右后转，同时原先做右平扫劈的右手顺转腕并回收使右刀做右裹脑，同时原先做右缠头的左手逆转腕使左刀随身右后转向右前平扫劈至南C方向并手心朝上；同时随右后转身，先

335

左脚扣步盖右脚前，再速右脚插左脚后并同时左脚以脚跟为轴脚尖内扣帮助右后转身向右弓步过渡。（3）右弓步平推刀（照片7-4）：身继续右转成右弓步，同时左手顺转腕成手心朝下使左刀回折藏于右腋前并刀口朝右弓步前方南C，同时右手刀从左刀上面经过向南C平推削，右手心朝下，两刀平行，眼观右刀口前。

攻防用法：参照动作6"左缠头裹脑跳劈"的攻防用法做动作的同形异侧推理。

（二）第二节（8.劈花左虚步左侧八字刀→13.左虚步右侧八字刀）

8.劈花左虚步左侧八字刀（东A）

（照片8-1，8-2，8-3，8-4）：（1）原踏南C的右弓步右脚向身右前的东A方向上八字步，同时左刀藏右腋后，同时右刀向前直劈。（2）两手转腕使两刀上下顺时针挂花约360°后左脚上左虚步，同时右手转腕使右刀从身左侧后斜上刺，同时左刀向前扇形劈，两刀前后成八字，左手在外。

备注：如果在虚步侧面直劈成一字刀，那直劈的力量大，那么一刀向身侧后直平刺，另一刀向前直劈，两刀前后成一字形。如果刀向前下劈成扇形劈的八字刀，那防守方面

会强些，但向下劈力会比一字刀小些，那么这时一刀向身侧后斜上刺，另一刀向前扇形劈。如果要二者皆顾，那么向下直劈成一字刀时应速沉腕并刀尖向前上斜挑崩成八字刀以增强防守。无论一字刀或八字刀，身前这把刀特别应对准人体攻防中心线。这在后面相类似的动作中请读者注意，将不再提及。

攻防用法：（1）右刀向前劈，其刀两侧面都有向左或向右防拨开对方器械，并顺粘其器械向下滑劈。（2）两手转腕使两刀上下挂花具有防上防下的功能，然后左刀向前劈，右刀向后斜上刺。（3）右刀通过先上挂再下挂是从对方身右外侧粘拦其器械，然后我右刀绞刀向下进入其右内侧粘拨其器械并向我左下侧引带，同时我左刀向其劈出。这方法其实和"左穿花手"中的右手一样先向上绞开对方进攻的手，再用我右手将其攻手向下引带。

9. 独立上提托（东A）

（1）后捞刀（照片9-1）：身右后转，同时两刀向后下向上捞。（2）左弓步双立刀（照片9-2）：左脚稍上前成左弓步。同时两手转腕将刀由身后向上向前下成双立刀并刀口前推之意并刀身两侧前有向两侧拦拨之意。

（3）独立上提托（照片9-3，9-4）：两刀回带下压，右独立左提膝同时两手转腕双刀向上提托。

攻防用法：（1）两刀向后下捞撩既可后刺也可防对方对我右下攻击。（2）向前双立刀，可用两刀左右侧面向左式向右防拨开对方器械对我胸头攻击，并顺粘其器械向前推切。（3）右刀向上提托以托拦开对方器械，同时左刀刀口向前向上再回拉以削对方手腕臂使其不能拿器械。

10. 劈花左虚步左侧八字刀（东A）

（照片10-1，10-2，10-3）：（1）原左提膝左脚前落成八字步，同时左刀立藏右腋后，同时右刀向前直劈。（2）右脚上前成八字步，同时两手转腕使两刀上下顺时针挂花约360°后左脚上左虚步，同时右手转腕使右刀从身左后侧斜上刺，同时左刀向前扇形劈，两刀前后八字，左手在外。

攻防用法：可参照前面动作8。

11. 右弓步双立刀（东A）

（照片11-1，11-2，11-3）：重心前移，原左虚步左脚成八字步，同时两手转腕使两刀在身前上下逆时针挂花，约360°，同时上右弓步，同时左手转腕使左刀立藏右腋背后，同时右手转腕使右刀刀尖由下向上挑起成立刀置左刀前。

攻防用法：两刀逆时针挂花可防上防下，右刀刀尖上挑可挑对方裆腹或

腕臂并以立刀向其推切。

12. 车轮滚劈刀（西 B）

（1）八字步背刀劈刀（照片12-1）：身左后转，原右弓步重心移左脚并左脚回收半步成八字步，同时右脚以脚跟为轴脚尖内扣帮助左后转；同时右手高举使右刀刀背前端背右肩背上，同时左刀向前直劈。（2）上步藏刀劈刀（照片12-2）：右脚上前，同时左刀收回立藏右腋后，同时右刀向前直劈。（3）右八字步右抡劈刀（照片12-3）：原右脚迈成八字步，同时

右手转腕使原右劈刀的刀尖向前下、向左后向上、向前做顺弧运动使右刀以抡劈向前直劈，同时左刀伸立身后。（4）上步藏刀劈刀（照片 4-1）：左脚上步，左刀向前直劈，同时原右劈刀回拉右膝边做藏刀。（5）转身劈刀（照片 12-5）：原右后脚从左脚后面插向前并同时左脚拧转帮助右后转身，同时右刀向身右后直劈，左刀身后伸立。

备注：这 5 个分动作应一气呵成，连贯流畅。

攻防用法：（1）劈刀可直接向对方进攻，也可用刀两侧面向左或向右防拨开对方器械，并顺粘其器械向下滑劈。（2）右手转腕使刀尖向前下、向左后向上、向前左顺弧抡劈使刀能防下防上并劈击。（3）右刀回拉藏刀也能防右下。以上数个动作攻中有防，防中有攻。

13. 左虚步右侧八字刀（西 B）

（照片 13-1，13-2）：右脚成八字步，左脚上左虚步，同时左手转腕使左刀从身右后侧斜上刺，同时右刀回引转而向前扇形劈，两刀前后八字，右手在外。

攻防用法：左刀向前右防下后可从身右侧后斜上刺，右刀回引可防下，转而向前扇形劈时可防中带劈。

（三）第三节（14. 左弓步平推刀 → 17. 右盘头跳劈）

14. 左弓步平推刀（东 A → 西 B）

（1）右后转右弓步藏刀立刀（照片 14-1）：身右后转向东 A，同时左脚向后西 B 处伸移成右弓步，同时左刀向后拉藏于左膝边，同时右刀由下向上向身右后立推切。（2）左弓步平推刀（照片14-2）：身左后转成左弓步，同时右手逆转腕使右刀回折压左腋前成平藏刀并刀口朝左弓步的西B方向，右手心朝下；同时左手逆转腕向上置胸前并以手心朝上使左刀由右刀上方向前平推切，两刀约平行，眼观左刀口前。

攻防用法：（1）右刀向身后防开立推切。（2）用右刀身前部将对方器械向我左侧压拦，同时左刀向前平推切其脖子。

15. 右缠头裹脑转扫（西B→东A→西B）

（照片15-1，15-2，15-3，15-3a）：（1）两刀右缠头裹脑后左手逆转腕成手心朝上并使左刀刀口朝前，右刀近根部刀面虚贴左小臂前部，两刀约平行；利用身右后转使两刀向身右后弧形平拖扫约180°刚好在右箭步上方，这时两刀口朝向前面东A方向。（2）然后身继续右后转，并使左脚以脚跟为轴脚尖内扣，同时原右箭步的右脚向身右后扫约180°，同时两刀

继续向身右后弧形平拖扫约180°，这时两刀口朝向前面西B方向，这样双刀共向身右后连续拖扫了约360°。

攻防用法：用缠头裹脑攻防，用右后转身拖扫刀以扫削对方胸脖。

16. 左缠头裹脑跳劈（南C）

（1）左缠头跳劈（照片16-1）。（2）左裹脑转身平扫劈（照片16-2，16-3）。（3）左弓步平推刀（照片16-4）。文字说明和攻防用法可参照动作6"左缠头裹脑跳劈"。

17.右缠头裹脑跳劈（北D）

（1）右缠头跳劈（照片17-1）。（2）右裹脑转身平扫劈（照片17-2，17-3）。（3）右弓步平推刀（照片17-4）。文字说明和攻防用法可参照动作7"右缠头裹脑跳劈"。

（四）第四节（18.转身连环劈刀花→25.收势）

18.转身进步连环劈刀花（东A）

（1）左后转身藏刀劈刀（照片18-1）：左后转身同时右脚以脚跟为轴脚尖内扣来帮助转身和左脚向身左后东A方向迈成八字步；同时左手转腕并手胳前使左刀立藏右腋后，同时右手转腕使右刀向前直劈。（2）挂花左虚步左侧八字刀（照片18-2，18-3）：右脚上左脚前，再

左脚上右脚前，同时两手转腕使两刀上下顺时针弧形挂花约360°。右手转腕使右刀从身左后侧斜上刺。同时左刀向前扇形劈，两刀前后八字，左手在外。

（3）挂花右虚步右侧八字刀（照片18-4，18-5）：左脚成八字步再上右脚成右虚步，同时两手转腕使两刀上下逆时针弧形挂花约360°后，左手转腕使左刀从身右后侧斜上刺，同时右刀向前扇形劈，两刀前后八字，右手在外。（4）挂花左虚步左侧八字刀（照片18-6，18-7）：右脚成八字步再上左虚步，同时两手转腕使两刀上下顺时针弧形挂花约360°后，右手转腕

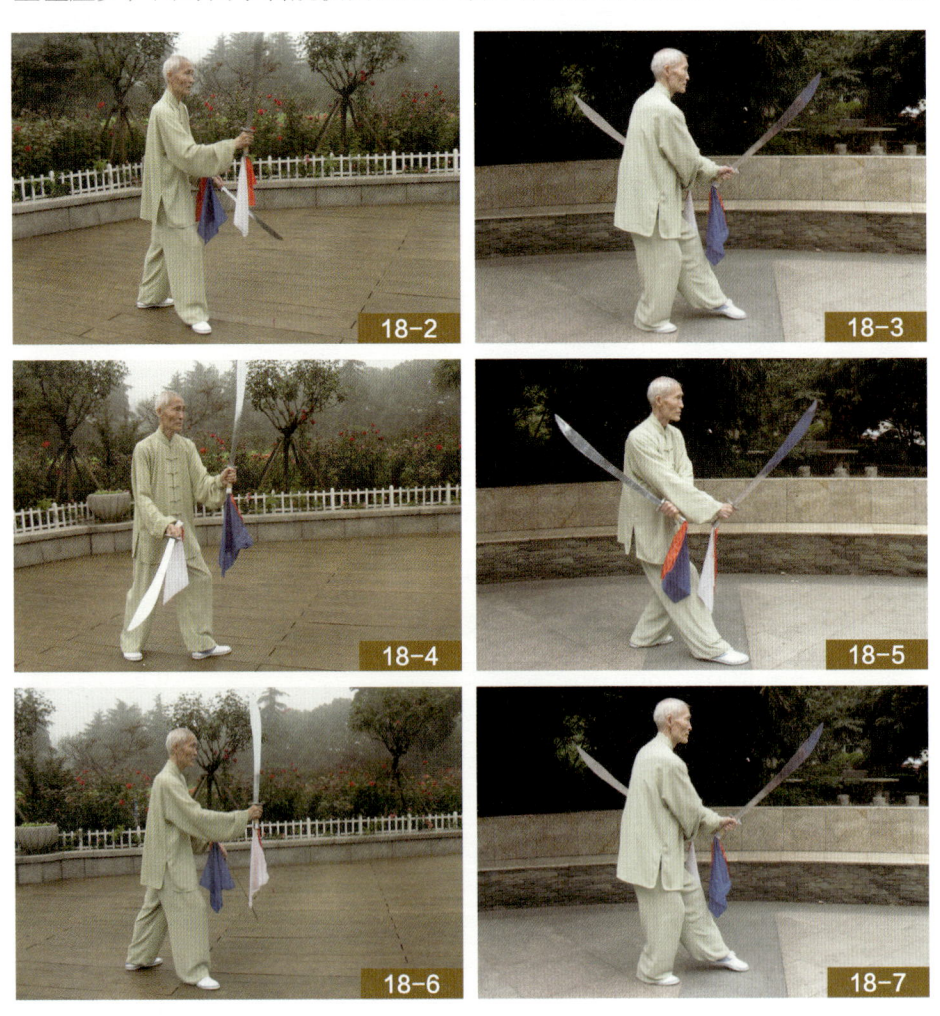

使右刀从身左后侧斜上刺，同时左刀向前扇形劈成八字。（5）挂花右虚步右侧八字刀（照片18-8，18-9）：文字说明参照前面小动作（3）挂花右虚步右侧八字刀。

备注：以上左右挂花八字刀为一组，这样左右左右可周而复始做，一般做5至6组，或者随意。

攻防用法：进步连环劈刀花其实是前面动作8"劈花左虚步左侧八字刀"及其右式"劈花右虚步右侧八字刀"的左右进步连环。其攻防用法可参照前面动作8"劈花左虚步左侧八字刀"及其按同形异侧推理的右式"劈花右虚步右侧八字刀"攻防用法左右连环运用。

19. 退步十字花（西B）

（1）第一组（照片19-1，19-2，19-3，19-4，19-5，19-6）：①原左虚步左脚后退右脚边成并步并稍下蹲，同时原身右侧八字刀向左移身前并向下交叉，有向下压防之意，并右刀在前。（在左脚先向后退滑移，再右脚后退滑移到左脚边，同时两刀按照片19-2至19-6做如下5个小动作。）②两刀仍以交叉形由下向前上、向后上置额前上。③两手将刀柄向前上高举，并使两交叉刀以刀背贴身后，同时两手转腕使两刀以刀背贴背分别向左右两侧缠向身前。④两手继续转腕使两刀缠向额前上再相交成交叉刀。⑤两手将交叉刀从上向前下推压。（2）第2组（照片19-7，19-8，19-9，19-10，19-11），文字部分可参照前面"第1组"中的分动作②③④⑤。

备注：以上后退十字花可周而复始做5至6组，或者随意。

346

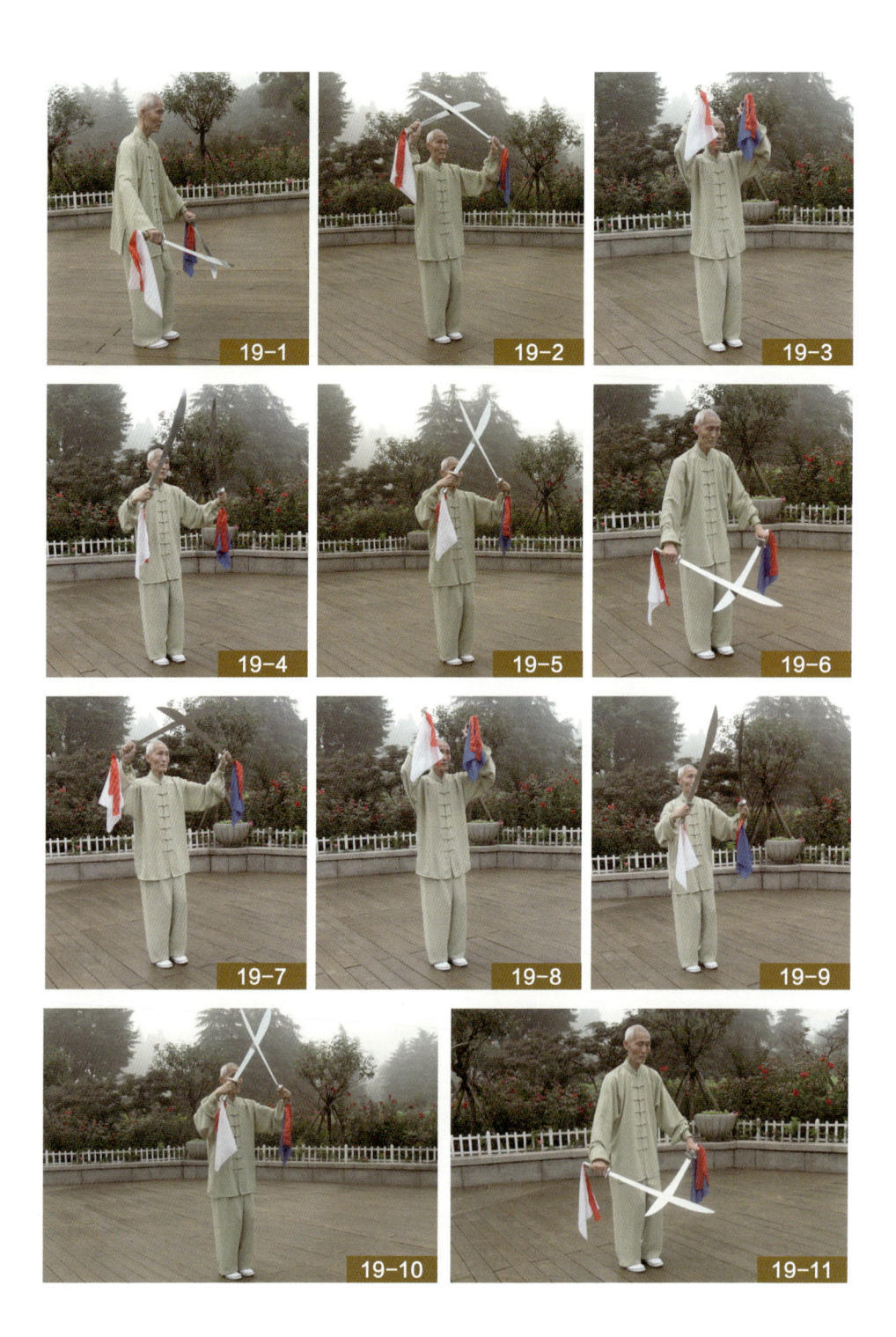

攻防用法：（1）双刀向身前下交叉为压拦对方攻我裆腹部之器械，然后抽出向下交叉在前面的右刀转腕向前顺时针绞劈对方或直刺对方。套路动作中没有抽出右刀向前劈刺这招，但传统武术是会意的，包含着这种意思，到攻防用时会变化出来。（2）两刀仍以交叉状向上置额前上时可向上防对方器械从上面劈下来，然后我左刀将其器械向左侧拦拨开，同时抽出交叉在前面的右刀，转腕向对方劈击，这也是会意的。（3）两刀从后背向两侧缠挂，防开后面器械的进攻后并转身用任何一刀或两刀向其进攻。

20. 左缠头裹脑跳劈（北D）

（1）左缠头跳劈（照片20-1）。（2）左裹脑转身平扫劈（照片20-2，20-3）。（3）左弓步平推刀（照片20-4）。文字说明和攻防用法可参照动作6"左缠头裹脑跳劈"。

21. 右缠头裹脑跳劈，左箭步架刀势（南C→东A）

（1）右缠头跳劈（照片21-1）。（2）右裹脑转身平扫劈（照片21-2，21-3）。

备注：分动作（1）和（2）做好后可以和前面动作7"右缠头裹脑跳劈"一样过渡到（3）A右弓步平推刀（照片21-4A）。也可以做完分动作（1）和（2）后的（3）A右弓步平推刀（照片21-4A）不做，而过渡到做另一式分动作（4）B左箭步架刀势（照片21-4B-1，21-4B-2）：①右脚后退左脚边成右丁字步并使两脚在东A西B线上，同时两刀交叉腹前并右刀在上，两手心朝下，眼观东A。②右脚后退并重心移右脚成左箭步，同时两刀交叉向上托架额前上，并且右上架托刀平，右刀在里，眼观两交叉刀口。

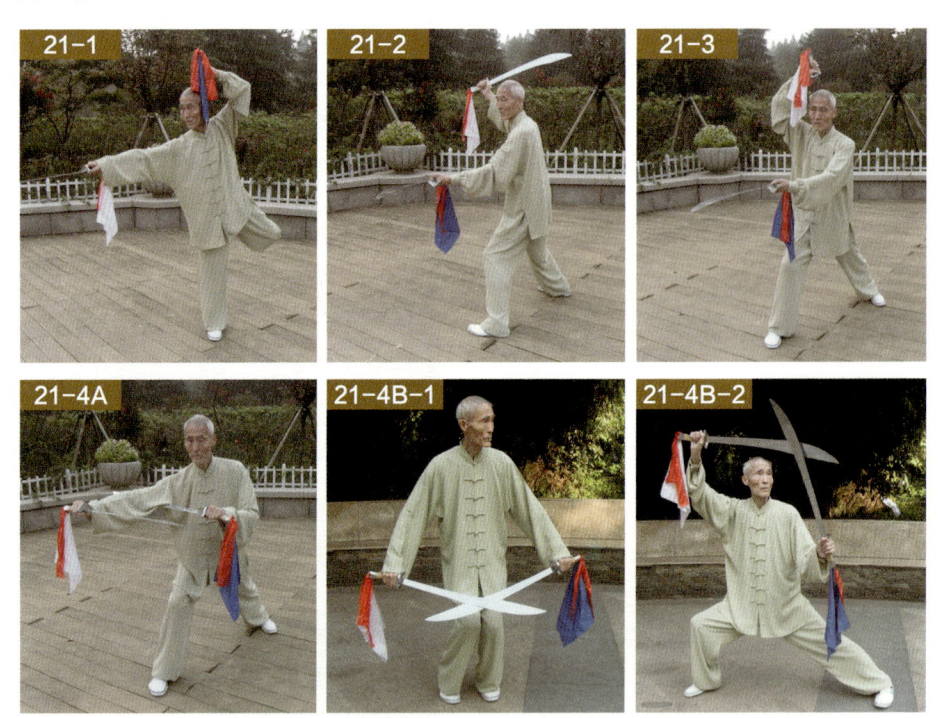

攻防用法：①分动作（1）（2）（3）A的攻防用法可参照前面动作7"右缠头裹脑跳劈"。②分动作（4）B左箭步架刀势的攻防用法是对方器械向我劈头打来，我重心坐右脚并两刀前段交叉（右刀在里）并用叉口向我额前上托架开对方器械后，我左手刀仍封粘托其器并右手速抽出右刀顺转

腕向其劈砍；或者我右手刀仍封托其器并左手速抽出左刀逆转腕向其劈砍；或者我右手刀封托其器，左手刀向前下划削其手、头、胸。

22. 并刀，后挂腿抱刀（南C）

（照片22-1，22-2）：右刀交给左手成并刀，左腿后挂，同时左手身前垂直抱刀，右掌亮额前。

23. 持刀旋转拍脚（东A）

（照片23-1，23-2）：（1）身左后转，原左后挂腿的左脚向西B方向八字步落地，同时右脚逆拧转帮助转身，左手仍身前垂直抱刀，右掌亮额前。（2）左腿独立并左脚逆拧转，同时身继续左后转。同时右脚向左后打里合腿，同时右掌心向右击拍右脚底，这样转了约一周。

24. 退步虚步平抱刀（东A）

（1）退步平穿刀臂（照片24-1）：右脚退落左脚后并左脚尖内扣，同时原击拍右脚的右手顺转腕成仰掌回收左腋前,同时以仰手持刀的左臂从右仰掌上面向前平穿。(2)左虚步平抱刀(照片24-2,24-3)。文字说明参照前面动作4之(2)。

25. 收势(东A→南C)

(1)后撤步下摆掌(照片25-1):左手垂直持抱刀并左脚退右脚后,右掌臂后下摆。(2)并步额前掌(照片25-2):右脚退左脚边并步,右掌由下升移额前成俯掌。(3)并步持刀(照片25-3):右掌下落右大腿边。(4)右转并步持刀(照片25-4):身右转90° 面向南C并步持刀。

盘龙棍

一、方位图

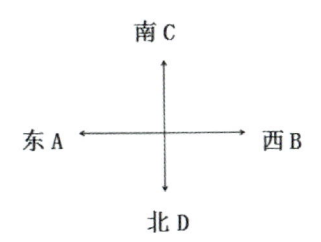

```
        南 C
         ↑
东 A ←——————→ 西 B
         ↓
        北 D
```

二、盘龙棍简介

棍为百兵之首，其历史悠久，在原始社会就作为主要生产工具和战争武器。这套盘龙棍相传为北宋开国皇帝赵匡胤当年征战沙场用的。传说赵用的是一根铜棍，把一大蛇的皮内灌满金漆盘在棍上，故称盘龙棍。然后他将棍横搁于庙内香桌的架子上。当香客们来朝拜时，其精神和念力都集中到棍中，于是该棍作战威力巨大，碰擦到敌方时不死即伤。这套盘龙棍不同的攻防动作只有六个，极其简单，没有表演比赛时那些连续进步撩花棍那么好看，但都是基本攻防动作。这六个动作按东 A、西 B、北 D、南 C 四个方位周而复始练习所形成的运动轨迹态势很像龙在盘，这也是该棍称为盘龙棍的第二个原因。其平时练习中直观看得出的简单基本棍法有绞、劈、撩挑、拦拨、挂。由于中华武术是"会意"的，一个简单的动作有许多攻防含义，其形式简单，但攻防内含复杂。如这些基本棍法中可演化出直劈、横劈、斜劈、崩、点、挑、向前向后直捅、压、靠、连续撩花抡挂花，魔空扫棍等，由这许多动作组成的套路更要复杂得多，好看得多，但它离不开基本棍法。

三、盘龙棍套路动作说明及演示

（一）第一节（1.起势→8.转身左弓步直劈）

1. 预备势（南C）

（1）并步持棍（照片1-1）：右手并步持棍。（2）上步并步打掌持棍（照片1-2，1-3）：左脚上步，右脚再上左脚边并步，同时左手从裆前作捞手向上转腕做绞手向前推切成侧立掌，仍并步持棍，眼观左侧立掌前。

2. 左虚步背棍（南C）

（1）后踢捞掌（照片2-1）：用右脚后侧后鞋底边向后踢棍下端使其移向后，同时左手再从裆前做捞手。（2）左虚步背棍（照片2-2）：原后踢的右脚在后面落步并重心坐右脚，前面左脚成虚步，同时原左捞手向上转腕做绞手向前推切成侧立掌，同时原后踢的棍下端以右手捏的棍节为轴心由下向后、向上向前做逆弧运动

使原棍下端转到身前上方，同时原持棍时的棍上端由上向前、向下向后做逆弧形运动转到身后下方，使棍斜背身右侧，右手捏棍伸向身后下方，眼观左侧立掌前。

3. 上步右弓步绞劈（南C）

（照片3-1，3-2）：原左虚步成八字步，再上右弓步；同时左手接棍的后把位后用棍前端作顺弧绞棍，这样棍的后下端同时作逆弧绞棍。定势时左手以仰手捏棍抱腰，同时右手棍前端绞棍后向前作直劈或向左斜劈棍，眼观棍前端前。

备注：（1）右手捏的棍部称前把位，左手捏的棍部称后把位。绞棍时是以右手捏的前把位为支点形成上下两个菱形，棍前端顺弧和后端逆弧绞成为菱形的两个底面，右手支点成两个菱形的顶点，左后手捏棍做前后左右弧形推拉。（2）两手把位可酌情前后移动，并棍的前中后三段都有防左防右的作用。

攻防用法：（1）对方用器械从我头上攻来，我可绞棍用右手前段棍将其向我左侧或者右侧拦拨开后即刻上右弓步向前下劈其头肩部，或顺其器械向下捌击其手使其不能拿器械并向前捅击其胸腹。（2）棍的右手前段，两手中段及左手后段都能向左或向右拦拨开对方器械对我上中下各种高度的进攻，并上右弓步向其劈击。两手把位可酌情前后移动。

4. 转身左弓步绞劈（北D）

（照片4-1，4-2）：身左后转成左弓步，并左脚稍移动调整至踏感舒适为止，同时两手持棍和前面动作3一样又做了一个绞劈动作，定势时左手捏棍的把位贴住左腰侧，眼观棍前端前。

攻防用法：向左后转身用绞棍向左拦拨开对方器械，并上左弓步向其劈击。

5. 马步抡挂棍1（东A西B）

（1）转身右下拨棍（照片5-1）：重心坐左脚，身右后转同时右手棍前端由身前上向前下继而向身右后右箭步的南C下方拦拨和捌击。（2）马步抡挂棍（照片5-2）：原右箭步之右脚向身右后退，使左右两脚踩在东A西B直线上成马步并背朝北D。同时右手棍前端随右脚后退继续向右后下拦拨，到成马步时右手前端棍头由下向右上、向左下，同时左手棍后端由上向左下、向右上逆弧抡挂，大约逆弧抡挂约270°左右，使棍横于腰前，两手交叉并使右俯手在上左仰手在下，使右手棍前端向身左侧东A方向右劈意，同时左手棍后端向身右侧西B方向右挑意，眼观棍前端前。

攻防用法：（1）用右手前段棍向右下拦拨对方器械或向右下扫击对方腿，然后我逆时针抡挂棍并成两手交叉同时上左步用棍前段击其头。（2）

或者我向右下拦拨后速上右步并顺粘其器械向前上撩击其手臂或裆腹。（3）对方如像我一样右手在前持棍法或者右手持单器械向我上方攻来，我在其身内侧用右手前段棍向左上粘拦其器后速将其器从左下→右下逆缠其器后，我进入其身右外侧并速上右步并顺粘其器械向前上撩击其手臂或裆腹。

6. 马步抡挂棍 2（西 B 东 A）

（1）转身左下拨棍（照片 6-1）：两手臂仍交叉，身左转同时原马步左脚迈成八字步，同时右手棍前端向身左侧东 A 下方拦拨。（2）马步抡挂棍（照片 6-2）：右脚向前东 A 方向扣步上步成马步，使左右两脚踩在西 B 东 A 直线上并背朝南 C。同时右手棍前端棍头由下向左向上、向右向下，同时左手棍后端棍尾由上向右向下、向左向上，大约顺弧抡挂约 270°左右，使棍横于腰前，右手棍前端向身右侧东 A 方向有劈意，左手棍后端向身左侧西 B 方向右挑意，眼观棍前端前。

攻防用法：（1）用右手前段棍向左下拦拨开对方器械后，顺时针抡挂棍并上右步向其劈击。（2）或者向左下拦拨其器械后顺粘其器械向前上撩击其手臂或裆腹。（3）对方如像我一样右手在前持棍或者右手持单器械向我上方攻来，我在其身右外侧向右上粘拦其器后速将其器从右下→左下顺缠其器后，我进入其身内侧并速上右步并顺粘其器向前上撩击其手臂或裆腹。

备注：1和2两个"马步抡挂棍"可用其逆缠或顺缠来改变自己内外圈位置从而进攻。

7. 转身上步右弓步撩挑棍（西B）

（1）转身八字步下拨棍（照片7-1）：身左后转，同时左脚迈成八字步，同时右手棍前端向前下左侧拦拨，同时两手之间棍中段也有向左侧拦拨之意。（2）上步右弓步撩挑（照片7-2）：上右弓步，同时右手棍前端由下向前上撩挑，右手心朝上，左俯手顺势捏棍下压助力，眼观棍前端前。

攻防用法：用我棍上中下三段向左侧防开对方器械对我上中下高度的进攻，并上右弓步向前上撩击其裆或再捅其腹。

8. 转身左弓步直劈（东A）

（照片8）：左后转身成左弓步，同时右脚以脚跟为轴脚尖内扣帮助转身，同时右手棍前端向上向后、向前向下弧形直劈，左手心朝上捏棍抱腰，眼观棍前端。

攻防用法：用棍前段向左或向右拦拨开对方器械对我上部的进攻，

并上左弓步顺粘其器械向前下击其头肩或捌击其手后向前捅击其胸腹。棍中下段也可向左右防。

（二）第二节（9.上步右弓步绞劈→14.转身左弓步直劈）

9. 上步右弓步绞劈（东 A）

（照片 9-1，9-2），参照前面动作 3。

10. 转身左弓步绞劈（西 B）

（照片 10-1，10-2），参照前面动作 4。

11. 马步抡挂棍 1（北 D 南 C）

（1）转身右下拨棍（照片 11-1），参照前面动作 5 之（1），但下拨

棍方向朝向东 A。（2）马步抡挂棍（照片 11-2），参照前面动作 5 之（2），但马步左右两脚踩北 D 南 C 直线并背朝西 B，右手前棍头朝身左侧北 D，左手后棍尾朝身右侧南 C。

12. 马步抡挂棍 2（南 C 北 D）

（1）转身左下拨棍（照片 12-1），参照前面动作 6 之（1），但下拨棍方向朝向北 D。（2）马步抡挂棍（照片 12-2），参照前面动作 6 之（2），但马步左右两脚踩南 C 北 D 直线并背朝东 A，右手前棍头朝身右侧北 D，左手后棍尾朝身左侧南 C。

13. 转身上步右弓步撩挑棍（南 C）

（1）八字步下拨棍（照片 13-1）。（2）上步右弓步撩挑（照片 13-2），参照前面动作 7。

14. 转身左弓步直劈（北 D）

（照片 14），参照前面动作 8。

（三）第三节（15. 上步右弓步绞劈→20. 转身左弓步直劈）

15. 上步右弓步绞劈（北 D）

（照片 15-1，15-2），参照前面动作 3。

16. 转身左弓步绞劈（南 C）

（照片 16-1，16-2），参照前面动作 4。

17. 马步抡挂棍 1（西 B 东 A）

（1）转身右下拨棍（照片 17-1），参照前面动作 5 之（1），但右下拨棍方向朝向北 D。（2）马步抡挂棍（照片 17-2），参照前面动作 5 之（2），

359

但马步左右两脚踩西B东A直线并背朝南C，右手前棍头朝身左侧西B，左手后棍尾朝身右侧东A。

18. 马步抢挂棍2（东A西B）

（1）转身左下拨棍（照片18-1），参照前面动作6之（1），但左下拨棍方向朝向西B。（2）马步抢挂棍（照片18-2），参照前面动作6之（2），但马步左右两脚踩东A西B直线并背朝北D，同时右手前棍头朝身右侧西B，同时左手后棍尾朝身左侧东A。

19. 转身上步右弓步撩挑棍（东A）

（1）转身八字步下拨棍（照片19-1）。（2）上步右弓步撩挑（照片19-2），参照前面动

20. 转身左弓步直劈（西 B）

（照片 20），参照前面动作 8。

（四）第四节（21. 上步右弓步绞劈→30. 收势）

21. 上步右弓步绞劈（西 B）

（照片 21-1，21-2），参照前面动作 3。

22. 转身左弓步绞劈（东 A）

（照片 22-1，22-2），参照前面动作 4。

23. 马步抡挂棍 1（南 C 北 D）

（1）转身右下拨棍（照片 23-1），参照前面动作 5 之（1），但右下拨棍方向朝向西 B。（2）马步抡桂棍（照片 23-2），参照前面动作 5 之（2），

但成马步时左右两脚踩在南 C 北 D 线上并背朝东 A，同时右手前棍头朝身左侧南 C，同时左手后棍尾朝身右侧北 D。

24. 马步抢挂棍 2（北 D 南 C）

（1）转身左下拨棍（照片 24-1），参照前面动作 6 之（1），但左下拨棍方向朝向南 C。（2）马步抢挂棍（照片 24-2），参照前面动作 6 之（2），但马步时左右两脚踩在北 D 南 C 直线上并背朝西 B，同时右手前棍头朝身右侧南 C，同时左手后棍尾朝身左侧北 D。

25. 转身上步右弓步撩挑棍（北 D）

（1）转身八字步下拨棍（照片 25-1）。（2）上步右弓步撩挑（照片 25-2），参照前面动作 7。

26. 转身左弓步直劈（南C）

（照片26），参照前面动作8。

27. 上步右弓步绞劈（南C）

（照片27-1,27-2），参照前面动作3。

28. 转身左弓步绞劈（北D）

（照片28-1,28-2），参照前面动作4。

29. 左虚步背棍（南C）

（1）转身右下拨棍（照片29-1，29-2）：右后转身并重心坐左脚，右手棍前端向身后右下方南C拦拨，当棍前端到右箭步上方时，右脚速向身右后撤步至北D方向仍右箭步，同时右手棍前端继续向身后右下拦拨，动作一气连贯呵成，眼观右手棍前端。（2）打花左虚步背棍（照片29-3，29-4）：重心坐右后脚成左虚步，同时两手将棍在身右侧逆时针打花后背棍，同时左掌离棍并转腕向身前打掌成侧立掌，眼观左侧立掌前。

30. 收势（南 C）

并步持棍（照片 30），原左虚步左脚后退右脚边成并步，右手在身右侧持棍，眼向前方平视。

后 记

本打算用3年时间完成的《奚氏武术集粹》，由于好事多磨而一直拖着，最后用了4年时间完成。开始时，在社区一块小绿化地上拍动作照片，由于把附近的楼房、车子都拍了进去，画面不美并杂乱而使拍好的2000余张照片作废，于是后来决定到花圃去拍。每天早晨5点打的到外景地拍照片或录像。有时到了外景地突然下雨，或大雾，或碰到景区场地建设，如卸钢管、铺柏油路、开水泥搅拌机等机器噪音，使得录像不能拍而回家。总之拍录像和照片累计总共用了一年时间，每次去都抓紧拍点，在游客或晨练者来到之前抢拍一点回家。由于写作书的辛劳，呕心沥血，加上之前已用了7年时间写了《零基础学习吴式方架太极拳》，影响了身体健康，在一年多时间中一共动了4次手术，并进进出出共住了18次医院。《奚氏武术集粹》在住院动手术前已完成了大部分。出院后又抓紧写了一点，但到不得不再住院时又停写了。书的最后部分是在医院做化疗时抓紧完成的。这也得感谢家人对我的鼓励和催促，让我早日完成。同时也得感谢浙江省立同德医院肿瘤科的三位主治医生徐国署先生、陈嘉斌先生和陈华女士对我的鼓励和支持，叫我化疗空闲时，见缝插针积少成多完成写作。同时也得感谢我女儿吴青萍，虽然自己工作极忙，但也频繁过来给我打印稿子、操作电脑。

看这本书的时候，读者先走马观花从头到尾初步了解一下也可。但最后希望读者能彻底静下心来，摒去一切浮躁情绪把第一章中的"注意事项"和第二章中的基本功、基本手法步法练习、基本腿法练习认真仔细深入地看，有空看一点，不要贪多、贪快，一遍看不懂再看第二遍、第三遍……直到搞明白为止。因为这些基本功是奚氏武术的基础，将其学会有利于了解攻防，并有利于后面学习套路。基本功和套路之间是互相促进的。对于套路，读者可以全面了解，也可选学几套，也可学套路中某几个动作的连贯组合，也可将套路中某些连环动作拆开，自己重新组合成新的连环动作。所有这些都应该先把基本功练好。因为基本功是一切的基础。武术动作中有许多是"会意"的，往往一个动作有多种攻防用法。如太极拳中的"搂膝拗步"用的是采挒劲，我归纳了约有8种用法。如黑龙大罗汉拳中的"左虚步右亮掌"，前人在这个动作设定上也赋予了多种攻防含义。它可用左穿花缠对方手臂使其跌扑，或缠其臂使其失势后速用右亮掌近刺其太阳穴或头面部。这动作走其内侧或外侧都可用。当我用左刁勾手向左外侧防开对方右手或右腿的进攻后，我在其身内侧可速用右掌背击打其右胸腋或胸或头面部，或者速用右亮掌近刺其太阳穴或头面部。如我防开对方右手或右腿进攻后，这时对方速上步复用左手向我攻来，我可在其身内侧用右掌背挒开其左手，或者我右掌背粘住其左手并身右转将其向我身右后侧引（将）带使其向我身右后侧跌扑，或使其失势后速转右掌近刺其太阳穴或头面部。或我用左穿花缠其手臂后速上右步并用身右侧向其撞靠。由于有这么多的攻防含义，所以做左虚步亮掌动作时，眼睛有跟右掌走和不跟右掌走之区分。练套路时右亮掌可稍高点置额前上，不要把自己眼睛挡住；但实际运用时右亮掌要低了，起码不超过自己头顶高度。另外，基本步法手法练习中的"连环拳"和"独立劈掌，弓步推掌"也包含着多种攻防用法。对套路动作的攻防须临场应变，关键是在对构成套路动作的最基本的要素的深入熟悉和了解上，即会"拆拳"。就是在第二章中作为基本功来练习的"基本步法手法练习"和"基本腿法练习"，都还可以把它们再拆散成更小的单位（基本要素）。并将这些更小的基本要素按照武术攻防酌情合理组合又形成新的招式动作。

  我希望通过这本书，读者们能够学到一些武术的基本知识，了解一些武术的攻防原理，并培养以爱国主义为核心的尚武精神和武德情操，塑造完美的人格，做到以武养德、以武励志、以武悦心，从而更加有利于今后的工作和事业的发展。奚诚甫老师是一位职业武术家，而我只是一位业余的武术爱好者。所以对奚氏武术的研究也难免有许多地方理解不深或不全面。三人行，必有我师。所以我希望读者能在喜欢这本书的同时，也对这本书多提提宝贵意见或斧正，使大家共同进步！

吴维叔

2018 年 7 月于杭州

参考书籍

1.《中国武术咨询大全》，山东教育出版社1997年版，李成银编著。
2.《中国世界武术文化》，北京时事出版社2007年8月第二次印刷版，华博编著。
3.《少林功夫》，浙江人民出版社2005年1月第一版（第一次印刷），吕宏军、滕磊著。
4.《神奇的武术》，广西人民出版社，1991年11月版，郑勤、田云清编著。
5.《杭州体育百年图史》第一卷，杭州市体育局和中国体育博物馆杭州分馆主编，2008年7月。